中国水利统计年鉴

—2009

中华人民共和国水利部 编

中国水利水电出版社
www.waterpub.com.cn

图书在版编目（CIP）数据

中国水利统计年鉴. 2009 / 中华人民共和国水利部编. -- 北京 : 中国水利水电出版社, 2009.10
ISBN 978-7-5084-6910-2

Ⅰ. ①中… Ⅱ. ①中… Ⅲ. ①水利建设－统计资料－中国－2009－年鉴 Ⅳ. ①F426.9-54

中国版本图书馆CIP数据核字(2009)第188379号

责任编辑　王　丽　李金玲

书　名	**中国水利统计年鉴—2009**
作　者	中华人民共和国水利部　编
出版发行	中国水利水电出版社 （北京市海淀区玉渊潭南路1号D座　100038） 网址：www.waterpub.com.cn E-mail：sales@waterpub.com.cn 电话：(010) 68367658（营销中心）
经　售	北京科水图书销售中心（零售） 电话：(010) 88383994、63202643 全国各地新华书店和相关出版物销售网点
排　版	中国水利水电出版社微机排版中心
印　刷	北京市兴怀印刷厂
规　格	210mm×297mm　16开本　16.75印张　652千字
版　次	2009年12月第1版　2009年12月第1次印刷
印　数	0001—3000册
定　价	**139.00元**

凡购买我社图书，如有缺页、倒页、脱页的，本社营销中心负责调换

《中国水利统计年鉴—2009》

编委会和编写人员名单

编　委　会

主　　任：矫　勇

副 主 任：周学文

委　　员：（以姓氏笔画为序）

邢援越　刘冬顺　关业祥　杨晓东　杨得瑞　李仰斌　李　鹰　束庆鹏
肖向红　张红兵　张学俭　陈明忠　赵　卫　段　虹　顾洪波　顾斌杰
郭孟卓　董安建　程晓冰　蔡建元

编　写　人　员

主　　编：周学文

副 主 编：吴　强　黄　河

执行编辑：杜国志　王　瑜　乔根平

编辑人员：（以姓氏笔画为序）

王　甲　王　瑜　田　琦　付永杰　巩劲标　乔根平　乔殿新　刘咏峰
刘金梅　许丽芬　阮本清　杜国志　杜崇玲　杨志军　李春明　张　岚
陆　煜　赵　虹　赵海宏　徐　岩　郭慧滨　韩　涛　潘云生　魏新平

英文翻译：谷丽雅　侯小虎　盛晓莉

《China Water Statistical Yearbook-2009》

Editorial Board and Editorial Staff

编者说明

一、《中国水利统计年鉴—2009》系统收录了全国和各省、自治区、直辖市2008年水资源、水环境、水利建设投资、水利工程设施、水电等各方面的统计数据，以及新中国成立以来的全国主要水利统计数据，是一部全面反映中华人民共和国水利发展情况的资料性年刊。

二、本年鉴正文内容分为9个篇章，即：江河湖泊及水资源、江河治理、农业灌溉、供用水、水土保持、水利建设投资、农村水电、水文站网、从业人员情况。为方便读者使用，各篇章前均设有简要说明，概述本篇章的主要内容、数据来源、统计范围、统计方法以及历史变动情况。篇末附有主要统计指标解释。

三、本年鉴的全国性统计数据，如未作特殊说明均不包括香港、澳门特别行政区和台湾省数据。

四、本年鉴在编辑上采用了以下方法。

（1）部分统计资料从1949年至2008年均被记录，但一些年份指标数据由于历史记录不详没有收录。

（2）分省统计资料均按当年各省的行政区域范围收集，行政区域范围变化后没有调整统计资料。例如：四川省的资料，在重庆市划出前，包括在内。

（3）部分统计资料按流域或水资源一级分区分组。

（4）历史数据基本保持原貌，未作改动。

（5）部分指标未单列新疆生产建设兵团数据，其数据含在“新疆”的数据中。

五、所使用的计量单位，大部分采用国际统一法定标准计量单位，小部分沿用水利统计惯用单位。

六、部分数据合计数量由于数字位数取舍而产生的计算误差，均未作机械调整。

七、凡带有续表的资料，有关注释均列在第一张表的下方。

八、符号使用说明：各表中的“空格”表示该项统计指标数据不足本表最小单位数、数据不详或无该项数据；“#”表示其中主要项；“*”或数字标示（如①等）表示本表下有注解。

EDITOR'S NOTES

A. *China Water Statistical Yearbook-2009*, as an annual reference book that introduces water resources development of the People's Republic of China, has systematically collected a wide range of statistical data of water resources, water environment, water investments in fixed assets, water projects and infrastructures, hydropower development etc. of the whole country and of each province, autonomous region and municipality directly under the administration of Central Government in 2008. In addition, the Yearbook provides main statistical data of water sector since the founding of the People's Republic of China.

B. The contents of the Yearbook include nine chapters:

1. Rivers, lakes and water resources
2. Rivers' harness
3. Agricultural irrigation
4. Water supply and water use
5. Soil and water conservation
6. Investments in water development
7. Rural hydropower development
8. Hydrological network
9. Employees

To help readers clearly understand the statistical data, a brief introduction is placed before each chapter, to make a briefing on main contents, data sources, statistical scope and method, and historical changes. Moreover, explanation of main statistical indices is given at the end of each chapter.

C. In the Yearbook, if not have special explainatian, the national statistics excludes those of Hong Kong Special Administrative Region, Macao Special Administrative Region and Taiwan Province.

D. Following methods are adopted when statistical data are produced and the Yearbook is edited:

1. Some statistical data from 1949 to 2008 are recorded, however some yearly data are excluded because the historical record is incomplete.

2. Statistical data of each year are collected on the basis of scope of administrative region of each province, and no adjustment is made after the changes of division of administrative region. For example, the data of Chongqing are covered by Sichuan Province before Chongqing changed to the Municipality.

3. Some statistical data are grouped based on river basins or grade-I water resources regions.

4. Historical data are kept unchanged.

5. Statistical data of Xinjiang cover that of the Production and Construction Corps of Xinjiang.

E. Metric System is commonly applied for most of the data in the Yearbook as the unit of measurements, but in a few circumstances, units that widely used locally are adopted.

F. No mechanical adjustment is made for calculation error of some total figures herein as a result of the dropping of a certain digit.

G. Where statistical data has continued table, the relevant annotations is listed at the bottom of the first table continued.

H. Notes on symbol-use: the space in tables of the Yearbook means that index data are less than the minimum, or not quite clear or not available; # represents the main item; * or ① means that there are annotations at the bottom of the table.

目　录

CONTENTS

2 江河治理
Rivers' Harness

3 农业灌溉
Agricultural Irrigation

4 供用水
Water Supply and Water Use

5 水土保持
Soil and Water Conservation

6 水利建设投资
Investments in Water Development

7 农村水电
Rural Hydropower Development

8 水文站网
Hydrological Network

9 从业人员情况
Employees

1　江河湖泊及水资源

Rivers, Lakes and Water Resources

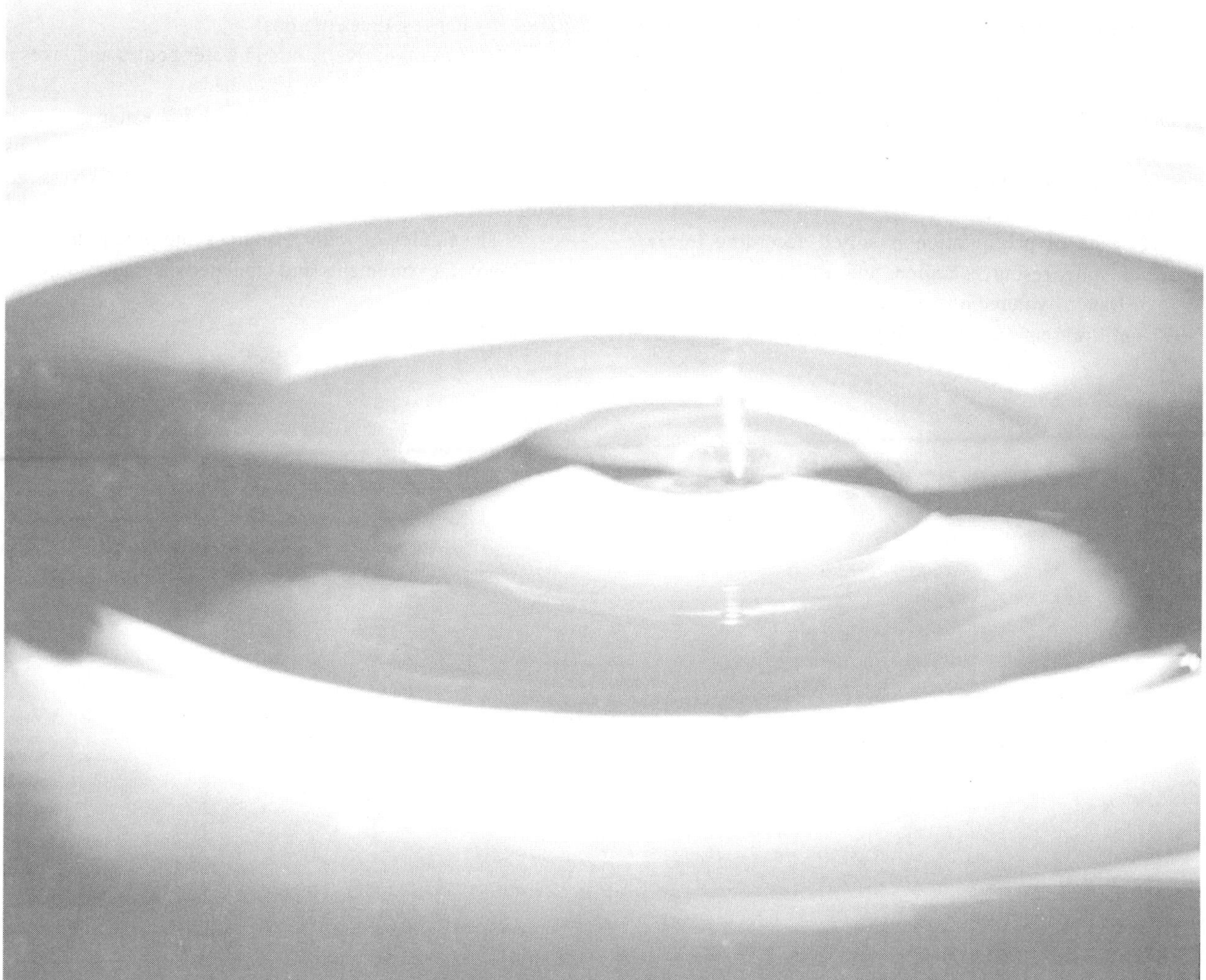

简 要 说 明

江河湖泊及水资源统计资料包括主要江河、湖泊、自然资源与水资源的状况、降水量、水资源量、水旱灾害及水质等。

1. 自然状况包括国土、气候等资料，国土和气候资料来源于《中国统计年鉴 2009》。

2. 降水量资料，按照水资源一级分区和地区整理。

3. 水资源量资料汇总了 1997 年以来的数据，按水资源一级分区和地区整理。

4. 主要河流、内陆水域、湖泊资料，按照主要河流水系整理。

5. 河流水质、湖泊水质资料按水资源一级分区整理。

6. 主要江河年径流量为 50 年平均值。

7. 2008 年水资源量数据、各地区及各水资源分区降水量数据系初步数据，有待进一步核实。

Brief Introduction

Statistical data of rivers, lakes and water resources includes main rivers and lakes , conditions of natural resources and water resources, precipitation, volume of water resources, flood or drought disasters, water quality, etc.

1. Condition of natural resources covers the summary of land and meteorological data, which comes from *China Statistical Yearbook 2009*.

2. Data of precipitation is sorted according to river grade- Ⅰ water resources regions and regions.

3. Data of volume of water resources is collected from 1997 until present, and classified according to regions and grade- Ⅰ water resources regions.

4. Data of main rivers, inland water bodies and lakes is classified according to main watersheds.

5. Data of water quality in rivers and water quality in lakes is classified according to grade-I water resources regions.

6. Data of mean annual runoff of main rivers are accumulated data of past 50 years.

7. The figures of water resources and precipitation are preliminary measurements and tabulated data, and subjected to further verification.

1-1 中国主要河流水系表

Water System of Major Rivers in China

河名	River	河长（千米） Length (km)	注入 Running into
长江	Yangtze River	6300	东海 East China Sea
黄河	Yellow River	5464	渤海 Bo Hai
松花江	Songhua River	2308	黑龙江 Heilong River
珠江	Pearl River	2214	南海 South China Sea
辽河	Liaohe River	1390	渤海湾 Gulf of Bo Hai
海河	Haihe River	1090	渤海湾 Gulf of Bo Hai
淮河	Huaihe River	1000	长江 Yangtze River
滦河	Luanhe River	877	渤海湾 Gulf of Bo Hai
闽江	Minjiang River	541	东海 East China Sea
钱塘江	Qiantang River	428	东海 East China Sea
南渡江	Nandu River	311	琼州海峡 Qiongzhou Strait
浊水溪	Zhuoshuixi River	186	台湾海峡 Taiwan Strait

1-2 七大江河基本情况

Basic Conditions of Seven Major Rivers

河名 River	流域面积（平方千米）Drainage Area (km²)	年径流量（亿立方米）Annual Runoff (10^8m^3)	多年平均[①] Average[①] 径流量（亿立方米）Mean Annual Runoff (10^8m^3)	人口（亿人）Population (10^8 persons)	耕地（千公顷）Cultivated Land (10^3hm^2)	人均占有年径流量（立方米每人）Annual Runoff per Capita (m^3/person)	耕地亩均占有年径流量（立方米）Annual Runoff Owned per mu of Farmland (m^3)	粮食总产量（万吨）Total Yield of Grain Production (10^4t)	播种面积平均亩产（千克）Average Yield per mu of Cultivated Land(kg)
长　江 Yangtze River	1808500	9513	9280	3.79	23467	2449	2636	14334.42	279
黄　河 Yellow River	752443	661	628	0.92	12133	683	345	2757.98	160
松花江 Songhua River	557180	762	733	0.51	10467	1437	467	2920.97	224
辽　河 Liaohe River	228960	148	126	0.34	4400	371	191	1770.64	308
珠　江 Pearl River	453690	3338	3360	0.82	4667	1098	4800	2195.58	236
海　河 Haihe River	263631	228	288	1.10	11333	262	169	3731.24	221
淮　河 Huaihe River	269283	622	611	1.42	12333	430	330	6122.13	247

注　①是指50年平均值。

Note　① means the average of 50 years.

1-3 主要江河年径流量
Annual Runoff of Major Rivers

水 系 Water System	河 名 River	集水面积（平方千米）Catchment Area (km²)	河长（千米）Length of River (km)	多年平均① Average① 年径流量（亿立方米）Annual Runoff (10^8m^3)	年径流深（毫米）Depth of Annual Runoff (mm)	年均流量（立方米每秒）Mean Annual Runoff (m^3/s)
黑龙江 Heilong River	松花江 Songhua River	557180	2308	733	134	2320
	嫩江 Nenjiang River	282748	1369	225	80	713
	第二松花江 Second Songhua River	78723	799	165	210	517
	牡丹江 Mudan River	37023	726	84	228	267
辽河 Liaohe River	辽河 Liaohe River	228960	1390	126	55	400
	浑河 Hunhe River	11481	415	29	248	90
	太子河 Taizi River	13883	413	36	264	114
辽宁沿海 Coastal Rivers of Liaoning Province	大凌河 Daling River	23549	397	21	89	66
海滦河 Hai-Luan Rivers	滦河 Luanhe River	44750	877	48	109	152
	海河 Haihe River	263631	1090	228	87	723
	潮白河 Chaobai River	19559	467	19	109	61
	永定河 Yongding River	50830	681	20	45	65
	大清河 Daqing River	39244	483	44	113	140
	子牙河 Ziya River	46300	751	44	95	139
	漳卫南运河 Zhangweinan Canal	37200	959	42	128	133
黄河 Yellow River	黄河 Yellow River	752443	5464	628	84	1990
	洮河 Taohe River	25527	673	53	2080	168
	湟水 Huangshui River	32863	374	50	153	159
	无定河 Wuding River	30261	491	15	48	46
	汾河 Fenhe River	39471	694	27	67	84

注 ① 根据河口控制站1956～1979年资料推算。

Note ① The data is calculated based on the data of 1956-1979 of control stations in river mouthes.

1-3 续表 continued

水 系 Water System	河 名 River	集水面积（平方千米）Catchment Area (km^2)	河长（千米）Length of River (km)	多年平均[①] Average[①]		
				年径流量（亿立方米）Annual Runoff (10^8m^3)	年径流深（毫米）Depth of Annual Runoff (mm)	年均流量（立方米每秒）Mean Annual Runoff (m^3/s)
黄河 Yellow River	渭河 Weihe River	134766	818	104	77	330
	伊洛河 Yiluo River	18881	447	35	184	110
	沁河 Qinhe River	13532	485	18	136	58
淮河 Huaihe River	淮河 Huaihe River	269283	1000	611	231	1940
	淮河水系 Huaihe River Water System	188497	1000	443	235	1400
	颍河 Yinghe River	39890	557	59	149	188
	史河 Shihe River	6850	211	35	511	111
	淠河 Pihe River	6450	248	39	601	123
	沂河 Yihe River	10315	220	34	331	108
	沭河 Shuhe River	6161	206	19	300	59
长江 Yangtze River	长江 Yangtze River	1808500	6300	9280	513	29460
	金沙江 Jinsha River	473242	2920	1520	321	4820
	雅砻江 Yalong River	128444	1190	586	456	1860
	岷江 Minjiang River	135868	711	921	678	2918
	嘉陵江 Jialing River	157928	1120	696	441	2210
	乌江 Wujiang River	87241	1020	530	608	1680
	湘江 Xiangjiang River	94660	856	759	802	2405
	资水 Zishui River	81422	653	239	849	759
	沅江 Yuanjiang River	89164	1033	667	748	2114
	澧水 Lishui River	18496	388	165	892	523
	汉江 Hanjiang River	159000	1565	557	350	1761
	赣江 Ganjiang River	80948	744	664	820	2105
	抚河 Fuhe River	15811	276	147	930	465

1-3 续表 continued

水系 Water System	河名 River	集水面积（平方千米）Catchment Area (km^2)	河长（千米）Length of River (km)	多年平均① Average① 年径流量（亿立方米）Annual Runoff (10^8m^3)	年径流深（毫米）Depth of Annual Runoff (mm)	年均流量（立方米每秒）Mean Annual Runoff (m^3/s)
珠江 Pearl River	柳江 Liujiang River	58270	775	527	904	1670
	北江 Beijiang River	46710	468	510	1092	1620
	东江 Dongjiang River	27010	520	257	950	815
韩江 Hanjiang River	韩江 Hanjiang River	30100	470	261	867	828
海南岛诸河 Rivers in Hainan Island	南渡河 Nandu River	7176	311	70	977	222
浙闽诸河 Rivers in Zhejiang and Fujian	钱塘江 Qiantang River	12156	428	364	874	1160
	瓯江 Oujiang River	17859	388	189	1058	599
	闽江 Minjiang River	60992	541	586	961	1870
河西内陆河 Inland Rivers of Hexi	昌马河 Changma River	13405	320	10	74	32
	黑河 Heihe River	10009	303	16	155	49
新疆内陆河 Inland Rivers of Xinjiang	乌伦古河 Wulungu River	32040	821	11	33	34
青海内陆河 Inland Rivers of Qinghai	格尔木河 Golmud River	18648	227	8	40	24

1-4 河流流域面积
Drainage Area of Rivers

流域名称	River	流域面积（平方千米）Drainage Area (km^2)	占外流河、内陆河流域面积合计（%）Percentage to Total (%)
合计	**Total**	**9559370**	**100.00**
外流河	**Out-Flowing Rivers**	**6114728**	**63.97**
黑龙江及绥芬河	Heilong River and Suifen River	875342	9.16
辽河、鸭绿江及沿海诸河	Liaohe River, Yalu River and Coastal Rivers	345207	3.61
海滦河	Hai-Luan Rivers	318161	3.33
黄河	Yellow River	752443	7.87
淮河及山东沿海诸河	Huaihe River and Coastal Rivers in Shandong	329211	3.44
长江	Yangtze River	1808500	18.92
浙闽台诸河	Rivers in Zhejiang, Fujian and Taiwan	239803	2.51
珠江及沿海诸河	Pearl River and Coastal Rivers	580640	6.07
元江及澜沧江	Yuanjiang River and Lancang River	240652	2.52
怒江及滇西诸河	Nujiang River and Rivers in West Yunnan	157156	1.64
雅鲁藏布江及藏南诸河	Yarlung Zangbo River and Rivers in South Tibet	396258	4.15
藏西诸河	Rivers in West Tibet	57340	0.60
额尔齐斯河	Irtysh River	50000	0.52
内陆河	**Inland Rivers**	**3408659**	**35.66**
内蒙内陆河	Inland Rivers in Inner Mongolia	300067	3.14
河西内陆河	Inland Rivers in Hexi	488301	5.11
准噶尔内陆河	Inland Rivers in Junggar Basin	316530	3.31
中亚细亚内陆河	Inland Rivers in Central Asia	93130	0.97
塔里木内陆河	Inland Rivers in Tarim Basin	1074810	11.24
青海内陆河	Inland Rivers in Qinghai	316285	3.31
羌唐内陆河	Inland Rivers in Qiangtang	721182	7.54
松花江、黄河、藏南闭流区	Closed-Drainage Area of Songhua River, Yellow River and Rivers in South Tibet	90353	0.95

注　本表数据来源于《中国统计年鉴 2009》。

Note　Figures in the table come from *China Statistical Yearbook 2009*.

1-5 内陆水域面积

Inland Water Area

单位：千公顷 unit: 10^3hm^2

水域	Water Area	总水面 Total Water Area	#可养殖水面 Cultivatable Water Area	已养殖水面 Cultivated Water Area	尚可利用水面 Utilizable Water Area
合计	**Total**	**17471**	**6749**	**4669**	**2080**
河沟	Brook	5278	766	347	419
水库	Reservoir	2302	1884	1516	368
湖泊	Lake	7524	2151	824	1327
池塘	Pool	1922	1922	1858	64
其他	Others	445	26	124	

注　本表数据来源于《中国统计年鉴2009》。

Note　Figures in the table come from *China Statistical Yearbook 2009*.

1-6 全国主要湖泊

Main Lakes in China

湖　名 Lake	主要所在地 Main Location	湖泊面积（平方千米） Area (km^2)	湖水贮量（亿立方米） Storage (10^8m^3)
青海湖 Qinghai Lake	青海 Qinghai	4200	742
鄱阳湖 Poyang Lake	江西 Jiangxi	3960	259
洞庭湖 Dongting Lake	湖南 Hunan	2740	178
太湖 Taihu Lake	江苏 Jiangsu	2338	44
呼伦池 Hulunchi Lake	内蒙古 Inner Mongolia	2000	111
纳木错 Namtso Lake	西藏 Tibet	1961	768
洪泽湖 Hongze Lake	江苏 Jiangsu	1851	24
色林错 Selincuo Lake	西藏 Tibet	1628	492
南四湖 Nansi Lake	山东 Shandong	1225	19
扎日南木错 Zharinanmucuo Lake	西藏 Tibet	996	60
博斯腾湖 Bostan Lake	新疆 Xinjiang	960	77
当惹雍错 Dangreyongcuo Lake	西藏 Tibet	835	209
巢湖 Chaohu Lake	安徽 Anhui	753	18
布伦托海 Buluntuohai Lake	新疆 Xinjiang	730	59
高邮湖 Gaoyou Lake	江苏 Jiangsu	650	9
羊卓雍错 Yamdrok Lake	西藏 Tibet	638	146
鄂陵湖 Eling Lake	青海 Qinghai	610	108
哈拉湖 Hala Lake	青海 Qinghai	538	161
阿雅格库木湖 Ayakkum Lake	新疆 Xinjiang	570	55
扎陵湖 Gyaring Lake	青海 Qinghai	526	47
艾比湖 Aibi Lake	新疆 Xinjiang	522	9
昂拉仁错 Anglarencuo Lake	西藏 Tibet	513	102
塔若错 Taruocuo Lake	西藏 Tibet	487	97
格仁错 Gerencuo Lake	西藏 Tibet	476	71
赛里木湖 Sayram Lake	新疆 Xinjiang	454	210
松花湖 Songhua Lake	吉林 Jilin	425	108
班公错 Palgon Lake	西藏 Tibet	412	74
玛旁雍错 Manasarovar Lake	西藏 Tibet	412	202
洪湖 Honghu Lake	湖北 Hubei	402	8
阿次克湖 Acike Lake	新疆 Xinjiang	345	34
滇池 Dianchi Lake	云南 Yunnan	298	12
拉昂错 Raksas Tal Lake	西藏 Tibet	268	40
梁子湖 Liangzi Lake	湖北 Hubei	256	7
洱海 Erhai Lake	云南 Yunnan	253	26
龙感湖 Longgan Lake	安徽 Anhui	243	4
骆马湖 Luoma Lake	江苏 Jiangsu	235	3
达里诺尔 Dalinuoer Lake	内蒙古 Inner Mongolia	210	22
抚仙湖 Fuxian Lake	云南 Yunnan	211	19
泊湖 Pohu	安徽 Anhui	209	3
石臼湖 Shijiu Lake	江苏 Jiangsu	208	4
月亮泡 Yueliangpao Lake	吉林 Jilin	206	5
岱海 Daihai Lake	内蒙古 Inner Mongolia	140	13
波特港湖 Botegang Lake	新疆 Xinjiang	160	13
镜泊湖 Jingpo Lake	黑龙江 Heilongjiang	95	16

1-6 续表 continued

湖 名 Lake	所 在 流 域 River Basin		水 型 Type of Lake
	内陆湖区 Inland Lake Area	外流湖区 Out-Flowing Lake Area	
青海湖 Qinghai Lake	柴达木区 Qaidam		咸水湖 Saltwater Lake
鄱阳湖 Poyang Lake		长江流域 Yangtze River Basin	淡水湖 Freshwater Lake
洞庭湖 Dongting Lake		长江流域 Yangtze River Basin	淡水湖 Freshwater Lake
太湖 Taihu Lake		长江流域 Yangtze River Basin	淡水湖 Freshwater Lake
呼伦池 Hulunchi Lake	内蒙古区 Inner Mongolia		咸水湖 Saltwater Lake
纳木错 Namtso Lake	藏北区 North Tibet		咸水湖 Saltwater Lake
洪泽湖 Hongze Lake		淮河流域 Huaihe River Basin	淡水湖 Freshwater Lake
色林错 Selincuo Lake	藏北区 North Tibet		咸水湖 Saltwater Lake
南四湖 Nansi Lake		淮河流域 Huaihe River Basin	淡水湖 Freshwater Lake
扎日南木错 Zharinanmucuo Lake	藏北区 North Tibet		咸水湖 Saltwater Lake
博斯腾湖 Bostan Lake	甘新区 Gansu-Xinjiang Region		咸水湖 Saltwater Lake
当惹雍错 Dangreyongcuo Lake	藏北区 North Tibet		咸水湖 Saltwater Lake
巢湖 Chaohu Lake		长江流域 Yangtze River Basin	淡水湖 Freshwater Lake
布伦托海 Buluntuohai Lake	甘新区 Gansu-Xinjiang Region		咸水湖 Saltwater Lake
高邮湖 Gaoyou Lake		淮河流域 Huaihe River Basin	淡水湖 Freshwater Lake
羊卓雍错 Yamdrok Lake	藏北区 North Tibet		咸水湖 Saltwater Lake
鄂陵湖 Eling Lake		黄河流域 Yellow River Basin	淡水湖 Freshwater Lake
哈拉湖 Hala Lake	柴达木区 Qaidam		咸水湖 Saltwater Lake
阿雅格库木湖 Ayakkum Lake	藏北区 North Tibet		咸水湖 Saltwater Lake
扎陵湖 Gyaring Lake		黄河流域 Yellow River Basin	淡水湖 Freshwater Lake
艾比湖 Aibi Lake	甘新区 Gansu-Xinjiang Region		咸水湖 Saltwater Lake
昂拉仁错 Anglarencuo Lake	藏北区 North Tibet		咸水湖 Saltwater Lake
塔若错 Taruocuo Lake	藏北区 North Tibet		咸水湖 Saltwater Lake
格仁错 Gerencuo Lake	藏北区 North Tibet		淡水湖 Freshwater Lake
赛里木湖 Sayram Lake	甘新区 Gansu-Xinjiang Region		咸水湖 Saltwater Lake
松花湖 Songhua Lake		黑龙江流域 Heilong River Basin	淡水湖 Freshwater Lake
班公错 Palgon Lake	藏北区 North Tibet		东淡西咸 Freshwater in the East and Saltwater in the West
玛旁雍错 Manasarovar Lake	藏南区 South Tibet		淡水湖 Freshwater Lake
洪湖 Honghu Lake		长江流域 Yangtze River Basin	淡水湖 Freshwater Lake
阿次克湖 Acike Lake	藏北区 North Tibet		咸水湖 Saltwater Lake
滇池 Dianchi Lake		长江流域 Yangtze River Basin	淡水湖 Freshwater Lake
拉昂错 Raksas Tal Lake	藏南区 South Tibet		淡水湖 Freshwater Lake
梁子湖 Liangzi Lake		长江流域 Yangtze River Basin	淡水湖 Freshwater Lake
洱海 Erhai Lake		西南诸河 Southwest Region	淡水湖 Freshwater Lake
龙感湖 Longgan Lake		长江流域 Yangtze River Basin	淡水湖 Freshwater Lake
骆马湖 Luoma Lake		淮河流域 Huaihe River Basin	淡水湖 Freshwater Lake
达里诺尔 Dalinuoer Lake	内蒙古区 Inner Mongolia		咸水湖 Saltwater Lake
抚仙湖 Fuxian Lake		珠江流域 Pearl River Basin	淡水湖 Freshwater Lake
泊湖 Pohu		长江流域 Yangtze River Basin	淡水湖 Freshwater Lake
石臼湖 Shijiu Lake		长江流域 Yangtze River Basin	淡水湖 Freshwater Lake
月亮泡 Yueliangpao Lake		黑龙江流域 Heilong River Basin	淡水湖 Freshwater Lake
岱海 Daihai Lake	内蒙古区 Inner Mongolia		咸水湖 Saltwater Lake
波特港湖 Botegang Lake	甘新区 Gansu-Xinjiang Region		淡水湖 Freshwater Lake
镜泊湖 Jingpo Lake		黑龙江流域 Heilong River Basin	淡水湖 Freshwater Lake

1-7 湖 泊 面 积

Area of Lakes

湖 区	Area of Lakes	湖水面积（平方千米）Area of Lakes (km²)	湖水贮量（亿立方米）Reserve of Lakes (10^8m^3)	#淡水贮量 Reserve of Fresh Water	占湖泊淡水总贮量（%）As Percentage of Total Lake Reserve of Fresh Water (%)
合 计	**Total**	**75610**	**7510**	**2150**	**100.0**
青藏高原	Tibet Plateau	36560	5460	880	40.9
东部平原	Eastern Plain	23430	820	820	38.1
蒙新高原	Mongolia and Xinjiang Plateau	8670	760	20	0.9
东北平原	Northeast Plain	4340	200	160	7.4
云南高原	Yunnan Plateau	1100	240	240	11.2
其 他	Others	1510	30	30	1.4

注　本表数据来源于《中国统计年鉴 2009》。

Note　Figures in the table come from *China Statistical Yearbook 2009*.

1-8 各地区湖泊面积和贮水量④

Area and Storage of Lakes by Regions④

地区	Region	湖泊			湖泊面积			湖水贮量				
		数量（个）Number of Lake (unit)	外流湖区 Out-Flowing Lake	内陆湖区 Inland Lake	（平方千米）Lake Area (km^2)	外流湖区 Out-Flowing Lake	内陆湖区 Inland Lake	（亿立方米）Reserve of Lakes (10^8m^3)	外流湖区 Out-Flowing Lake	#淡水贮量 Reserve of Fresh Water	内陆湖区 Inland Lake	#淡水贮量 Reserve of Fresh Water
合　计	**Total**	**2305**	**1097**	**1208**	**71787**	**30650**	**41137**	**7043**	**2145**	**1806**	**4943**	**455.5**
河　北	Hebei	16	6	10	187	92	95	5	2	2	3	
内蒙古	Inner Mongolia	258		258	4244		4244	174			174	0.5
辽　宁	Liaoning	3	3		70	70		2	2	2		
吉　林	Jilin	43	43		679	679		133	133	133		
黑龙江	Heilongjiang	57	57		1617	1617		55	55	54		
上　海①	Shanghai	7	7		75	75		2	2	2		
江　苏	Jiangsu	106	106		6385	6385		97	97	97		
浙　江	Zhejiang	36	36		88	88		3	3	3		
安　徽	Anhui	92	92		2976	2976		65	65	65		
江　西	Jiangxi	71	71		4411	4411		270	270	270		
山　东	Shandong	2	2		1326	1326		22	22	22		
湖　北	Hubei	182	182		2417	2417		44	44	44		
湖　南	Hunan	185	185		3871	3871		206	206	206		
云　南②	Yunnan	30	30		1108	1108		288	288	288		
西　藏	Tibet	778	103	675	25111	2876	22235	3427	630	326	2842	300
青　海	Qinghai	241	132	109	11778	2401	9377	1710	300	269	1410	140
新　疆	Xinjiang	137	2	135	5072	54	5018	520	8	8	512	15
其　他③	Others	61	40	21	372	204	168	20	18	15	2	

注　① 淀山湖跨上海市、江苏省，面积统计在上海市内。

② 草海系贵州省湖泊，已统计在云南省内。

③ 指四川、甘肃、宁夏、山西、陕西、广东、广西、河南、台湾。

④ 面积大于或等于 1 平方千米，不包括时令湖。

Note　① Dianshan Lake covers both Shanghai Municipality and Jiangsu Province; its area is included within the data of Shanghai.

② Caohai is lake placed in Guizhou Province, but it is included in Yunnan Province.

③ It refers to Sichuan, Gansu, Ningxia, Shanxi, Shaanxi, Guangdong, Guangxi, Henan and Taiwan.

④ Area larger or equal to 1 km^2, excluding seasonal lakes.

1-9 海区海域及渔场面积

Sea Area and Areas of Fishing Ground

名 称	Sea	海域总面积（千公顷） Sea Area (10^3hm^2)	大陆架渔场面积（千公顷） Area of Fishing Ground of Continental Shelf (10^3hm^2)	深度（米） Depth (m)	
				平均 Average	最大 Maximum
合 计	**Total**	**472700**	**280000**		
渤 海	Bo Hai	7700	7700	18	70
黄 海	Yellow Sea	38000	35300	44	140
东 海	East China Sea	77000	54900	370	2719
南 海	South China Sea	350000	182100	1212	5559

注　本表数据来源于《中国统计年鉴 2009》。

Note　Figures in the table come from *China Statistical Yearbook 2009.*

1-10 民族自治区自然资源情况

Natural Resources in Ethnic Minority Autonomous Regions

项　目	Item	2007	占全国百分数（%） Percentage in National Total (%)
总面积（万平方千米）	**Total Area (10^4km^2)**	**612**	**64**
牧区、半农半牧区草原面积（万公顷）	Area of Grasslands in Pastoral and Semi-pastoral Areas (10^4hm^2)	30000	75
森林面积(万公顷)	Area of Forest (10^4hm^2)	5648	42
森林蓄积量(亿立方米)	Stock Volume of Forests (10^8m^3)	52	52
水力资源蕴藏量(亿千瓦)	Hydropower Resources (10^8kW)	4	66

注　本表数据来源于《中国统计年鉴 2009》。

Note　Figures in the table come from *China Statistical Yearbook 2009*.

1-11 2008年自然状况及水资源

Natural Conditions and Water Resources of 2008

项　目	Item	2008
国土	**Territory**	
国土面积 (万平方千米)	Area of Territory (10^4km^2)	960
海域面积 (万平方千米)	Area of Sea (10^4km^2)	473
海洋平均深度 (米)	Average Depth of Sea (m)	961
海洋最大深度 (米)	Maximum Depth of Sea (m)	5377
岸线总长度 (千米)	Length of Coastline (km)	32000
大陆岸线长度	Mainland Shore	18000
岛屿岸线长度	Island Shore	14000
气候	**Climate**	
热量分布(积温≥0℃)	Distribution of Heat (Accumulated Temperature≥0℃)	
黑龙江北部及青藏高原	Northern Heilongjiang and Tibet Plateau	2000～2500
东北平原	Northeast Plain	3000～4000
华北平原	North China Plain	4000～5000
长江流域及以南地区	Yangtze River Drainage Area and the Area to the South of it	5800～6000
南岭以南地区	Area to the South of Nanling Mountain	7000～8000
降水量(毫米)	**Precipitation (mm)**	
台湾中部山区	Mid-Taiwan Mountainous Region	≥4000
华南沿海	Coastal Region in South China	1600～2000
长江流域	Yangtze River Basin	1000～1500
华北、东北	North and Northeast China	400～800
西北内陆	Northwest Inland Area	100～200
塔里木盆地、吐鲁番盆地和柴达木盆地	Tarim Basin, Turpan Basin and Qaidam Basin	≤25
气候带面积比例(国土面积=100)	**Percentage of Climatic Zones to Total Arca of Territory**	
湿润地区(干燥度<1.0)	Humid Zone(aridity<1.0)	32
半湿润地区(干燥度=1.0～1.5)	Semi-Humid Zone (aridity 1.0-1.5)	15
半干旱地区(干燥度=1.5～2.0)	Semi-Arid Zone (aridity 1.5-2.0)	22
干旱地区(干燥度>2.0)	Arid Zone (aridity>2.0)	31
水资源总量(亿立方米)	**Total Water Availability (10^8m^3)**	**27434.3**
地表水资源量	Surface Water Volume	26377.0
地下水资源量	Groundwater Volume	8122.0
地表水与地下水资源重复量	Duplicated Measurement between Surface Water and Groundwater	7064.7
降水总量(亿立方米)	**Total Precipitation(10^8m^3)**	**62000.3**

注　1. 气候资料为多年平均值。

　　2. 岛屿面积未包括香港、澳门特别行政区和台湾省。

Note　1. Climate data is the average of many years.

　　2. Island area does not include that of Hong Kong Special Administrative Region, Macao Special Administrative Region and Taiwan Province.

1-12 2008 年各地区降水量与 2007 年和常年值比较

Comparison of Precipitation of 2008 with 2007 and Normal Year by Regions

地区	Region	降水量（毫米）Precipitation (mm)	与 2007 年比较 增减（%）Increase or Decrease Comparing to 2007(%)	与常年值比较 增减（%）Increase or Decrease Comparing to Normal Year(%)
合　计	**Total**	**654.8**	**7.3**	**1.9**
北　京	Beijing	638.6	28.0	9.2
天　津	Tianjin	640.7	25.0	11.4
河　北	Hebei	557.6	20.8	4.9
山　西	Shanxi	466.4	-16.2	-8.4
内蒙古	Inner Mongolia	277.1	35.2	-1.7
辽　宁	Liaoning	619.9	-4.2	-8.5
吉　林	Jilin	592.1	7.9	-2.8
黑龙江	Heilongjiang	473.7	11.1	-11.2
上　海	Shanghai	1238.2	6.5	13.6
江　苏	Jiangsu	994.3	-8.7	0.0
浙　江	Zhejiang	1519.6	-3.4	-5.4
安　徽	Anhui	1146.0	-2.4	-2.3
福　建	Fujian	1597.7	3.0	-4.8
江　西	Jiangxi	1536.0	18.3	-6.3
山　东	Shandong	711.8	-7.9	4.8
河　南	Henan	738.1	-6.2	-4.3
湖　北	Hubei	1213.0	2.5	2.8
湖　南	Hunan	1396.1	10.2	-3.8
广　东	Guangdong	2140.8	36.4	20.9
广　西	Guangxi	1799.1	35.4	17.1
海　南	Hainan	2095.2	24.0	19.7
重　庆	Chongqing	1187.7	-6.4	0.3
四　川	Sichuan	956.3	4.1	-2.3
贵　州	Guizhou	1266.5	9.2	7.4
云　南	Yunnan	1333.8	3.1	4.3
西　藏	Tibet	617.1	8.5	7.9
陕　西	Shaanxi	592.2	-15.2	-9.7
甘　肃	Gansu	274.2	-18.3	-8.9
青　海	Qinghai	324.4	1.5	11.7
宁　夏	Ningxia	250.1	-16.4	-13.4
新　疆	Xinjiang	146.9	-7.7	-5.1

1-13 2008 年各水资源一级区降水量与 2007 年和常年值比较

Comparison of Precipitation of 2008 with 2007 and Normal Year in Grade-Ⅰ Water Resources Regions

水资源一级区	Grade-Ⅰ Water Resources Region	降水量（毫米）Precipitation (mm)	与 2007 年比较增减（%）Increase or Decrease Comparing to 2007 (%)	与常年值比较增减（%）Increase or Decrease Comparing to Normal Year (%)
合　计	**Total**	**654.8**	**7.3**	**1.9**
松花江区	Songhua River	465.7	20.7	-7.8
辽河区	Liaohe River	505.1	5.3	-7.3
海河区	Haihe River	541.0	11.9	1.1
黄河区	Yellow River	433.1	-10.5	-2.8
淮河区	Huaihe River	879.5	-10.1	4.9
长江区	Yangtze River	1072.4	6.0	-1.3
其中：太湖区	Among Which: Taihu Lake	1215.6	5.6	3.0
东南诸河区	Rivers in Southeast	1571.4	0.4	-5.6
珠江区	Pearl River	1806.4	29.5	16.7
西南诸河区	Rivers in Southwest	1141.7	5.2	4.9
西北诸河区	Rivers in Northwest	164.2	0.1	1.8

1-14 2008年主要城市降水量

Monthly Precipitation of Major Cities of 2008

单位：毫米

unit: mm

城市	City	1月 Jan.	2月 Feb.	3月 Mar.	4月 Apr.	5月 May	6月 June	7月 July	8月 Aug.	9月 Sept.	10月 Oct.	11月 Nov.	12月 Dec.	全年 Total of the Year
北京	Beijing	0.2		11.6	63.6	64.1	125.3	79.3	132.1	118.9	31.1		0.1	626.3
天津	Tianjin	0.1	0.9	13.7	48.8	21.2	131.9	143.4	71.3	68.2	48.5		4.1	552.1
石家庄	Shijiazhuang	8.0		22.1	47.9	31.5	97.1	129.2	238.6	116.4	16.6	0.2	0.1	707.7
太原	Taiyuan	3.7	2.7	20.9	63.4	17.6	103.8	23.9	45.2	56.7	17.4			355.3
呼和浩特	Hohhot	6.5	2.9	20.3	11.5	7.9	137.4	165.5	132.7	54.9	24.7	6.7		571.0
沈阳	Shenyang		1.0	37.2	71.0	79.1	88.1	221.1	109.3	70.0	17.9	8.3	18.7	721.7
长春	Changchun	0.2	0.5	32.5	22.3	62.1	152.5	199.8	150.5	63.0	17.0	14.1	2.3	716.8
哈尔滨	Harbin			21.8	31.3	71.3	57.4	94.8	46.1	80.4	18.0	9.3	8.6	439.0
上海	Shanghai	90.9	32.3	30.1	55.5	84.5	300.0	105.8	113.5	109.3	56.7	81.6	26.3	1086.5
南京	Nanjing	110.1	18.9	32.2	90.0	81.4	131.7	193.3	191.0	42.4	38.4	27.5	18.1	975.0
杭州	Hangzhou	91.7	61.4	37.7	101.9	117.7	361.0	114.4	137.5	44.2	67.4	118.5	20.5	1273.9
合肥	Hefei	89.8	12.6	37.3	59.4	72.5	203.8	162.3	177.7	5.6	50.4	28.3	10.5	910.2
福州	Fuzhou	70.3	46.9	68.7	148.3	266.4	247.6	325.6	104.4	40.8	118.5	35.1	12.2	1484.8
南昌	Nanchang	75.8	48.2	145.3	157.4	104.1	427.6	133.7	68.0	31.0	16.6	138.7	9.7	1356.1
济南	Ji'nan	6.8	5.9	13.1	53.5	61.6	27.2	254.0	186.7	73.9	18.6	3.4	0.4	705.1
郑州	Zhengzhou	17.0	2.5	2.0	90.8	59.4	24.6	309.7	58.5	64.4	13.3	12.9	3.1	658.2
武汉	Wuhan	72.4	20.7	79.0	54.3	344.2	129.4	148.1	240.7	40.8	92.5	39.1	5.6	1266.8
长沙	Changsha	96.4	53.8	159.9	101.6	110.0	116.4	215.0	143.9	146.7	55.8	243.9	9.5	1452.9
广州	Guangzhou	98.0	49.9	70.9	111.7	285.2	834.6	170.3	188.4	262.6	136.4	61.9	14.1	2284.0
南宁	Nanning	76.1	70.0	18.7	45.2	121.8	300.6	260.1	317.4	187.6	47.6	156.0	23.9	1625.0
海口	Haikou	35.5	27.7	13.6	53.9	193.3	227.3	164.7	346.7	337.5	901.2	20.9	68.9	2391.2
重庆	Chongqing	16.2	42.7	43.8	75.1	69.1	254.4	55.1	108.4	54.1	154.3	59.8	29.7	962.7
成都（温江）	Chengdu	6.3	16.8	33.0	47.0	69.7	124.0	235.8	147.2	267.0	58.8	22.6		1028.2
贵阳	Guiyang	15.7	13.5	68.1	62.1	156.9	89.9	275.0	364.2	98.9	106.1	103.3	17.2	1370.9
昆明	Kunming	13.6	12.7	15.7	14.4	94.5	133.5	281.5	203.4	75.4	49.4	82.7	5.4	982.2
拉萨	Lhasa	0.2	7.5	3.8	3.8	64.1	63.0	162.3	161.9	49.4	10.9	6.9		533.8
西安	Xi'an	19.1	7.5	21.7	55.6	22.0	59.8	83.7	87.3	83.1	73.1	12.3		525.2
兰州	Lanzhou	9.0	2.8	4.6	22.0	28.1	30.4	49.9	72.1	61.5	23.5	1.4	0.1	305.4
西宁	Xining	2.6	2.7	7.7	32.2	48.4	60.9	41.6	99.7	62.9	19.7	0.2		378.6
银川	Yinchuan	8.1	1.1		16.3	0.2	2.3	79.4	35.8	44.1	7.3			194.6
乌鲁木齐	Urumqi	3.0	11.6	17.8	21.7	15.8	8.9	20.9	17.1	16.8	12.8	12.8	12.6	171.8

注　本表数据来源于《中国统计年鉴2009》。

Note　Figures in the table come from *China Statistical Yearbook 2009*.

1-15 各流域片年平均降水量、径流量

Mean Annual Precipitation and Runoff of River Basin

各流域片	River Basin	计算面积（平方千米） Calculated Area (km^2)	多年平均* Average* 年降水量（毫米） Annual Precipitation (mm)	年径流深（毫米） Annual Runoff (mm)	年降水总量（亿立方米） Annual Precipitation (10^8m^3)	年径流量（亿立方米） Annual Runoff (10^8m^3)
合计	**Total**	**9545322**	**648**	**284**	**61889**	**27115**
一、黑龙江流域片	Ⅰ. Heilong River Basin	903418	496	129	4476	1166
1. 嫩江	1. Nenjiang River	267817	450	94	1205	251
2. 第二松花江	2. Second Songhua River	78723	666	210	524	165
3. 松花江干流	3. Mainstream of Songhua River	210640	573	164	1206	346
松花江流域	Songhua River Basin	557180	527	137	2935	762
二、辽河流域片	Ⅱ. Liaohe River Basin	345027	551	141	1901	487
4. 辽河流域	4. Liaohe River Basin	228960	473	65	1082	148
5. 辽宁沿海诸河	5. Coastal Rivers of Liaoning Province	60740	639	207	388	126
三、海滦河流域片	Ⅲ. Hai-Luan Rivers Basin	318161	560	91	1781	288
6. 滦河(含冀东沿海诸河)	6. Luanhe River (Including Coastal Rivers in the East of Hebei Province)	54530	565	110	308	60
7. 海河北系	7. North System of Haihe River	83119	507	80	421	67
8. 海河南系	8. South System of Haihe River	148669	580	98	862	145
9. 徒骇马颊河	9. Tuhaimajia River	31843	597	52	190	17
海河流域	Haihe River Basin	263631	559	87	1473	228
四、黄河流域片	Ⅳ. Yellow River Basin	794712	464	83	3691	661
10. 湟水	10. Huangshui River	32863	502	153	165	50
11. 洮河	11. Taohe River	25527	603	208	154	53
12. 兰州以上干流区间	12. Mainstream above Lanzhou	164161	473	149	777	244
13. 兰州—河口镇	13. Lanzhou-Hekou Town	163415	271	9	443	14
黄河上游	Upper Reaches of Yellow River	385966	399	94	1539	362
14. 河口镇—龙门	14. Hekou Town-Longmen	111595	460	54	513	60
15. 汾河	15. Fenhe River	39471	530	67	209	27
16. 泾河	16. Jinghe River	45421	539	46	245	21
17. 洛河	17. Luohe River	26905	550	37	148	10
18. 渭河	18. Weihe River	62440	629	117	393	73
19. 龙门—三门峡干流区间	19. Mainstream of Longmen-Sanmenxia	16623	573	73	95	12

注 “*”是指1956～1979年数据平均。

Note “*”refers to average data of 1956-1979.

1-15 续表 continued

各流域片	River Basin	计算面积（平方千米）Calculated Area (km^2)	多年平均* Average* 年降水量（毫米）Annual Precipitation (mm)	年径流深（毫米）Annual Runoff (mm)	年降水总量（亿立方米）Annual Precipitation (10^8m^3)	年径流量（亿立方米）Annual Runoff (10^8m^3)
20. 伊洛河	20. Yiluo River	18881	694	184	131	35
21. 沁河	21. Qinhe River	13532	642	136	87	18
22. 三门峡—花园口干流区间	22. Mainstream of Sanmenxia-Huayuankou	9202	648	133	60	12
黄河中游	Middle Reaches of Yellow River	344070	547	78	1881	267
23. 黄河下游	23. Lower Reaches of Yellow River	22407	674	130	151	29
黄河流域	Yellow River Basin	752443	475	88	3571	658
24. 鄂尔多斯内流区	24. Internal Flow Area of Erdos River	42269	284	8	120	3
五、淮河流域片	Ⅴ. Huaihe River Basin	329211	860	225	2830	741
25. 淮河上中游	25. Upper and Middle Reaches of Huaihe River	160837	889	234	1430	376
26. 淮河下游	26. Lower Reaches of Huaihe River	30337	1015	258	308	78
27. 沂沭泗河	27. Yi-Shu-Si Rivers	78109	836	215	653	168
淮河流域	Huaihe River Basin	269283	889	231	2390	622
28. 山东沿海诸河	28. Coastal Rivers of Shandong Province	59928	733	199	439	119
六、长江流域片	Ⅵ. Yangtze River Basin	1808500	1071	526	19360	9513
29. 金沙江	29. Jinsha River	490650	706	313	3466	1535
30. 岷沱江	30. Min-Tuo Rivers	164766	1083	627	1785	1033
31. 嘉陵江	31. Jialing River	158776	965	443	1532	704
32. 乌江	32. Wujiang River	86976	1164	620	1012	539
33. 长江上游干流区间	33. Mainstream of Upper Reaches of Yangtze River	100504	1169	653	1175	656
长江上游	Upper Reaches of Yangtze River	1001672	896	446	8570	4467
34. 洞庭湖水系	34. Water System of Dongting Lake	262344	1414	767	3709	2012
35. 汉江	35. Hanjiang River	155204	900	361	1396	560
36. 鄱阳湖水系	36. Water System of Poyang Lake	162274	1598	853	2593	1384
37. 长江中游干流区间	37. Mainstream of Middle Reaches of Yangtze River	57069	1243	550	1207	534
长江中游	Middle Reaches of Yangtze River	676891	1316	663	8905	4490
38. 太湖水系	38. Water System of Taihu Lake	37464	1105	366	414	137
39. 长江下游干流区间	39. Mainstream of Lower Reaches of Yangtze River	92473	1158	453	1071	419
长江下游	Lower Reaches of Yangtze River	129937	1143	428	1485	556
七、珠江流域片	Ⅶ. Pearl River Basin	580641	1544	807	8967	4685
40. 南北盘江	40. South and North Panjiang River	82480	1122	467	925	385
41. 红水河与柳黔江	41. Hongshui River and Liuqian River	115525	1480	782	1710	903
42. 北江	42. Beijiang River	44725	1757	1096	786	490

1-15 续表 continued

各 流 域 片	River Basin	计算面积（平方千米）Calculated Area (km^2)	多年平均* Average*			
			年降水量（毫米）Annual Precipitation (mm)	年径流深（毫米）Annual Runoff (mm)	年降水总量（亿立方米）Annual Precipitation (10^8m^3)	年径流量（亿立方米）Annual Runoff (10^8m^3)
43. 东江	43. Dongjiang River	28191	1788	993	504	280
44. 珠江三角洲	44. Pearl River Delta	31443	1791	996	563	313
珠江流域	Pearl River Basin	444304	1469	751	6528	3338
45. 韩江	45. Hanjiang River	32457	1630	881	529	286
46. 粤东沿海诸河	46. Coastal Rivers of East Guangdong	13653	2058	1260	281	172
47. 桂南粤西沿海诸河	47. Coastal Rivers of South Gaungxi and West Guangdong	56093	1836	1032	1030	579
48. 海南岛和南海诸岛	48. Hainan Island and South China Sea Islands	34134	1755	908	599	310
八、浙闽诸河片	Ⅷ. Rivers in Zhejiang and Fujian	239803	1758	1066	4216	2557
49. 钱塘江(含浦阳江)	49. Qiantang River (Including Puyang River)	42156	1587	875	669	369
50. 浙东诸河	50. Rivers in East Zhejiang	18592	1442	715	268	133
51. 浙南诸河	51. Rivers in South Zhejiang	32775	1718	1062	563	348
52. 闽江	52. Minjiang River	60992	1710	961	1043	586
53. 闽东沿海诸河	53. Coastal Rivers of East Fujian	15394	1747	1156	269	178
54. 闽南诸河	54. Rivers in South Fujian	33913	1563	902	530	306
九、西南诸河片	Ⅸ. Rivers in Southwest	851406	1098	688	9346	5853
55. 藏南诸河	55. Rivers in South Tibet	155778	1689	1253	2631	1952
56. 藏西诸河	56. Rivers in West Tibet	57340	129	35	74	20
十、内陆诸河片	Ⅹ. Inland Rivers	3321713	154	32	5113	1064
57. 内蒙古内陆河	57. Inland Rivers in Inner Mongolia	308067	254	4	783	12
58. 河西内陆河	58. Inland Rivers in Hexi	488708	123	14	599	69
59. 准噶尔内陆河	59. Inland Rivers of Junggar	316530	168	40	532	125
60. 中亚细亚内陆河	60. Inland Rivers in Central Asia	93130	468	207	436	193
61. 青海内陆河	61. Inland Rivers in Qinghai	319286	138	23	441	72
62. 羌塘内陆河	62. Inland Rivers in Qiangtang	721182	170	34	1226	246

1-16 历 年 水 资 源 量

Water Resources by Years

年份 Year	水资源总量 （亿立方米） Total Amount of Water Resources (10^8m^3)	地表水资源量 （亿立方米） Surface Water Resources (10^8m^3)	地下水资源量 （亿立方米） Groundwater Resources (10^8m^3)	地表水与地下水资源重复量 （亿立方米） Duplicated Measurement between Surface Water and Groundwater (10^8m^3)	降水总量 （亿立方米） Total Precipitation (10^8m^3)	人均水资源量 （立方米每人） Per Capita Water Resources (m^3/person)
1997	27855	26835	6942	5923	58169	2253
1998	34017	32726	9400	8109	67631	2723
1999	28196	27204	8387	7395	59702	2219
2000	27701	26562	8502	7363	60092	2194
2001	26868	25933	8390	7456	58122	2112
2002	28261	27243	8697	7679	62610	2207
2003	27460	26251	8299	7090	60416	2131
2004	24130	23126	7436	6433	56876	1856
2005	28053	26982	8091	7020	61010	2152
2006	25330	24358	7643	6671	57840	1932
2007	25255	24242	7617	6604	57763	1916
2008	27434	26377	8122	7065	62000	2071

1-17 多年平均水资源量（按地区分）

Mean Annual Water Resources (by Regions)

地区	Region	平均年水资源总量（亿立方米）Mean Annual Total Amount of Water Resources (10^8m^3)	平均年地表水资源量（亿立方米）Mean Annual Surface Water Resources (10^8m^3)	平均年地下水资源量（亿立方米）Mean Annual Groundwater Resources (10^8m^3)	平均年地表水与地下水资源重复量（亿立方米）Duplicated Measurement between Surface Water and Groundwater (10^8m^3)	平均年产水模数（万立方米每平方千米）Mean Annual Water Generation Model ($10^4m^3/km^2$)
合　计	**Total**	**27460.3**	**26478.2**	**8149.0**	**7166.9**	**29.5**
北　京	Beijing	40.8	25.3	26.2	10.7	24.3
天　津	Tianjin	14.6	10.8	5.8	2.0	12.9
河　北	Hebei	236.9	167.0	145.8	75.9	12.6
山　西	Shanxi	143.5	115.0	94.6	66.1	9.2
内蒙古	Inner Mongolia	506.7	371.0	248.3	112.6	4.4
辽　宁	Liaoning	363.2	325.0	105.5	67.3	25.0
吉　林	Jilin	390.0	345.0	110.1	65.1	20.7
黑龙江	Heilongjiang	775.8	647.0	269.3	140.5	16.6
上　海	Shanghai	26.9	18.6	12.0	3.7	43.5
江　苏	Jiangsu	325.4	249.0	115.3	38.9	31.9
浙　江	Zhejiang	897.1	885.0	213.3	201.2	88.1
安　徽	Anhui	676.8	617.0	166.6	106.8	48.5
福　建	Fujian	1168.7	1168.0	306.4	305.7	96.3
江　西	Jiangxi	1422.4	1416.0	322.6	316.2	85.1
山　东	Shandong	335.0	264.0	154.2	83.2	21.9
河　南	Henan	407.7	311.0	198.9	102.2	24.4
湖　北	Hubei	981.2	946.0	291.3	256.1	52.8
湖　南	Hunan	1626.6	1620.0	374.8	368.2	76.8
广　东	Guangdong	2134.1	2111.0	545.9	522.8	100.7
广　西	Guangxi	1880.0	1880.0	397.7	397.7	79.1
四　川	Sichuan	3133.8	3131.0	801.6	798.8	55.2
贵　州	Guizhou	1035.0	1035.0	258.9	258.9	58.8
云　南	Yunnan	2221.0	2221.0	738.0	738.0	57.9
西　藏	Tibet	4482.0	4482.0	1094.3	1094.3	37.3
陕　西	Shaanxi	441.9	420.0	165.1	143.2	21.5
甘　肃	Gansu	274.3	273.0	132.7	131.4	6.9
青　海	Qinghai	626.2	623.0	258.1	254.9	8.7
宁　夏	Ningxia	9.9	8.5	16.2	14.8	1.9
新　疆	Xinjiang	882.8	793.0	579.5	489.7	5.4

1-18 2008年水资源量（按地区分）

Water Resources of 2008 (by Regions)

地区	Region	水资源总量（亿立方米）Total Amount of Water Resources (10^8m^3)	地表水资源量（亿立方米）Surface Water Resources (10^8m^3)	地下水资源量（亿立方米）Groundwater Resources (10^8m^3)	地表水与地下水资源重复量（亿立方米）Duplicated Measurement between Surface Water and Groundwater (10^8m^3)	降水总量（亿立方米）Total Precipitation (10^8m^3)	人均水资源量（立方米每人）Per Capita Water Resources (m^3/person)
合　计	**Total**	**27434.3**	**26377.0**	**8122.0**	**7064.7**	**62000.3**	**2071.1**
北　京	Beijing	34.2	12.8	24.9	3.5	104.8	205.6
天　津	Tianjin	18.3	13.6	5.9	1.2	76.4	159.8
河　北	Hebei	161.0	62.4	136.3	37.7	1046.6	231.1
山　西	Shanxi	87.4	51.3	78.9	42.8	728.8	256.9
内蒙古	Inner Mongolia	412.1	274.8	235.1	97.9	3205.1	1710.2
辽　宁	Liaoning	266.0	226.8	105.4	66.2	902.0	617.7
吉　林	Jilin	332.0	276.6	99.6	44.2	1109.6	1215.3
黑龙江	Heilongjiang	462.0	341.9	247.8	127.7	2154.6	1207.9
上　海	Shanghai	37.0	30.0	10.2	3.3	78.5	197.3
江　苏	Jiangsu	378.0	280.9	111.3	14.2	1013.6	494.1
浙　江	Zhejiang	855.2	839.9	198.1	182.8	1574.3	1680.2
安　徽	Anhui	699.3	651.9	178.1	130.7	1598.4	1141.4
福　建	Fujian	1036.9	1035.7	303.9	302.7	1978.7	2886.4
江　西	Jiangxi	1356.2	1335.7	370.3	349.8	2564.3	3093.4
山　东	Shandong	328.7	229.0	180.6	80.8	1115.2	350.0
河　南	Henan	371.3	259.1	188.3	76.1	1221.8	395.2
湖　北	Hubei	1033.9	1003.7	282.0	251.8	2255.0	1812.3
湖　南	Hunan	1600.0	1593.1	386.2	379.4	2957.4	2512.7
广　东	Guangdong	2206.8	2197.3	506.9	497.3	3801.6	2323.8
广　西	Guangxi	2282.5	2282.5	504.8	504.8	4257.7	4763.1
海　南	Hainan	419.1	414.1	97.9	92.9	715.6	4934.0
重　庆	Chongqing	576.9	576.9	88.4	88.4	978.7	2040.4
四　川	Sichuan	2489.9	2488.3	598.2	596.6	4630.7	3061.6
贵　州	Guizhou	1140.7	1140.7	265.0	265.0	2231.2	3019.6
云　南	Yunnan	2314.5	2314.5	801.6	801.6	5111.3	5110.9
西　藏	Tibet	4560.2	4560.2	1054.3	1054.3	7419.5	159727.5
陕　西	Shaanxi	304.0	285.0	107.6	88.6	1217.5	809.5
甘　肃	Gansu	187.5	179.3	114.3	106.2	1089.9	715.0
青　海	Qinghai	658.1	640.0	298.5	280.4	2317.2	11899.8
宁　夏	Ningxia	9.2	6.6	23.2	20.6	129.6	149.9
新　疆	Xinjiang	815.6	772.5	518.5	475.3	2415.0	3860.0

1-19 2008年水资源量（按水资源分区分）

Water Resources of 2008 (by Water Resources Regions)

单位：亿立方米 unit: $10^8 m^3$

水资源一级区	Grade- Ⅰ Water Resources Region	水资源总量 Total Amount of Water Resources	地表水资源量 Surface Water Resources	地下水资源量 Groundwater Resources	地表水与地下水资源重复量 Duplicated Measurement between Surface Water and Groundwater	降水总量 Total Precipitation
合　计	**Total**	**27434.3**	**26377.0**	**8122.0**	**7064.7**	**62000.3**
松花江区	Songhua River	982.7	788.5	426.1	231.9	4353.2
辽河区	Liaohe River	393.9	305.1	171.7	82.9	1586.8
海河区	Haihe River	294.5	126.9	242.1	74.5	1729.5
黄河区	Yellow River	559.0	454.2	344.7	239.9	3443.1
淮河区	Huaihe River	1047.2	782.1	430.6	165.5	2902.1
长江区	Yangtze River	9457.2	9344.3	2416.3	2303.4	19120.6
其中：太湖区	Among Which: Taihu Lake	199.4	175.7	45.7	22.0	450.7
东南诸河区	Rivers in Southeast	1735.2	1724.4	454.4	443.7	3269.5
珠江区	Pearl River	5696.8	5682.3	1293.7	1279.1	10438.0
西南诸河区	Rivers in Southwest	5944.4	5944.4	1502.4	1502.4	9637.5
西北诸河区	Rivers in Northwest	1323.4	1224.8	840.0	741.4	5520.1

1-20 2008年河流水质状况（按水资源分区分）

Water Quality of Rivers of 2008 (by Water Resources Regions)

水资源一级区	Grade-Ⅰ Water Resources Region	评价河长（千米） Assessed Length of River (km)	分类河长占评价河长百分比（%） Percentage of Classed River Length in the Total Assessed Length (%)					
			Ⅰ类 Class-Ⅰ	Ⅱ类 Class-Ⅱ	Ⅲ类 Class-Ⅲ	Ⅳ类 Class-Ⅳ	Ⅴ类 Class-Ⅴ	劣Ⅴ类 Inferior to Class-Ⅴ
合　计	**Total**	**147727.5**	**3.5**	**31.8**	**25.9**	**11.4**	**6.8**	**20.6**
松花江区	Songhua River	13562.4	0.8	17.0	29.2	25.2	6.3	21.5
辽河区	Liaohe River	5496.7	1.5	27.1	17.4	10.8	13.1	30.1
海河区	Haihe River	12996.2	2.4	19.6	13.2	10.7	2.2	51.9
黄河区	Yellow River	13847.7	5.2	12.7	21.3	13.5	10.5	36.8
淮河区	Huaihe River	14130.5	0.5	15.6	23.3	18.1	11.3	31.2
长江区	Yangtze River	41176.6	3.7	36.2	29.2	9.0	7.5	14.4
其中：太湖区	Among Which: Taihu Lake	1245.9		21.9	10.1	11.8	16.7	39.5
东南诸河区	Rivers in Southeast	5035.2	5.2	38.3	20.7	12.1	8.9	14.8
珠江区	Pearl River	18541.5		38.8	29.8	11.0	6.8	13.6
西南诸河区	Rivers in Southwest	13406.7	0.2	48.0	46.1	2.8	0.2	2.7
西北诸河区	Rivers in Northwest	9534.0	21.2	65.8	7.0	3.5	1.7	0.8

1-21　2008年大型淡水湖泊、水库水质状况

Water Quality of Large Freshwater Lakes and Reservoirs of 2008

主要水系 Main Water System	主要所属地区 Region	叶绿素a（毫克每升）Chlorophyll (mg/L)	高锰酸盐指数（毫克每升）Permanganate Index (mg/L)	总氮（毫克每升）Total Nitrogen (mg/L)	总磷（毫克每升）Total Phosphorus (mg/L)	透明度（米）Transparency (m)	营养状态指数（TSIm）Nutrient Index (TSIm)	营养级别 Level of Eutrophication	水质类别 Water Quality
巢湖西半湖 West Lake of Chaohu Lake	安徽 Anhui	0.0239	6.66	3.19	0.19	0.24	68.00	中度富营养 Middleeutropher	劣Ⅴ Inferior to Class-Ⅴ
巢湖东半湖 East Lake of Chaohu Lake	安徽 Anhui	0.0007	4.68	1.18	0.12	0.37	49.50	中营养 Mesotropher	Ⅴ
董铺水库 Dongpu Reservoir	安徽 Anhui	0.0001	2.73	0.69	0.02		34.20	中营养 Mesotropher	Ⅱ
大伙房水库 Dahuofang Reservoir	辽宁 Liaoning	0.0026	3.80	1.86	0.03	1.80	58.10	轻度富营养 Lighteutropher	Ⅱ
昆明湖 Kunming Lake	北京 Beijing	0.0103	2.90	2.15	0.04	0.91	52.60	轻度富营养 Lighteutropher	Ⅱ
密云水库 Miyun Reservoir	北京 Beijing	0.0026	2.30	0.81	0.01	3.15	37.90	中营养 Mesotropher	Ⅱ
镜泊湖 Jingpo Lake	黑龙江 Heilong River	0.0020	5.70	0.80	0.04		46.70	中营养 Mesotropher	Ⅲ
大明湖 Daming Lake	山东 Shandong	0.1207	6.43	4.76	0.23		69.89	中度富营养 Middleeutropher	Ⅴ
门楼水库 Menlou Reservoir	山东 Shandong	0.0013	2.70	11.37	0.05		52.22	轻度富营养 Lighteutropher	Ⅲ
洱海 Erhai Lake	云南 Yunnan	0.0057	3.10	0.59	0.03	1.93	43.93	中营养 Mesotropher	Ⅲ
滇池（外海）Dianchi Lake (outside lake)	云南 Yunnan	0.2458	15.50	3.30	0.63	0.36	77.10	中度富营养 Middleeutropher	劣Ⅴ Inferior to Class-Ⅴ
滇池（草海）Dianchi Lake (grass lake)	云南 Yunnan	0.0530	8.30	14.90	1.21	0.65	76.36	中度富营养 Middleeutropher	劣Ⅴ Inferior to Class-Ⅴ
松花湖 Songhua Lake	吉林 Jilin	0.0040	3.50	1.21	0.02	0.80	48.05	中营养 Mesotropher	Ⅳ
太湖 Taihu Lake	江苏、浙江 Jiangsu, Zhejiang	0.0257	4.41	2.42	0.07	0.31	63.20	中度富营养 Middleeutropher	劣Ⅴ Inferior to Class-Ⅴ
于桥水库中心 Center of Yuqiao Reservoir	天津 Tianjin	0.0096	2.90	1.70	0.04	2.48	51.50	轻度富营养 Lighteutropher	Ⅱ(总磷、总氮不参评)
于桥水库坝上 Upper of Yuqiao Dam	天津 Tianjin	0.0064	2.90	1.70	0.03	2.30	47.60	轻度富营养 Lighteutropher	Ⅱ(总磷、总氮不参评)
丹江口水库 Dangjiangkou Reservoir	湖北 Hubei	0.0009	2.30	1.24	0.01	2.20	37.50	中营养 Mesotropher	①
洞庭湖 Dongting Lake	湖南 Hunan		2.50	2.05	0.13		58.50	轻度富营养 Lighteutropher	②

注　① Ⅱ类(总磷、总氮参评Ⅳ)。
　　② Ⅴ类(总磷、总氮参评劣Ⅴ)。

Note　① Class-Ⅱ (Class-Ⅳ water includes total phosphorus and total nitrogen).
　　② Class-Ⅴ(Inferior to Class-Ⅴ water includes total phosphorus and total nitrogen).

主要统计指标解释

地表水资源量 河流、湖泊以及冰川等地表水体中可以逐年更新的动态水量，即天然河川径流量。

地下水资源量 地下饱和含水层逐年更新的动态水量，即降水和地表水入渗对地下水的补给量。

水资源总量 当地降水形成的地表和地下产水总量，即地表径流量与降水入渗补给量之和。

降水量 从天空降落到地面的液态或固态（经融化后）水，未经蒸发、渗透、流失而在地面上积聚的深度。其统计计算方法为：月降水量是将全月各日的降水量累加而得；年降水量是将 12 个月的月降水量累加而得。

径流量 在一定时段内通过河流某一过水断面的水量。计算公式为：径流量=降水量-蒸发量。

内陆水域面积 江、河、湖泊、坑塘、塘堰、水库等各种流水或蓄水的水面占地面积。

流域面积 每条河流都有自己的干流和支流，干支流共同组成这条河流的水系。每条河流都有自己的集水区域，这个集水区域就称为该河流的流域，流域面积是该流域区域的总面积。

水质等级 水质等级根据《地表水环境质量标准》（GB 3838—2002）确定。依据地表水水域环境功能和保护目标，按功能高低依次划分为五类：

Ⅰ类：主要适用于源头水、国家自然保护区；

Ⅱ类：主要适用于集中式生活饮用水地表水源地一级保护区、珍稀水生生物栖息地、鱼虾类产场、仔稚幼鱼的索饵场等；

Ⅲ类：主要适用于集中式生活饮用水地表水源地二级保护区、鱼虾类越冬场、洄游通道、水产养殖区等渔业水域及游泳区；

Ⅳ类：主要适用于一般工业用水区及人体非直接接触的娱乐用水区；

Ⅴ类：主要适用于农业用水区及一般景观要求水域。

Explanatory Notes on Main Statistical Indicators

Surface water resources Dynamic quantity of water that is renewable year by year in surface water bodies such as, river, lake or glacier; it also means the quantity of local natural river runoff.

Groundwater resources Quantity of recharge of precipitation and surface water to the saturated rock and clay, including infiltration recharge of precipitation and surface water bodies namely river courses, lakes, reservoirs, canal system and irrigation field.

Total quantity of water resources Total quantity of surface and underground water that is formed by local precipitation, i.e. the sum of surface runoff and underground water infiltrated by precipitation recharge.

Precipitation Accumulative depth of water in liquid or solid (after melting) states from the sky to the ground without evaporation, infiltration and running off. Its calculation methods: monthly precipitation is the total sum of everyday rainfall in a month; annual precipitation is the total sum of rainfalls of twelve months.

Amount of runoff Water quantity runs through a water carrying section of a river during a fixed period of time. The calculation formula: runoff = precipitation – evaporation.

Inland water area Total land area occupied by running or stored water, including river, lake, pond, weir or reservoir etc.

Drainage area Each river has its own mainstream and tributaries that jointly form the water system of the river. Each river has its own water catchment area, and this catchment is called the river basin of the river. Area of river basin is the total area of the catchment area.

Classification of water quality Classification of water quality is based on Standard of Surface Water Environment Quality (GB 3838—2002). Water quality is classified into five levels in sequence from high to low in line with the objectives of environment functions and protection of surface water bodies.

Class-Ⅰ: Water is suitable for source water and national nature reserves;

Class-Ⅱ: Water is suitable for grade-I surface water source for centralized domestic drinking water supply, habitat of rare and endemic aquatic life, spawning ground for fish and shrimp, and feeding ground of juvenile and young fish;

Class-Ⅲ: Water is suitable for grade-II surface water source for centralized domestic drinking water supply, wintering or migratory passage of fish and shrimp, water bodies used for fishery such as aquiculture and swimming;

Class-Ⅳ: Water is suitable for industrial water use and recreation but has no direct contact with human body;

Class-Ⅴ: Water is suitable for water demand of agricultural area and general landscape.

2 江河治理

Rivers' Harness

简要说明

江河治理统计资料主要包括水库数量、水库总库容、堤防长度与等级划分、水闸数量与类型、除涝面积以及除涝标准。

江河治理资料按水资源一级分区和地区分组。水库、堤防、水闸、除涝等历史数据汇总 1973 年至今的数据。

1. 水库统计范围为已建成水库，包括水利、电力、城建等部门建设的水库。因 2007 年湖南省对小型水库数量进行调减，因此对 2000～2006 年水库数量与库容进行相应调减。

2. 堤防统计范围为已建成或基本建成的河堤、湖堤、海堤、江堤、分洪区和行洪区围堤等各种堤防，生产堤、渠堤、排涝堤不做统计。

3. 水闸统计范围为江河、湖泊上的防洪、分洪、节制、挡潮、排涝、引水灌溉等各种类型水闸，水库枢纽等建筑物上的水闸不包括在内。水闸流量不够 10 立方米每秒，不作统计。

4. 洪灾、旱灾及防治状况历史资料汇总 1949 年以来的数据，按地区整理。

Brief Introduction

Statistical data of rivers training and harness mainly includes number of reservoirs, total storage capacity, embankment length and grade division, number and types of sluices and gates, drainage area and standard.

The data of river training and harness is divided into group in accordance with regions and basins. Historical data of reservoir, embankment, water gates, waterlogging prevention area is collected from 1973 until present.

1. The statistical scope of reservoir also includes reservoirs which do not built by water related department, such as electricity, urban construction and by Production. Since an adjustment for the number of small reservoirs of Hunan Province in 2007, the number of reservoir and storage capacity in 2000-2006 were reduced accordingly.

2. The statistical scope of embankment covers various types such as river embankment and levee, lake embankment, sea dyke, embankment for flood retention and discharge basins, excluding embankment for production, canal and drainage purposes.

3. The statistical scope of sluice and gate covers various types of sluice and water gate on river or lake, such as those for flood control and flood diversion, control gate and tidal gatc, and for drainage and irrigation. The gates built on the reservoirs are not included. The gates with a flow lower than 10 m^3/s are not included.

4. Data of situation of flood disaster, drought disasters, their prevention and control is collected from 1949 until present and classified according to regions.

2-1 主 要 指 标

Key Indicators

指标名称 Item	单位	unit	2004	2005	2006	2007	2008
水库 Reservoir	座	unit	84363	84577	85249	85412	86353
总库容 Total Storage	亿立方米	10^8m^3	5541	5623	5841	6345	6924
大型 Large Reservoir	座	unit	460	470	482	493	529
总库容 Total Storage	亿立方米	10^8m^3	4147	4197	4379	4836	5386
中型 Medium Reservoir	座	unit	2869	2934	3000	3110	3181
总库容 Total Storage	亿立方米	10^8m^3	796	826	852	883	910
小型 Small Reservoir	座	unit	81034	81173	81767	81809	82643
总库容 Total Storage	亿立方米	10^8m^3	598	601	610	625	628
堤防 Embankment and Dyke	千米	km	277305	277450	280850	283770	286896
保护耕地面积 Protected Cultivated Area	千公顷	10^3hm^2	43934	44121	45486	45518	45712
保护人口 Protected Population	万人	10^4persons	53065	54174	55403	56487	57289
水闸 Water Gate	座	unit	39313	39839	41209	41110	43829
大型 Large Gate	座	unit	413	405	426	438	504
中型 Medium Gate	座	unit			3495	3531	4182
小型 Small Gate	座	unit			37288	37141	39143
除涝面积 Drainage Area	千公顷	10^3hm^2	21198	21340	21376	21419	21425

2-2 历年已建成水库数量、库容和有效灌溉面积

Completed Reservoirs by Years

年份 Year	已建成水库 Completed Reservoirs			大型水库 Large Reservoir			中型水库 Medium Reservoir			小型水库 Small Reservoir		
	座数（座） Number (unit)	总库容（亿立方米） Total Storage Capacity (10^8m^3)	有效灌溉面积（千公顷） Effective Irrigated Area (10^3hm^2)	座数（座） Number (unit)	总库容（亿立方米） Total Storage Capacity (10^8m^3)	有效灌溉面积（千公顷） Effective Irrigated Area (10^3hm^2)	座数（座） Number (unit)	总库容（亿立方米） Total Storage Capacity (10^8m^3)	有效灌溉面积（千公顷） Effective Irrigated Area (10^3hm^2)	座数（座） Number (unit)	总库容（亿立方米） Total Storage Capacity (10^8m^3)	有效灌溉面积（千公顷） Effective Irrigated Area (10^3hm^2)
1973	72131	3650	11413	283	2767	4495	1833	436	2861	70015	447	4056
1974	74712	3549	13516	290	2644	5621	1860	488	3559	72562	417	4337
1975	73650	3624	14160	300	2667	5784	1982	504	3545	71368	453	4831
1976	78473	3888	16007	304	2879	7055	2057	331	3810	76112	478	5155
1977	81501	3948	16210	308	2887	7115	2129	558	3895	79064	503	5199
1978	84585	4012	16418	311	2896	7075	2205	585	4058	82069	531	5285
1979	86132	4081	16806	319	2945	7159	2252	593	4164	83561	543	5483
1980	86822	4130	15989	326	2975	6255	2298	605	4213	84198	550	5522
1981	86881	4169	15806	328	2989	6080	2333	622	4253	84220	558	5473
1982	86900	4188	15943	331	2994	6217	2353	632	4318	84216	562	5408
1983	86567	4208	15671	335	3007	6081	2367	640	4251	83865	561	5339
1984	84998	4292	15833	338	3068	6280	2387	658	4232	82273	566	5321
1985	83219	4301	15760	340	3076	6407	2401	661	4206	80478	564	5147
1986	82716	4432	15749	350	3199	6408	2115	666	4189	79951	567	5153
1987	82870	4475	15902	353	3233	6449	2428	672	4257	80089	570	5196
1988	82937	4504	15801	355	3252	6399	2462	681	4201	80120	571	5201
1989	82848	4617	15826	358	3357	6409	2480	688	4254	80010	572	5163
1990	83387	4660	15809	366	3397	6431	2499	690	4205	80522	573	5173
1991	83799	4678		367	3400		2524	698		80908	579	
1992	84130	4688		369	3407		2538	700		81223	580	
1993	84614	4717		374	3425		2562	707		81678	583	
1994	84558	4751		381	3456		2572	713		81605	582	
1995	84775	4797		387	3493		2593	719		81795	585	
1996	84905	4571		394	3260		2618	724		81893	587	
1997	84837	4583		397	3267		2634	729		81806	587	
1998	84944	4930		403	3595		2653	736		81888	598	
1999	85119	4499		400	3164		2681	743		82039	593	
2000	83260	5183		420	3843		2704	746		80136	593	
2001	83542	5280		433	3927		2736	758		80373	595	
2002	83960	5594		445	4230		2781	768		80734	596	
2003	84091	5657		453	4279		2827	783		80811	596	
2004	84363	5541		460	4147		2869	796		81034	598	
2005	84577	5623		470	4197		2934	826		81173	601	
2006	85249	5841		482	4379		3000	852		81767	610	
2007	85412	6345		493	4836		3110	883		81809	625	
2008	86353	6924		529	5386		3181	910		82643	628	

2-3 2008年已建成水库数量和库容（按地区分）

Number and Storage Capacity of Completed Reservoirs of 2008 (by Regions)

地区	Region	已建成水库 Completed Reservoirs		大型水库 Large Reservoir		中型水库 Medium Reservoir		小型水库 Small Reservoir	
		座数（座） Number (unit)	总库容（万立方米） Total Storage Capacity (10^4m^3)	座数（座） Number (unit)	总库容（万立方米） Total Storage Capacity (10^4m^3)	座数（座） Number (unit)	总库容（万立方米） Total Storage Capacity (10^4m^3)	座数（座） Number (unit)	总库容（万立方米） Total Storage Capacity (10^4m^3)
合　计	**Total**	**86353**	**69239969**	**529**	**53856826**	**3181**	**9103944**	**82643**	**6279198**
北　京	Beijing	82	938716	4	880000	17	50388	61	8328
天　津	Tianjin	29	258624	3	223900	10	29506	16	5218
河　北	Hebei	1069	1613701	22	1387295	42	146685	1005	79721
山　西	Shanxi	733	568026	8	313503	58	164688	667	89835
内蒙古	Inner Mongolia	492	1627913	11	1276416	78	279527	403	71970
辽　宁	Liaoning	952	3574889	33	3255515	74	213260	845	106114
吉　林	Jilin	1631	3194555	16	2793410	98	266910	1517	134235
黑龙江	Heilongjiang	697	1584167	22	1172154	80	267981	595	144032
上　海	Shanghai								
江　苏	Jiangsu	906	1893981	8	1672671	42	120565	856	100745
浙　江	Zhejiang	4202	3947889	30	3260331	147	416645	4025	270913
安　徽	Anhui	4797	2809868	13	2217235	104	325279	4680	267354
福　建	Fujian	2971	1780331	20	1205531	132	348347	2819	226453
江　西	Jiangxi	9800	2927895	26	1741258	238	559855	9536	626782
山　东	Shandong	6244	2255164	37	1292724	211	601348	5996	361092
河　南	Henan	2344	4008116	23	3521300	104	290783	2217	196033
湖　北	Hubei	5794	10009240	63	8851526	252	706207	5479	451507
湖　南	Hunan	11815	3977350	22	2592172	295	752064	11498	633114
广　东	Guangdong	7059	4245308	33	2804874	301	852841	6725	587593
广　西	Guangxi	4371	3851367	38	2870364	185	536304	4148	444699
海　南	Hainan	995	953376	6	626658	72	219049	917	107669
重　庆	Chongqing	2825	565856	6	239447	59	158987	2760	167423
四　川	Sichuan	6728	2084564	11	1422070	107	284129	6610	378365
贵　州	Guizhou	2032	2481908	12	2184012	55	148863	1965	149033
云　南	Yunnan	5477	1282685	11	429109	176	509391	5290	344185
西　藏	Tibet	64	128948	3	108600	6	15437	55	4911
陕　西	Shaanxi	1001	757326	9	431060	58	226056	934	100211
甘　肃	Gansu	288	886290	7	744980	27	95003	254	46307
青　海	Qinghai	157	3419393	7	3380600	10	20594	140	18199
宁　夏	Ningxia	223	254563	1	73500	27	125866	195	55197
新　疆	Xinjiang	575	1357961	24	884611	116	371388	435	101962

2-4 2008年已建成水库数量和库容（按水资源分区分）

Number and Storage Capacity of Completed Reservoirs of 2008 (by Water Resources Regions)

水资源一级区	Grade-Ⅰ Water Resources Region	已建成水库 Completed Reservoirs 座数（座）Number (unit)	总库容（万立方米）Total Storage Capacity (10^4m^3)	大型水库 Large Reservoir 座数（座）Number (unit)	总库容（万立方米）Total Storage Capacity (10^4m^3)	中型水库 Medium Reservoir 座数（座）Number (unit)	总库容（万立方米）Total Storage Capacity (10^4m^3)	小型水库 Small Reservoir 座数（座）Number (unit)	总库容（万立方米）Total Storage Capacity (10^4m^3)
合　计	**Total**	**86353**	**69239969**	**529**	**53856826**	**3181**	**9103944**	**82643**	**6279198**
松花江区	Songhua River	2240	5844648	42	4971524	188	595548	2010	277576
辽河区	Liaohe River	1254	3934290	39	3501171	106	298232	1109	134887
海河区	Haihe River	2063	3208584	34	2629698	149	413369	1880	165516
黄河区	Yellow River	2731	8271960	28	7302850	177	628519	2526	340591
淮河区	Huaihe River	8944	6207868	57	4771015	287	879046	8600	557807
长江区	Yangtze River	42710	23127726	167	17597684	1100	2872679	41443	2657363
其中：太湖区	Among Which: Taihu Lake	341	131355	6	87171	11	22034	324	22150
东南诸河区	Rivers in Southeast	7172	5672199	47	4417871	274	759801	6851	494527
珠江区	Pearl River	16442	10957148	81	7571622	685	2005201	15676	1380326
西南诸河区	Rivers in Southwest	2009	425410	5	108600	69	180509	1935	136301
西北诸河区	Rivers in Northwest	788	1590134	29	984791	146	471040	613	134303

2-5 2008年已建成水库数量和库容（按水资源分区和地区分）

Number and Storage Capacity of Completed Reservoirs of 2008 (by Water Resources Regions and Regions)

地区	Region	已建成水库 Completed Reservoirs		大型水库 Large Reservoir		中型水库 Medium Reservoir		小型水库 Small Reservoir	
		座数（座） Number (unit)	总库容（万立方米） Total Storage Capacity (10^4m^3)	座数（座） Number (unit)	总库容（万立方米） Total Storage Capacity (10^4m^3)	座数（座） Number (unit)	总库容（万立方米） Total Storage Capacity (10^4m^3)	座数（座） Number (unit)	总库容（万立方米） Total Storage Capacity (10^4m^3)
松花江区	**Songhua River**	**2240**	**5844648**	**42**	**4971524**	**188**	**595548**	**2010**	**277576**
内蒙古	Inner Mongolia	107	1307205	5	1185160	29	104613	73	17432
吉　林	Jilin	1436	2953277	15	2614210	79	222954	1342	116113
黑龙江	Heilongjiang	697	1584167	22	1172154	80	267981	595	144032
辽河区	**Liaohe River**	**1254**	**3934290**	**39**	**3501171**	**106**	**298232**	**1109**	**134887**
内蒙古	Inner Mongolia	121	119393	5	66456	13	41016	103	11921
辽　宁	Liaoning	938	3573619	33	3255515	74	213260	831	104844
吉　林	Jilin	195	241278	1	179200	19	43956	175	18122
海河区	**Haihe River**	**2063**	**3208584**	**34**	**2629698**	**149**	**413369**	**1880**	**165516**
北　京	Beijing	82	938716	4	880000	17	50388	61	8328
天　津	Tianjin	29	258624	3	223900	10	29506	16	5218
河　北	Hebei	1069	1613701	22	1387295	42	146685	1005	79721
山　西	Shanxi	323	241230	4	127753	29	77314	290	36163
内蒙古	Inner Mongolia	23	22308			7	19944	16	2364
辽　宁	Liaoning	14	1270					14	1270
山　东	Shandong	355	62234			28	40549	327	21685
河　南	Henan	168	70500	1	10750	16	48983	151	10767
黄河区	**Yellow River**	**2731**	**8271960**	**28**	**7302850**	**177**	**628519**	**2526**	**340591**
山　西	Shanxi	410	326796	4	185750	29	87374	377	53672
内蒙古	Inner Mongolia	196	128857			21	96075	175	32782
山　东	Shandong	840	544090	3	430400	23	60765	814	52925
河　南	Henan	281	2574300	6	2509200	14	29272	261	35828
陕　西	Shaanxi	524	376312	5	105900	50	197853	469	72559
甘　肃	Gansu	117	683645	3	643000	6	17816	108	22829
青　海	Qinghai	140	3383398	6	3355100	7	13498	127	14800
宁　夏	Ningxia	223	254563	1	73500	27	125866	195	55197
淮河区	**Huaihe River**	**8944**	**6207868**	**57**	**4771015**	**287**	**879046**	**8600**	**557807**
江　苏	Jiangsu	404	1745664	5	1633491	18	61682	381	50491
安　徽	Anhui	2090	1714217	5	1429300	59	180746	2026	104171
山　东	Shandong	5049	1648840	34	862324	160	500034	4855	286482
河　南	Henan	1401	1099148	13	845900	50	136584	1338	116664

2-5 续表 continued

地区	Region	已建成水库 Completed Reservoirs 座数（座） Number (unit)	已建成水库 Completed Reservoirs 总库容（万立方米） Total Storage Capacity (10^4m^3)	大型水库 Large Reservoir 座数（座） Number (unit)	大型水库 Large Reservoir 总库容（万立方米） Total Storage Capacity (10^4m^3)	中型水库 Medium Reservoir 座数（座） Number (unit)	中型水库 Medium Reservoir 总库容（万立方米） Total Storage Capacity (10^4m^3)	小型水库 Small Reservoir 座数（座） Number (unit)	小型水库 Small Reservoir 总库容（万立方米） Total Storage Capacity (10^4m^3)
长江区	**Yangtze River**	**42710**	**23127726**	**167**	**17597684**	**1100**	**2872679**	**41443**	**2657363**
上海	Shanghai								
江苏	Jiangsu	502	148317	3	39180	24	58883	475	50254
浙江	Zhejiang	185	72454	3	47991	7	16034	175	8429
安徽	Anhui	2523	1079219	8	787935	43	133690	2472	157594
江西	Jiangxi	9800	2927895	26	1741258	238	559855	9536	626782
河南	Henan	494	264168	3	155450	24	75944	467	32774
湖北	Hubei	5794	10009240	63	8851526	252	706207	5479	451507
湖南	Hunan	9594	3667035	22	2592172	227	571817	9345	503046
广西	Guangxi	132	47124	1	10783	6	21645	125	14696
重庆	Chongqing	2825	565856	6	239447	59	158987	2760	167423
四川	Sichuan	6728	2084564	11	1422070	107	284129	6610	378365
贵州	Guizhou	1557	1380060	11	1158012	40	108636	1506	113412
云南	Yunnan	2079	444164	5	174600	63	146140	2011	123424
陕西	Shaanxi	477	381015	4	325160	8	28203	465	27652
甘肃	Gansu	20	56617	1	52100	2	2510	17	2007
青海	Qinghai								
东南诸河区	**Rivers in Southeast**	**7172**	**5672199**	**47**	**4417871**	**274**	**759801**	**6851**	**494527**
浙江	Zhejiang	4017	3875435	27	3212340	140	400611	3850	262484
安徽	Anhui	184	16433			2	10843	182	5590
福建	Fujian	2971	1780331	20	1205531	132	348347	2819	226453
珠江区	**Pearl River**	**16442**	**10957148**	**81**	**7571622**	**685**	**2005201**	**15676**	**1380326**
湖南	Hunan	2221	310315			68	180247	2153	130068
广东	Guangdong	7059	4245308	33	2804874	301	852841	6725	587593
广西	Guangxi	4239	3804243	37	2859581	179	514659	4023	430003
海南	Hainan	995	953376	6	626658	72	219049	917	107669
贵州	Guizhou	475	1101848	1	1026000	15	40227	459	35621
云南	Yunnan	1453	542059	4	254509	50	198179	1399	89371
西南诸河区	**Rivers in Southwest**	**2009**	**425410**	**5**	**108600**	**69**	**180509**	**1935**	**136301**
云南	Yunnan	1945	296462	2		63	165072	1880	131390
西藏	Tibet	64	128948	3	108600	6	15437	55	4911
青海	Qinghai								
西北诸河区	**Rivers in Northwest**	**788**	**1590134**	**29**	**984791**	**146**	**471040**	**613**	**134303**
内蒙古	Inner Mongolia	45	50150	1	24800	8	17879	36	7471
甘肃	Gansu	151	146028	3	49880	19	74677	129	21471
青海	Qinghai	17	35995	1	25500	3	7096	13	3399
新疆	Xinjiang	575	1357961	24	884611	116	371388	435	101962

2-6 历年堤防长度、保护耕地、保护人口和达标长度

Length of Embankment and Dyke, Protected Farmland and Population, Up-to-Standard Embankment and Dyke by Years

年份 Year	长度（千米） Length (km)	保护耕地（千公顷） Protected Farmland (10^3hm^2)	保护人口（万人） Protected Population (10^4 persons)	累计达标堤防长度（千米） Accumulated Up-to-Standard Embankment and Dyke (km)	#1、2级堤防 Grade-Ⅰ and Grade-Ⅱ Embankment and Dyke	新增达标堤防长度（千米） Increase of Up-to-Standard Embankment and Dyke (km)	主要堤防 Key Embankment & Dyke: 长度（千米） Length (km)	主要堤防 Key Embankment & Dyke: 保护面积（千公顷） Protected Farmland (10^3hm^2)	一般堤防 General Embankment & Dyke: 长度（千米） Length (km)	一般堤防 General Embankment & Dyke: 保护面积（千公顷） Protected Farmland (10^3hm^2)
1973	112966						48760		64206	
1974	145447	28891					47112	21416	98335	7475
1975	149141	29245					46041	19931	103100	9315
1976	158285	32204					46370	22521	111915	9683
1977	165774	32197					43110	20990	122664	11207
1978	164585	31924					44024	21235	120561	10689
1979	168276	32086					43349	20374	124927	11712
1980	170645	33621					43257	22363	127388	11258
1981	170644	33621					43256	22363	127388	11258
1982	170645	33621					43256	22363	127389	11258
1983	175499	33882					46125	22335	129374	11547
1984	178958	35459					53046	22912	125912	12547
1985	177048	31060					53739	20714	123309	10346
1986	185045	31665					55706	21279	129339	10387
1987	200175	32205					56067	21131	144108	11073
1988	203709	32330					56267	21115	147442	11215
1989	216979	31966					56634	20785	160345	11180
1990	225770	31616					57499	20954	168271	10661
1991	237746	29507					59536	18257	178210	11251
1992	242246	29565					60112	18521	182134	11044
1993	245130	30885					61140	18639	183990	12246
1994	245876	30246					61803	18337	184073	11910
1995	246680	30609					63423	18777	183257	11833
1996	248243	32686					64706	21638	183537	11048
1997	250815	40476					65729	26982	185086	13493
1998	258600	36289					69879	24840	188721	11449
1999	266278	38575					74021	26014	192257	12561
2000	270364	39595	46586				76769	27458	193595	12137
2001	273401	40671	47939	76532	15875	8369				
2002	273786	42862	50049	82395	21181	11426				
2003	275171	43875	51304	88030	22854	5634				
2004	277305	43934	53065	94634	22679	6647				
2005	277450	44121	54174	98147	23240	3856				
2006	280850	45486	55403	106334	23609	5883				
2007	283770	45518	56487	109349	24347	4243				
2008	286896	45712	57289	112837	25309	5115				

2-7 2008年堤防长度、保护耕地、保护人口和达标长度（按地区分）

Length of Embankment and Dyke, Protected Farmland and Population, Up-to-Standard Embankment and Dyke of 2008 (by Regions)

地区	Region	长度（千米） Length (km)	保护耕地（千公顷） Protected Farmland (10^3hm^2)	保护人口（万人） Protected Population (10^4persons)	累计达标堤防长度（千米） Accumulated Up-to-Standard Embankment and Dyke (km)	#1、2级堤防 Grade-Ⅰ and Grade-Ⅱ Embankment and Dyke	新增达标堤防长度（千米） Increase of Up-to-Standard Embankment and Dyke (km)	减少达标堤防长度（千米） Decrease of Up-to-Standard Embankment and Dyke (km)
合　计	**Total**	**286896**	**45712**	**57289**	**112837**	**25309**	**5115**	**1587**
北　京	Beijing	1004	161	318	974	364		
天　津	Tianjin	4213	403	945	955	480		
河　北	Hebei	21840	3346	3111	1205	816	2	21
山　西	Shanxi	4116	428	475	537	73	16	1
内蒙古	Inner Mongolia	5750	1503	942	1947	714		
辽　宁	Liaoning	20167	1885	1900	7349	1289	449	139
吉　林	Jilin	7904	1252	1371	2418	1377	179	
黑龙江	Heilongjiang	12508	2934	1340	7151	251	15	27
上　海	Shanghai	3597	234	615	3597	1014	33	7
江　苏	Jiangsu	52499	5904	7357	29267	5568	2076	371
浙　江	Zhejiang	13270	1617	3708	7033	1711	338	161
安　徽	Anhui	20255	2357	3132	6697	1381	172	
福　建	Fujian	5877	323	1332	2892	225	53	12
江　西	Jiangxi	9789	701	1103	2426	478	61	
山　东	Shandong	14042	5982	5981	8711	2071	309	150
河　南	Henan	17388	8372	9157	6371	744	260	13
湖　北	Hubei	12543	1886	3038	4624	1976	50	15
湖　南	Hunan	5758	828	1668	3349	1748	119	
广　东	Guangdong	16652	1115	3149	4677	1681	90	
广　西	Guangxi	2778	268	817	540	91	27	53
海　南	Hainan	545	44	204	243	22	32	
重　庆	Chongqing	588	64	404	320	50	128	3
四　川	Sichuan	3817	549	1359	1571	78	146	28
贵　州	Guizhou	1535	164	327	310	39	18	1
云　南	Yunnan	8345	379	663	1200	24	46	16
西　藏	Tibet	625	44	130	625	128	45	
陕　西	Shaanxi	6049	462	738	1234	304	209	256
甘　肃	Gansu	3329	210	417	1175	24	101	7
青　海	Qinghai	633	123	81	116	54		
宁　夏	Ningxia	618	310	304	515	42	2	14
新　疆	Xinjiang	8866	1863	1205	2810	492	140	295

2-8 2008 年堤防长度、保护耕地、保护人口和达标长度（按水资源分区分）

Length of Embankment and Dyke, Protected Farmland and Population, Up-to-Standard Embankment and Dyke of 2008 (by Water Resources Regions)

水资源一级区	Grade-Ⅰ Water Resources Region	长度（千米） Length (km)	保护耕地（千公顷） Protected Farmland (10^3hm^2)	保护人口（万人） Protected Population (10^4 persons)	累计达标堤防长度（千米） Accumulated Up-to-Standard Embankment and Dyke (km)	#1、2 级堤防 Grade-Ⅰ and Grade-Ⅱ Embankment and Dyke	新增达标堤防长度（千米） Increase of Up-to-Standard Embankment and Dyke (km)	减少达标堤防长度（千米） Decrease of Up-to-Standard Embankment and Dyke (km)
合　计	**Total**	**286896**	**45712**	**57289**	**112837**	**25309**	**5115**	**1587**
松花江区	Songhua River	20940	4372	3037	10589	1601	194	27
辽河区	Liaohe River	23490	2439	2213	8257	2030	449	139
海河区	Haihe River	33597	5373	5826	6837	2482	65	30
黄河区	Yellow River	14848	9494	9339	3890	1224	274	29
淮河区	Huaihe River	66406	12110	13398	30684	5371	1928	201
长江区	Yangtze River	72459	6371	12339	33011	8158	1457	688
其中：太湖区	Among Which: Taihu Lake	17031	881	2035	13752	2413	751	395
东南诸河区	Rivers in Southeast	18414	1687	4679	8649	1481	329	108
珠江区	Pearl River	23417	1703	4774	6910	2314	184	55
西南诸河区	Rivers in Southwest	4005	202	382	1104	141	82	16
西北诸河区	Rivers in Northwest	9321	1962	1303	2904	507	153	295

2-9 2008 年堤防长度、保护耕地、保护人口和达标长度（按水资源分区和地区分）

Length of Embankment and Dyke, Protected Farmland and Population, Up-to-Standard Embankment and Dyke of 2008 (by Water Resources Regions and Regions)

地区	Region	长度（千米） Length (km)	保护耕地（千公顷） Protected Farmland (10^3hm^2)	保护人口（万人） Protected Population (10^4persons)	累计达标堤防长度（千米） Accumulated Up-to-Standard Embankment and Dyke (km)	#1、2 级堤防 Grade-Ⅰ and Grade-Ⅱ Embankment and Dyke	新增达标堤防长度（千米） Increase of Up-to-Standard Embankment and Dyke (km)	减少达标堤防长度（千米） Decrease of Up-to-Standard Embankment and Dyke (km)
松花江区	**Songhua River**	**20940**	**4372**	**3037**	**10589**	**1601**	**194**	**27**
内蒙古	Inner Mongolia	1821	357	466	1128	77		
吉林	Jilin	6612	1080	1231	2310	1273	179	
黑龙江	Heilongjiang	12508	2934	1340	7151	251	15	27
辽河区	**Liaohe River**	**23490**	**2439**	**2213**	**8257**	**2030**	**449**	**139**
内蒙古	Inner Mongolia	2059	382	173	806	637		
辽宁	Liaoning	20139	1885	1900	7343	1289	449	139
吉林	Jilin	1292	172	140	108	104	1	
海河区	**Haihe River**	**33597**	**5373**	**5826**	**6837**	**2482**	**65**	**30**
北京	Beijing	1004	161	318	974	364		
天津	Tianjin	4213	403	945	955	480		
河北	Hebei	21840	3346	3111	1205	816	2	21
山西	Shanxi	1276	108	138	251	73		
内蒙古	Inner Mongolia	11		7				
辽宁	Liaoning	28			6			
山东	Shandong	3477	1047	889	3007	608	63	7
河南	Henan	1749	308	418	439	140		2
黄河区	**Yellow River**	**14848**	**9494**	**9339**	**3890**	**1224**	**274**	**29**
山西	Shanxi	2840	320	337	286		16	1
内蒙古	Inner Mongolia	1696	755	270	13			
山东	Shandong	1010	2061	2049	731	467	20	
河南	Henan	3787	5462	5502	561	369	32	
陕西	Shaanxi	2631	378	539	850	287	130	9
甘肃	Gansu	1736	102	265	829	9	73	5
青海	Qinghai	530	105	72	105	51		
宁夏	Ningxia	618	310	304	515	42	2	14
淮河区	**Huaihe River**	**66406**	**12110**	**13398**	**30684**	**5371**	**1928**	**201**
江苏	Jiangsu	37407	5034	5352	17624	3549	1381	48
安徽	Anhui	8437	1705	1959	2745	592	95	
山东	Shandong	9556	2874	3043	4973	995	225	142
河南	Henan	11007	2497	3044	5342	235	228	11

2-9 续表 continued

地区	Region	长度（千米）Length (km)	保护耕地（千公顷）Protected Farmland (10^3hm^2)	保护人口（万人）Protected Population (10^4persons)	累计达标堤防长度（千米）Accumulated Up-to-Standard Embankment and Dyke (km)	#1、2级堤防 Grade-Ⅰ and Grade-Ⅱ Embankment and Dyke	新增达标堤防长度（千米）Increase of Up-to-Standard Embankment and Dyke (km)	减少达标堤防长度（千米）Decrease of Up-to-Standard Embankment and Dyke (km)
长江区	**Yangtze River**	**72459**	**6371**	**12339**	**33011**	**8158**	**1457**	**688**
上海	Shanghai	3597	234	615	3597	1014	33	7
江苏	Jiangsu	15092	870	2005	11643	2020	695	323
浙江	Zhejiang	2066	262	382	1354	468	68	65
安徽	Anhui	10484	644	1152	3873	776	71	
江西	Jiangxi	9789	701	1103	2426	478	61	
河南	Henan	846	105	193	29			
湖北	Hubei	12543	1886	3038	4624	1976	50	15
湖南	Hunan	4235	649	1291	2406	1233	90	
广西	Guangxi	319	22	61	28			
重庆	Chongqing	588	64	404	320	50	128	3
四川	Sichuan	3817	549	1359	1571	78	146	28
贵州	Guizhou	1207	143	225	220	33	15	
云南	Yunnan	3055	124	225	276	12	5	
陕西	Shaanxi	3418	83	200	384	17	79	247
甘肃	Gansu	1390	34	87	258	3	15	2
青海	Qinghai	13			5			
东南诸河区	**Rivers in Southeast**	**18414**	**1687**	**4679**	**8649**	**1481**	**329**	**108**
浙江	Zhejiang	11203	1356	3326	5679	1243	270	96
安徽	Anhui	1333	8	22	79	13	6	
福建	Fujian	5877	323	1332	2892	225	53	12
珠江区	**Pearl River**	**23417**	**1703**	**4774**	**6910**	**2314**	**184**	**55**
湖南	Hunan	1523	179	377	943	515	29	
广东	Guangdong	16652	1115	3149	4677	1681	90	
广西	Guangxi	2458	247	756	512	91	26	53
海南	Hainan	545	44	204	243	22	32	
贵州	Guizhou	328	21	101	90	6	3	1
云南	Yunnan	1910	98	186	444		4	
西南诸河区	**Rivers in Southwest**	**4005**	**202**	**382**	**1104**	**141**	**82**	**16**
云南	Yunnan	3380	158	251	479	13	37	16
西藏	Tibet	625	44	130	625	128	45	
青海	Qinghai							
西北诸河区	**Rivers in Northwest**	**9321**	**1962**	**1303**	**2904**	**507**	**153**	**295**
内蒙古	Inner Mongolia	163	8	26				
甘肃	Gansu	203	73	64	88	12	13	
青海	Qinghai	90	18	8	6	3		
新疆	Xinjiang	8866	1863	1205	2810	492	140	295

2-10 历年水闸数量

Number of Water Gates by Years

单位：座 unit: unit

年份 Year	合计 Total	按过闸流量大小分 Classified According to Flow 大型 Large Gate	中型 Medium Gate	小型 Small Gate	按作用分 Classified According to Functions 分洪闸 Flood Diversion Gate	节制闸 Controlling Gate	排水闸 Drainage Gate	引水闸 Water Diversion Gat	挡潮闸 Tide Gate
1973	16942	160	1088	15694					
1974	21541	196	1286	20059					
1975	20998	224	1433	19341					
1976	23036	249	1513	21274					
1977	27073	256	1607	25210					
1978	25909	266	1732	23911					
1979	25694	241	1802	23651					
1980	26656	250	1783	24623					
1981	26834	252	1837	24745					
1982	24906	253	1949	22704					
1983	24980	263	1912	22805					
1984	24862	290	1941	22631					
1985	24816	294	1957	22565					
1986	25315	299	2032	22984					
1987	26131	299	2060	23772					
1988	26319	300	2060	23959					
1989	26739	308	2086	24345					
1990	27649	316	2126	25207					
1991	29390	320	2228	26842					
1992	30571	322	2296	27953					
1993	30730	325	2676	27729					
1994	31097	320	2740	28037					
1995	31434	333	2794	28307					
1996	31427	333	2821	28273					
1997	31697	340	2836	28521					
1998	31742	353	2910	28479					
1999	32918	359	3025	29534					
2000	33702	402	3115	30185					
2001	36875	410							
2002	39144	431							
2003	39834	416							
2004	39313	413							
2005	39839	405							
2006	41209	426	3495	37288					
2007	41110	438	3531	37141	2656	11663	14288	7562	4941
2008	43829	504	4182	39143	2647	12701	14987	8486	5008

2-11　2008年水闸数量（按地区分）

Number of Water Gates of 2008 (by Regions)

单位：座　　　　unit: unit

地区	Region	合计 Total	按过闸流量大小分 Classified According to Flow			按作用分 Classified According to Functions				
			大型 Large Gate	中型 Medium Gate	小型 Small Gate	分洪闸 Flood Diversion Gate	节制闸 Controlling Gate	排水闸 Drainage Gate	引水闸 Water Diversion Gate	挡潮闸 Tide Gate
合　计	**Total**	**43829**	**504**	**4182**	**39143**	**2647**	**12701**	**14987**	**8486**	**5008**
北　京	Beijing	325	13	34	278	6	198	104	17	
天　津	Tianjin	416	15	44	357	15	109	204	79	9
河　北	Hebei	1586	14	201	1371	81	701	410	327	67
山　西	Shanxi	218	2	33	183	35	105	9	69	
内蒙古	Inner Mongolia	112	5	16	91	33	20	3	56	
辽　宁	Liaoning	1424	23	109	1292	24	151	216	970	63
吉　林	Jilin	390	2	16	372	24	28	271	67	
黑龙江	Heilongjiang	552	5	42	505	80	44	406	22	
上　海	Shanghai	381		52	329		330			51
江　苏	Jiangsu	3710	39	387	3284	127	2084	912	414	173
浙　江	Zhejiang	4971	11	250	4710	197	1463	1784	381	1146
安　徽	Anhui	2367	60	349	1958	280	881	1012	194	
福　建	Fujian	3756	19	212	3525	143	1034	973	602	1004
江　西	Jiangxi	1174	26	275	873	92	304	417	361	
山　东	Shandong	1809	77	307	1425	111	1044	339	291	24
河　南	Henan	2659	23	279	2357	167	1084	1046	362	
湖　北	Hubei	3620	14	526	3080	169	704	1436	1311	
湖　南	Hunan	2877	8	67	2802	257	245	1500	875	
广　东	Guangdong	5910	83	389	5438	581	1090	2742	546	951
广　西	Guangxi	2225	17	73	2135	14	6	594	101	1510
海　南	Hainan	325	2	21	302	8	38	129	140	10
重　庆	Chongqing	47	1	5	41	8	14	22	3	
四　川	Sichuan	125	5	20	100	13	48	48	16	
贵　州	Guizhou	1			1	1				
云　南	Yunnan	1515	5	159	1351	99	659	296	461	
西　藏	Tibet	75	2		73			8	67	
陕　西	Shaanxi	95			95	1	16	59	19	
甘　肃	Gansu	69	3	14	52		2	3	64	
青　海	Qinghai									
宁　夏	Ningxia	14		14					14	
新　疆	Xinjiang	1081	30	288	763	81	299	44	657	

2-12　2008 年水闸数量（按水资源分区分）

Number of Water Gates of 2008 (by Water Resources Regions)

单位：座　　　　　　unit: unit

水资源一级区	Grade- I Water Resources Region	合计 Total	按过闸流量大小分 Classified According to Flow			按作用分 Classified According to Functions				
			大型 Large Gate	中型 Medium Gate	小型 Small Gate	分洪闸 Flood Diversion Gate	节制闸 Controlling Gate	排水闸 Drainage Gate	引水闸 Water Diversion Gate	挡潮闸 Tide Gate
合计	**Total**	**43829**	**504**	**4182**	**39143**	**2647**	**12701**	**14987**	**8486**	**5008**
松花江区	Songhua River	976	9	59	908	108	75	680	113	
辽河区	Liaohe River	1461	25	118	1318	37	158	216	987	63
海河区	Haihe River	3071	60	364	2647	150	1424	801	613	83
黄河区	Yellow River	759	15	89	655	46	221	181	311	
淮河区	Huaihe River	7240	150	1003	6087	469	3224	2716	665	166
长江区	Yangtze River	11993	72	1221	10700	758	3902	4308	2948	77
其中：太湖区	Among Which: Taihu Lake	2451	3	111	2337	19	1710	609	60	53
东南诸河区	Rivers in Southeast	7561	30	445	7086	327	1873	2229	984	2148
珠江区	Pearl River	9287	107	548	8632	646	1360	3801	1009	2471
西南诸河区	Rivers in Southwest	328	3	29	296	10	155	11	152	
西北诸河区	Rivers in Northwest	1153	33	306	814	96	309	44	704	

2-13 2008年水闸数量（按水资源分区和地区分）

Number of Water Gates of 2008 (by Water Resources Regions and Regions)

单位：座 unit: unit

地区	Region	合计 Total	按过闸流量大小分 Classified According to Flow			按作用分 Classified According to Functions				
			大型 Large Gate	中型 Medium Gate	小型 Small Gate	分洪闸 Flood Diversion Gate	节制闸 Controlling Gate	排水闸 Drainage Gate	引水闸 Water Diversion Gate	挡潮闸 Tide Gate
松花江区	**Songhua River**	**976**	**9**	**59**	**908**	**108**	**75**	**680**	**113**	
内蒙古	Inner Mongolia	36	2	2	32	4	4	3	25	
吉 林	Jilin	388	2	15	371	24	27	271	66	
黑龙江	Heilongjiang	552	5	42	505	80	44	406	22	
辽河区	**Liaohe River**	**1461**	**25**	**118**	**1318**	**37**	**158**	**216**	**987**	**63**
内蒙古	Inner Mongolia	35	2	8	25	13	6		16	
辽 宁	Liaoning	1424	23	109	1292	24	151	216	970	63
吉 林	Jilin	2		1	1		1		1	
海河区	**Haihe River**	**3071**	**60**	**364**	**2647**	**150**	**1424**	**801**	**613**	**83**
北 京	Beijing	325	13	34	278	6	198	104	17	
天 津	Tianjin	416	15	44	357	15	109	204	79	9
河 北	Hebei	1586	14	201	1371	81	701	410	327	67
山 西	Shanxi	62		4	58	12	11		39	
内蒙古	Inner Mongolia	5			5				5	
辽 宁	Liaoning									
山 东	Shandong	468	18	62	388	8	249	71	133	7
河 南	Henan	209		19	190	28	156	12	13	
黄河区	**Yellow River**	**759**	**15**	**89**	**655**	**46**	**221**	**181**	**311**	
山 西	Shanxi	156	2	29	125	23	94	9	30	
内蒙古	Inner Mongolia	4	1	2	1	1	2		1	
山 东	Shandong	93	10	7	76	14	4	34	41	
河 南	Henan	382	2	37	343	7	109	76	190	
陕 西	Shaanxi	91			91	1	12	59	19	
甘 肃	Gansu	19			19			3	16	
青 海	Qinghai									
宁 夏	Ningxia	14		14					14	
淮河区	**Huaihe River**	**7240**	**150**	**1003**	**6087**	**469**	**3224**	**2716**	**665**	**166**
江 苏	Jiangsu	2325	35	301	1989	122	996	751	307	149
安 徽	Anhui	1599	45	241	1313	126	618	773	82	
山 东	Shandong	1248	49	238	961	89	791	234	117	17
河 南	Henan	2068	21	223	1824	132	819	958	159	

2-13 续表 continued

地区	Region	合计 Total	按过闸流量大小分 Classified According to Flow 大型 Large Gate	中型 Medium Gate	小型 Small Gate	按作用分 Classified According to Functions 分洪闸 Flood Diversion Gate	节制闸 Controlling Gate	排水闸 Drainage Gate	引水闸 Water Diversion Gate	挡潮闸 Tide Gate
长江区	**Yangtze River**	**11993**	**72**	**1221**	**10700**	**758**	**3902**	**4308**	**2948**	**77**
上　海	Shanghai	381		52	329		330			51
江　苏	Jiangsu	1385	4	86	1295	5	1088	161	107	24
浙　江	Zhejiang	1181	2	20	1159	18	633	528		2
安　徽	Anhui	753	13	105	635	149	254	239	111	
江　西	Jiangxi	1174	26	275	873	92	304	417	361	
河　南	Henan									
湖　北	Hubei	3620	14	526	3080	169	704	1436	1311	
湖　南	Hunan	2608	5	53	2550	255	198	1359	796	
广　西	Guangxi									
重　庆	Chongqing	47	1	5	41	8	14	22	3	
四　川	Sichuan	125	5	20	100	13	48	48	16	
贵　州	Guizhou									
云　南	Yunnan	705	2	79	624	49	325	98	233	
陕　西	Shaanxi	4			4		4			
甘　肃	Gansu	10			10				10	
青　海	Qinghai									
东南诸河区	**Rivers in Southeast**	**7561**	**30**	**445**	**7086**	**327**	**1873**	**2229**	**984**	**2148**
浙　江	Zhejiang	3790	9	230	3551	179	830	1256	381	1144
福　建	Fujian	15	2	3	10	5	9		1	
安　徽	Anhui	3756	19	212	3525	143	1034	973	602	1004
珠江区	**Pearl River**	**9287**	**107**	**548**	**8632**	**646**	**1360**	**3801**	**1009**	**2471**
湖　南	Hunan	269	3	14	252	2	47	141	79	
广　东	Guangdong	5910	83	389	5438	581	1090	2742	546	951
广　西	Guangxi	2225	17	73	2135	14	6	594	101	1510
海　南	Hainan	325	2	21	302	8	38	129	140	10
贵　州	Guizhou	1			1	1				
云　南	Yunnan	557	2	51	504	40	179	195	143	
西南诸河区	**Rivers in Southwest**	**328**	**3**	**29**	**296**	**10**	**155**	**11**	**152**	
云　南	Yunnan	253	1	29	223	10	155	3	85	
西　藏	Tibet	75	2		73			8	67	
青　海	Qinghai									
西北诸河区	**Rivers in Northwest**	**1153**	**33**	**306**	**814**	**96**	**309**	**44**	**704**	
内蒙古	Inner Mongolia	32		4	28	15	8		9	
甘　肃	Gansu	40	3	14	23		2		38	
青　海	Qinghai									
新　疆	Xinjiang	1081	30	288	763	81	299	44	657	

2-14 历年水旱灾害

Flood and Drought Disasters by Years

年份 Year	洪灾 Flood Disasters 受灾（千公顷） Disaster-Affected Area (10^3hm^2)	成灾（千公顷） Damaged Area (10^3hm^2)	成灾率（%） Percentage of Damaged Area (%)	受灾人口（万人） Affected Population (10^4persons)	死亡人口（人） Death Toll (person)	直接经济总损失（亿元） Total Direct Economic Loss (10^8yuan)	水利设施经济损失（亿元） Economic Loss of Water Facilities (10^8yuan)	旱灾 Drought Disasters 受灾（千公顷） Disaster-Affected Area (10^3hm^2)	成灾（千公顷） Damaged Area (10^3hm^2)	成灾率（%） Percentage of Damaged Area (%)
1949	9282								52	
1950	6559	4710	71.8		1982			2398	589	24.6
1951	4173	1476	35.4		7819			7829	2299	29.4
1952	2794	1547	55.4		4162			4236	2565	60.6
1953	7187	3285	45.7		3308			8616	1341	15.6
1954	16131	11305	70.1		42447			2988	560	18.7
1955	5247	3067	58.5		2718			13433	4024	30.0
1956	14377	10905	75.9		10676			3127	2051	65.6
1957	8083	6032	74.6		4415			17205	7400	43.0
1958	4279	1441	33.7		3642			22361	5031	22.5
1959	4813	1817	37.8		4540			33807	11173	33.1
1960	10155	4975	49.0		6033			38125	16177	42.4
1961	8910	5356	60.1		5074			37847	18654	49.3
1962	9810	6318	64.4		4350			20808	8691	41.8
1963	14071	10479	74.5		10441			16865	9021	53.5
1964	14933	10038	67.2		4288			4219	1423	33.7
1965	5587	2813	50.3		1906			13631	8107	59.5
1966	2508	950	37.9		1901			20015	8106	40.5
1967	2599	1407	54.1		1095			6764	3065	45.3
1968	2670	1659	62.1		1159			13294	7929	59.6
1969	5443	3265	60.0		4667			7624	3442	45.1
1970	3129	1234	39.4		2444			5723	1931	33.7
1971	3989	1481	37.1		2323			25049	5319	21.2
1972	4083	1259	30.8		1910			30699	13605	44.3
1973	6235	2577	41.3		3413			27202	3928	14.4
1974	6431	2737	42.6		1849			25553	2296	9.0
1975	6817	3467	50.9		29653			24832	5318	21.4
1976	4197	1329	31.7		1817			27492	7849	28.5
1977	9095	4989	54.9		3163			29852	7005	23.5
1978	2820	924	32.8		1796			40169	17969	44.7
1979	6775	2870	42.4		3446			24646	9316	37.8
1980	9146	5025	54.9		3705			26111	12485	47.8
1981	8625	3973	46.1		5832			25693	12134	47.2

2-14 续表 continued

年份 Year	洪灾 Flood Disasters							旱灾 Drought Disasters		
	受灾（千公顷）Disaster-Affected Area (10^3hm^2)	成灾（千公顷）Damaged Area (10^3hm^2)	成灾率（%）Percentage of Damaged Area (%)	受灾人口（万人）Affected Population (10^4persons)	死亡人口（人）Death Toll (person)	直接经济总损失（亿元）Total Direct Economic Loss (10^8yuan)	水利设施经济损失（亿元）Economic Loss of Water Facilities (10^8yuan)	受灾（千公顷）Disaster-Affected Area (10^3hm^2)	成灾（千公顷）Damaged Area (10^3hm^2)	成灾率（%）Percentage of Damaged Area (%)
1982	8361	4463	53.4		5323			20697	9972	48.2
1983	12162	5747	47.3		7238			16089	7586	47.2
1984	10632	5361	50.4		3941			15819	7015	44.3
1985	14197	8949	63.0		3578			22989	10063	43.8
1986	9155	5601	61.2		2761			31042	14765	47.6
1987	8686	4104	47.2		3749			24920	13033	52.3
1988	11949	6128	51.3		4094			32904	15303	46.5
1989	11328	5917	52.2		3270			29358	15262	52.0
1990	11804	5605	47.5		3589	239		18175	7805	42.9
1991	24596	14614	59.4		5113	779		24914	10559	42.4
1992	9423	4464	47.4		3012	413		32980	17049	51.7
1993	16387	8610	52.5		3499	642		21098	8659	41.0
1994	18859	11490	60.9	21523	5340	1797		30282	17049	56.3
1995	14367	8001	55.7	20070	3852	1653		23455	10374	44.2
1996	20388	11823	58.0	25384	5840	2208		20151	6247	31.0
1997	13135	6515	49.6	18067	2799	930		33514	20010	59.7
1998	22292	13785	61.8	18655	4150	2551	287	14237	5068	35.6
1999	9605	5389	56.1	13013	1896	930	132	30153	16614	55.1
2000	9045	5396	59.7	12936	1942	712	103	40541	26777	66.0
2001	7138	4253	59.6	11087	1605	623	98	38480	23702	61.6
2002	12384	7439	60.1	15204	1819	838	166	22207	13247	59.7
2003	20366	13000	63.8	22572	1551	1301	173	24852	14470	58.2
2004	7782	4017	51.6	10673	1282	714	113	17255	7951	46.1
2005	14967	8217	54.9	20026	1660	1662	249	16028	8479	52.9
2006	10522	5592	53.2	13882	2276	1333	208	20738	13411	64.7
2007	12549	5969	47.6	17698	1230	1123	177	29386	16170	55.0
2008	8979	4540	50.6	14100	631	963	172	12137	6798	56.0

2-15 2008 年水旱灾害（按地区分）

Flood and Drought Disasters of 2008 (by Regions)

地区	Region	洪灾 Flood Disasters						旱灾 Drought Disasters	
		受灾（千公顷）Disaster-Affected Area (10^3hm^2)	成灾（千公顷）Damaged Area (10^3hm^2)	受灾人口（万人）Affected Population (10^4persons)	死亡人口（人）Death Toll (person)	直接经济总损失（亿元）Total Direct Economic Loss (10^8yuan)	水利设施经济损失（亿元）Economic Loss of Water Facilities (10^8yuan)	受灾（千公顷）Disaster-Affected Area (10^3hm^2)	成灾（千公顷）Damaged Area (10^3hm^2)
合　计	**Total**	**8979.4**	**4540.0**	**14100.1**	**631**	**962.9**	**172.2**	**12136.8**	**6797.5**
北　京	Beijing					0.3		8.1	5.0
天　津	Tianjin							23.7	6.7
河　北	Hebei	54.5	29.0	78.0	14	4.9	0.2	629.2	480.0
山　西	Shanxi	56.5	0.5	1.1		0.2		1917.3	906.7
内蒙古	Inner Mongolia	434.0	158.8	117.1	35	31.0	1.7	1658.0	938.0
辽　宁	Liaoning	173.2	0.3	33.4		4.0		321.3	236.0
吉　林	Jilin	51.7	29.5	13.3		2.2	0.7	466.0	165.0
黑龙江	Heilongjiang	159.4	53.1	39.8		4.3	0.1	1597.0	930.0
上　海	Shanghai								
江　苏	Jiangsu	242.5	147.7	200.1	1	15.7	0.8		
浙　江	Zhejiang	372.4	164.2	723.6	1	63.3	21.6	22.7	9.3
安　徽	Anhui	524.3	333.0	791.9	13	54.7	7.9		
福　建	Fujian	146.4	67.7	229.6	2	30.9	5.4	4.4	1.8
江　西	Jiangxi	970.4	285.6	1034.8	15	60.3	14.0	128.0	45.7
山　东	Shandong	124.5	81.6	123.9		8.6	1.2	256.0	87.5
河　南	Henan	73.7	52.3	47.9	1	4.0	0.3	584.0	376.0
湖　北	Hubei	1179.9	930.9	1625.1	29	69.0	12.0	20.0	14.2
湖　南	Hunan	679.5	289.0	1262.5	33	101.2	16.1	486.0	160.4
广　东	Guangdong	1095.4	553.8	2114.7	87	205.7	31.4	71.0	40.0
广　西	Guangxi	1338.7	794.0	2253.2	73	156.0	27.9	223.8	127.0
海　南	Hainan	211.4	97.6	530.9	2	11.7	2.2	80.5	20.7
重　庆	Chongqing	206.1	105.3	736.1	61	37.0	10.9	155.8	93.2
四　川	Sichuan	86.1	46.5	513.9	29	9.5	3.4	106.7	35.3
贵　州	Guizhou	185.9	122.1	544.3	74	18.3	1.3	30.4	17.7
云　南	Yunnan	248.8	119.9	863.7	122	35.0	7.8	475.0	359.0
西　藏	Tibet	5.2	3.9	9.9		2.8	0.9		
陕　西	Shaanxi	134.1	14.7	55.4	11	8.1	0.3	478.0	341.0
甘　肃	Gansu	71.3	35.6	69.7	10	9.9	1.9	783.5	573.4
青　海	Qinghai	9.8	1.3	10.4	3	3.1	0.7	66.4	44.5
宁　夏	Ningxia	4.5	3.6	10.6	4	0.5	0.4	494.0	223.0
新　疆	Xinjiang	139.3	18.6	65.3	11	10.8	1.2	1050.0	560.5

2-16 历年除涝面积和治碱面积

Drainage and Saline Prevention Area by Years

单位：千公顷 unit: 10^3hm^2

年份 Year	易涝面积 Waterlogging Area	除涝面积 合计 Total Drainage Area	3～5年 3～5 Years	5年以上 More than 5 Years	盐碱耕地面积 Area of Saline and Alkaline Farmland	盐碱耕地改良面积 Improved Area of Saline and Alkaline Farmland
1973	22016.00	15420.67	7032.67	8388.00	6754.00	3226.00
1974	23337.33	17370.00	7238.00	10132.00	6705.33	3652.67
1975	22080.67	16060.67	7042.67	9018.00	7062.00	3885.33
1976	22228.67	16688.67	7059.33	9629.33	7132.00	4186.00
1977	22277.33	16881.33	7219.33	9662.00	7262.00	4040.67
1978	22554.00	17281.33	7416.67	9864.67	7258.67	4131.33
1979	23218.00	17748.67	7539.33	10209.33	7302.00	4132.00
1980	23410.00	17847.33	7316.00	10531.33	7145.33	4235.33
1981	23776.67	17896.00	7174.00	10722.00	7243.33	4262.67
1982	23776.67	18092.67	7210.67	10882.00	7243.33	4265.33
1983	24066.00	18200.67	7194.67	11006.00	7357.33	4391.33
1984	24235.33	18399.33	7157.33	11242.00	7331.33	4474.00
1985	24086.67	18584.00	7217.33	11366.67	7692.00	4569.33
1986	24229.33	18760.67	7430.67	11330.00	7606.67	4623.33
1987	24337.33	18958.00	7521.33	11436.67	7636.00	4755.33
1988	24348.00	19064.00	7532.00	11532.00	7672.00	4830.00
1989	24425.33	19229.33	7566.00	11663.33	7538.67	4883.33
1990	24466.67	19336.66	7671.33	11665.33	7539.33	4995.09
1991	24424.00	19580.30	8004.00	11576.30	7617.83	5110.09
1992	24410.00	19769.76	7996.88	11772.88	7633.22	5210.21
1993		19883.48	8068.40	11815.08	7655.82	5304.62
1994		19678.55	8172.43	11506.12	7655.82	5350.83
1995		20055.64	8241.97	11813.67	7655.83	5433.91
1996		20278.74	8367.67	11911.07		5513.15
1997		20525.80	8540.54	11985.26		5612.25
1998		20680.73	8645.98	12034.75		5653.94
1999		20838.48	8878.23	11960.25		5736.82
2000		20989.70	8812.76	12176.94		5841.36
2001		21021.33	8841.33	12180.00		5750.67
2002		21097.11	8916.94	12180.17		5282.86
2003		21137.31	8918.54	12218.77		5864.59
2004		21198.00				5961.56
2005		21340.00	9272.60	12067.14		
2006		21376.31	9197.50	12178.80		
2007		21419.14	9208.24	12210.90		
2008		21424.55	9334.67	12089.87		

2-17　2008 年除涝面积（按地区分）

Drainage Area of 2008 (by Regions)

单位：千公顷　　　　unit: 10^3hm^2

地区	Region	除涝面积合计 Total Drainage Area				除涝面积 Drainage Area	
			3～5 年 3～5 Years	5～10 年 5～10 Years	10 年以上 More than 10 Years	新增 Newly-Increased	减少 Reduction
合　计	**Total**	**21424.55**	**9334.67**	**8315.52**	**3774.36**	**224.30**	**177.87**
北　京	Beijing	149.77			149.77		
天　津	Tianjin	392.42	114.00	211.93	66.49		1.08
河　北	Hebei	1647.33	802.50	759.04	85.79		
山　西	Shanxi	89.18	61.21	27.74	0.23	0.07	
内蒙古	Inner Mongolia	277.00	157.76	84.87	34.37		
辽　宁	Liaoning	995.02	72.12	202.88	720.02	0.16	
吉　林	Jilin	981.36	141.20	344.36	495.80	1.47	39.96
黑龙江	Heilongjiang	3305.73	2376.06	864.55	65.12	24.49	13.28
上　海	Shanghai	53.67	13.00	6.09	34.58	0.01	
江　苏	Jiangsu	2800.24	757.74	1259.37	783.13	44.34	28.73
浙　江	Zhejiang	496.17	129.23	191.68	175.26	2.54	1.73
安　徽	Anhui	2247.16	1022.39	1148.99	75.79	21.47	0.89
福　建	Fujian	124.32	75.27	40.14	8.91	2.59	0.44
江　西	Jiangxi	368.94	179.19	173.63	16.12	4.03	0.08
山　东	Shandong	2609.23	1171.24	1305.28	132.71	40.30	42.50
河　南	Henan	1908.21	1350.19	553.29	4.73	48.47	42.71
湖　北	Hubei	1205.42	230.12	499.34	475.96	5.47	0.24
湖　南	Hunan	441.28	130.67	240.91	69.70	3.73	0.02
广　东	Guangdong	509.66	60.57	94.98	354.11	2.93	0.45
广　西	Guangxi	207.87	119.69	87.10	1.08	3.63	1.38
海　南	Hainan	12.29	8.50	0.51	3.28		
重　庆	Chongqing						
四　川	Sichuan	91.34	50.73	38.35	2.26	1.00	3.82
贵　州	Guizhou	50.47	29.58	18.91	1.99	2.16	0.05
云　南	Yunnan	244.38	165.47	70.69	8.22	4.52	0.29
西　藏	Tibet	22.34	8.04	13.87	0.43	0.08	
陕　西	Shaanxi	130.61	75.53	54.26	0.82	0.34	0.21
甘　肃	Gansu	12.48	6.32	2.02	4.14		
青　海	Qinghai						
宁　夏	Ningxia	10.50	10.50			10.50	
新　疆	Xinjiang	40.16	15.86	20.75	3.55		

2-18　2008 年除涝面积（按水资源分区分）

Drainage Area of 2008 (by Water Resources Regions)

单位：千公顷　　unit: 10^3hm^2

水资源一级区	Grade- Ⅰ Water Resources Region	除涝面积合计 Total Drainage Area	3～5 年 3～5 Years	5～10 年 5～10 Years	10 年以上 More than 10 Years	除涝面积 Drainage Area 新增 Newly-Increased	减少 Reduction
合　计	**Total**	**21424.55**	**9334.67**	**8315.52**	**3774.36**	**224.30**	**177.87**
松花江区	Songhua River	4203.45	2589.80	1126.54	487.11	25.76	53.24
辽河区	Liaohe River	1312.36	130.20	354.46	827.70	0.36	
海河区	Haihe River	3222.90	1389.99	1496.21	336.70	6.24	8.28
黄河区	Yellow River	583.56	386.12	173.74	23.70	20.99	9.44
淮河区	Huaihe River	6692.15	3201.4	2919.36	571.39	124.37	70.67
长江区	Yangtze River	3968.85	1101.79	1768.85	1098.22	31.58	32.29
其中：太湖区	Among Which: Taihu Lake	562.51	63.66	159.73	339.12	3.42	8.52
东南诸河区	Rivers in Southeast	395.08	180.56	158.80	55.72	5.09	1.81
珠江区	Pearl River	904.31	269.72	266.28	368.31	8.21	1.97
西南诸河区	Rivers in Southwest	100.38	67.89	30.53	1.96	1.70	0.17
西北诸河区	Rivers in Northwest	41.50	17.20	20.75	3.55		

2-19 2008年除涝面积（按水资源分区和地区分）

Drainage Area of 2008 (by Water Resources Regions and Regions)

单位：千公顷 unit: 10^3hm^2

地区	Region	除涝面积合计 Total Drainage Area	3～5年 3～5 Years	5～10年 5～10 Years	10年以上 More than 10 Years	除涝面积 Drainage Area 新增 Newly-Increased	减少 Reduction
松花江区	**Songhua River**	**4203.45**	**2589.80**	**1126.54**	**487.11**	**25.76**	**53.24**
内蒙古	Inner Mongolia	108.58	91.47	17.11			
吉　林	Jilin	789.14	122.27	244.88	421.99	1.27	39.96
黑龙江	Heilongjiang	3305.73	2376.06	864.55	65.12	24.49	13.28
辽河区	**Liaohe River**	**1312.36**	**130.20**	**354.46**	**827.70**	**0.36**	
内蒙古	Inner Mongolia	125.12	39.15	52.10	33.87		
辽　宁	Liaoning	995.02	72.12	202.88	720.02	0.16	
吉　林	Jilin	192.22	18.93	99.48	73.81	0.20	
海河区	**Haihe River**	**3222.90**	**1389.99**	**1496.21**	**336.70**	**6.24**	**8.28**
北　京	Beijing	149.77			149.77		
天　津	Tianjin	392.42	114.00	211.93	66.49		1.08
河　北	Hebei	1647.33	802.50	759.04	85.79		
山　西	Shanxi	32.40	22.60	9.57	0.23	0.03	
内蒙古	Inner Mongolia	0.91	0.91				
辽　宁	Liaoning						
山　东	Shandong	808.08	301.74	472.44	33.90	0.87	0.43
河　南	Henan	191.99	148.24	43.23	0.52	5.34	6.77
黄河区	**Yellow River**	**583.56**	**386.12**	**173.74**	**23.70**	**20.99**	**9.44**
山　西	Shanxi	56.78	38.61	18.17		0.04	
内蒙古	Inner Mongolia	42.39	26.23	15.66	0.50		
山　东	Shandong	83.07	25.54	39.14	18.39	0.66	0.50
河　南	Henan	267.93	215.91	48.21	3.81	9.47	8.73
陕　西	Shaanxi	119.46	68.73	50.54	0.19	0.32	0.21
甘　肃	Gansu	3.43	0.60	2.02	0.81		
青　海	Qinghai						
宁　夏	Ningxia	10.50	10.50			10.50	
淮河区	**Huaihe River**	**6692.15**	**3201.4**	**2919.36**	**571.39**	**124.37**	**70.67**
江　苏	Jiangsu	2032.43	624.06	969.87	438.50	40.36	9.11
安　徽	Anhui	1712.85	901.25	759.53	52.07	20.10	0.50
山　东	Shandong	1718.08	843.96	793.70	80.42	38.77	41.57
河　南	Henan	1228.79	832.13	396.26	0.40	25.14	19.49

2-19 续表 continued

地区	Region	除涝面积合计 Total Drainage Area				除涝面积 Drainage Area	
			3～5年 3～5 Years	5～10年 5～10 Years	10年以上 More than 10 Years	新增 Newly-Increased	减少 Reduction
长江区	**Yangtze River**	**3968.85**	**1101.79**	**1768.85**	**1098.22**	**31.58**	**32.29**
上 海	Shanghai	53.67	13.00	6.09	34.58	0.01	
江 苏	Jiangsu	767.81	133.68	289.50	344.63	3.98	19.62
浙 江	Zhejiang	226.37	24.78	73.14	128.45	0.04	0.36
安 徽	Anhui	533.35	120.3	389.34	23.72	1.37	0.39
江 西	Jiangxi	368.94	179.19	173.63	16.12	4.03	0.08
河 南	Henan	219.50	153.91	65.59		8.52	7.72
湖 北	Hubei	1205.42	230.12	499.34	475.96	5.47	0.24
湖 南	Hunan	342.80	93.14	186.00	63.66	3.70	
广 西	Guangxi	6.26	4.48	1.78			
重 庆	Chongqing						
四 川	Sichuan	91.34	50.73	38.35	2.26	1.00	3.82
贵 州	Guizhou	33.56	16.96	14.85	1.76	1.56	0.05
云 南	Yunnan	100.98	70.33	27.53	3.12	1.88	
陕 西	Shaanxi	11.15	6.80	3.72	0.63	0.02	
甘 肃	Gansu	7.71	4.38		3.33		
青 海	Qinghai						
东南诸河区	**Rivers in Southeast**	**395.08**	**180.56**	**158.80**	**55.72**	**5.09**	**1.81**
浙 江	Zhejiang	269.80	104.45	118.54	46.81	2.50	1.37
安 徽	Anhui	0.96	0.84	0.12			
福 建	Fujian	124.32	75.27	40.14	8.91	2.59	0.44
珠江区	**Pearl River**	**904.31**	**269.72**	**266.28**	**368.31**	**8.21**	**1.97**
湖 南	Hunan	98.48	37.53	54.91	6.04	0.03	0.02
广 东	Guangdong	509.66	60.57	94.98	354.11	2.93	0.45
广 西	Guangxi	201.61	115.21	85.32	1.08	3.63	1.38
海 南	Hainan	12.29	8.50	0.51	3.28		
贵 州	Guizhou	16.91	12.62	4.06	0.23	0.60	
云 南	Yunnan	65.36	35.29	26.50	3.57	1.02	0.12
西南诸河区	**Rivers in Southwest**	**100.38**	**67.89**	**30.53**	**1.96**	**1.70**	**0.17**
云 南	Yunnan	78.04	59.85	16.66	1.53	1.62	0.17
西 藏	Tibet	22.34	8.04	13.87	0.43	0.08	
青 海	Qinghai						
西北诸河区	**Rivers in Northwest**	**41.50**	**17.20**	**20.75**	**3.55**		
内蒙古	Inner Mongolia						
甘 肃	Gansu	1.34	1.34				
青 海	Qinghai						
新 疆	Xinjiang	40.16	15.86	20.75	3.55		

主要统计指标解释

已建成水库座数 在江河上筑坝（闸）所形成的能拦蓄水量、调节径流的蓄水区的数量。

大型水库：总库容在1亿立方米及以上。

中型水库：总库容在1000万（含1000万）～1亿立方米。

小型水库：库容在10万（含10万）～1000万立方米。

水库库容 从设计规模和统计角度规定如下。

（1）总库容：即校核水位以上的库容。包括死库容、兴利库容、防洪库容（减掉和兴利库容重复部分）之综合，称总库容。

（2）兴利库容：一般为正常高水位至死水位之间的库容。

（3）调洪库容或防洪库容：指校核洪水位与防洪限制水位（也叫汛期限制水位）之间的库容。防汛限制水位，是水库在汛期的下限水位，这个水位以上的库容在汛期专供滞蓄防洪标准内的洪水使用，洪水到来之前水库蓄水不允许超过此水位。

堤防长度 建成或基本建成的在江、河、湖、海岸边用于防洪、防潮的工程长度之总和，包括新中国成立前建成以及需要加固加高培厚的老堤防。但不包括单纯除涝河道的堤防和弃土形成的堤防，也不包括子埝和生产堤。所谓基本建成，是指按设计标准已经完成并能发挥设计效益，但还留有少量尾工的工程。

堤防保护人口 报告期堤防保护范围内的全部人口数。也就是假设河流在设计最大洪水通过时，如没有堤防或一旦堤防决口，所能淹及的最大范围内在报告期当年年末全部人口数。

堤防保护耕地面积 堤防保护范围内的耕地。即按设计最大洪水通过时，假设不修堤防的情况下，洪水所能淹及的最大范围内的耕地面积。

累计达标堤防长度 根据国家《防洪标准》（GB 50201—94）和江河防洪规划，已达到国家所认定的堤防等级的堤防长度。根据现行国家《防洪标准》规定，由于堤防保护的耕地面积和人口不同，以及城市、工矿企业、交通干线等防护对象的重要性程度不同，堤防工程的防洪标准不一样。达标堤防是指按国家标准堤防工程设计规范进行堤防工程标准设计，施工完成后达到设计规定要求的堤防。

堤防工程的级别 按防洪标准分为五个级别。堤防工程防护对象的防洪标准应按照现行国家标准《防洪标准》确定。

主要堤防 保护耕地面积在30万亩以上（包括30万亩）或保护重要工矿、企业、交通干线、国防设施、机场、主要城镇的河道堤防及海堤（海塘）。

水闸数量 水利工程中用以控制水流、水位、通航的水工建筑物的数量。关闭或开启闸门起到调节闸上、下游水位，控制泄流以达到防洪、引水、排水、通航、发电等作用。按流量划分：大型水闸指校核过闸流量1000立方米每秒及以上水闸；中型水闸指校核过闸流量100～1000立方米每秒的水闸；小型水闸指校核过闸流量10～100立方米每秒的水闸。流量不够10立方米每秒，不予统计。

分洪闸 为了保护河道下游堤防及重要城镇、工厂、矿区的安全，在河道遇到特大洪水时渲泄部分洪水进入湖泊、洼地等分洪区（或滞洪区）中，以消减洪峰，免除洪水泛滥所造成的灾害而在河岸边修的水闸。

节制闸 为控制河渠、湖泊水位，保证引水、供水要求而修建的水闸。这种闸一般是拦河、渠而修建的，又称拦河闸。

排水闸 为排除内涝积水在河道两岸修建的闸。或在分洪区（或滞洪闸）出口处设置的尾水闸、退水闸。

引水闸（渠首闸） 从河流、湖泊、水库中引水进行灌溉、发电等而在引水源口处设置的水闸，其功能主要是引水。

挡潮闸 在沿海河口附近修建的发挥排水、挡潮作用的水闸。

洪灾 因降水、融雪、冰凌、溃堤及风暴潮等造成的洪水泛滥、内涝、渍害和由暴雨造成的山洪、泥石流等灾害。由降雪、大风、冰雹等造成的灾害不属于洪涝灾害。

洪灾受灾面积 因洪灾造成农作物比正常年份减产的播种面积（含成灾、绝收面积）。

洪灾成灾面积 因洪涝灾害造成农作物比正常年减产三成或（含三成）以上的播种面积。农作物绝收面积是指因洪涝灾害造成的农作物比正常年减产八成（含八成）以上的播种面积。

旱灾 自然降水时空不均匀，在数量上不能满足正常供水的现象。即因降水、融雪等自然降水减少和上游来水、水利工程供水减少等农作物需用水得不到最基本的需要而产生的灾害。

旱灾受灾面积 “轻旱”与“重旱”、“干枯”面积之和。

旱灾成灾面积 “重旱”面积与“干枯”面积之和。

“轻旱”指对农作物正常生长有影响。旱作区：作物在播种后或生长期间，土壤墒情低于作物的需水量造成出苗率低于八成，作物叶子出现萎蔫或20厘米耕作层土壤相对湿度低于60%但大于等于40%。水稻区：田间严重缺水，稻田发生龟裂，禾苗出现枯萎死苗。

“重旱”指对作物生长和作物产量有较大影响。旱作区：出苗率低于六成；叶子枯萎或有死苗现象；20厘米耕作层土壤相对湿度小于40%。水稻区：田间严重缺水，稻田发生龟裂，禾苗出现枯萎死苗。

“干枯”指出苗率低于三成，作物大面积枯死或需毁种。

易涝面积 抗涝能力标准低的低洼涝耕地面积。2003年年报开始只统计“十五”现状数，即2001年初的时点数，包括未治理的易涝耕地面积和排涝设施严重老化毁损的易涝面积。

除涝面积 通过水利工程如围埝、抽水等对易涝面积进行治理，使易涝耕地免除淹涝称除涝面积。按除涝的标准分为3～5年、5～10年和10年以上。易涝面积虽经过治理，但标准尚未达到3年一遇标准的，不作为除涝面积统计。

盐碱耕地面积 土壤中含有盐碱、影响农作物生长甚至接近不能耕种的面积。

盐碱耕地改良面积 在新、老盐碱耕地上进行水利、农业和土壤改良等措施，在正常年景使农作物出苗率达到70%以上的面积。

Explanatory Notes on Main Statistical Indicators

Number of Completed Reservoirs The number of storage area that is formed by constructing dams (gates) to detain and store water resources and regulate water flow.

Large reservoir: the total storage capacity is over 100 million m^3 (including 100 million m^3).

Medium reservoir: the total storage capacity is between 10 million m^3 (including 10 million m^3) to 100 million m^3.

Small reservoir: the total storage capacity is between 0.1 million m^3 (including 0.1 million m^3) to 10 million m^3.

Storage capacity of reservoir It is defined on the basis of design scale and statistic perspective.

1. Total storage capacity: refers to storage capacity above the check water level, total storage capacity includes dead storage capacity, usable storage capacity, and flood control storage capacity (deducting the repeating part of usable storage).

2. Usable storage capacity: refers to storage capacity between normal high water level to dead water level.

3. Flood regulation capacity or flood control storage capacity: refers to storage capacity between check floodwater level to flood limited water level (also termed limited water level in flood season). Flood limited water level is the lower limit water level of reservoir in flood season. The storage capacity above the lower limit level is only used to detain floodwater in flood season in line with flood control standard; before floodwater comes, water level of reservoirs is not allowed to exceed this limit.

Length of Embankment The total length of embankment is the sum of completed or basically completed levees or dykes along the river and lake, sea dike, polder and flood control wall etc., including old embankment built before the founding of People's Republic of China and need to be strengthened, heightened and thickened, but excluding embankment purely for waterlogging control and spoil dike, as well as sub-cofferdam or production dikes. Basically completed embankment refers to the project with a few works to end up, but has been completed and generated benefit according to design.

Embankment protected population Total population protected by embankment during report period. In another word, the total population inundated by flood as a maximum at the end of the year when the design maximum flood passes river courses and if no embankment or break of embankment exist.

Embankment protected farmland Cultivated land under the protection of embankment, i.e. inundated farmland of flood as a maximum if design maximum flood passes and no embankment exists.

Accumulated length of up-to-standard embankment Total length of embankment that has reached national standard, in accordance of "National Standards for Flood Control" and river flood control planning. According to the current "National Standards for Flood Control", the flood control standards of embankment are given differently in accordance with protected cultivated area and population and importance of protected target such as city, industrial and mining enterprises or key transportation lines. The up-to-standard embankment refers to those designed and constructed according to national standards, and meet the requirement of original design after completion.

Classification of embankment project Classification of embankment is divided into five categories according to flood control standards; flood control standard of protected target of embankment are determined by the current National Standards for Flood Control.

Key embankment and dyke Embankment or levees along the river or sea dikes used for protecting farmlands of above 300,000 mu (including 300,000 mu), or important pastures land, and those areas less than 300,000 mu but where have important mine, enterprise, transportation line, national defense facilities, airport and key cities and towns.

Number of Water gates The number of hydraulic structures employed for cont- rolling flow and water level and for navigation. When the gate is open or close, water level at upper and down stream and discharge can be controlled in order to realize flood prevention, water diversion, drainage, navigation, and power generation. According to water flow, large size refers to the gate with a check flow of 1000 m^3/s or above; medium size refers to gate with a check flow of 100～1000 m^3/s, and small size refers to gate with a check flow of 10～100 m^3/s. The gate with a check flow less than 10 m^3/s is not included.

Flood diversion gates Water gates are constructed beside river banks to protect the safety of dikes, major cities, factories, mines in lower reaches, and to drain water into lakes, low ground or flood detention basins to reduce flood peaks for preventing flood disasters when severe flood happens.

Controlling gate Water gates are built to control water level of rivers, canals or lakes to ensure water diversion and water supply. Water control gates are also termed barrage gates.

Drainage gates Water gates are located beside river banks to drain waterlogging, or constructed in the outlets of flood detention basins (flood retarding gates) as tail locks and waste locks.

Water diversion gates (head gates) Water gates are built in water sources to divert water from rivers, lakes and reservoirs to irrigate, generate hydropower, etc., and the main purpose is to divert water.

Tide gates Water gates are located in coastal estuaries to drain water or prevent tides.

Flood disasters Flood and inland inundation caused by rainfall, snow melting, river ice jam, dam failure, storm tide, etc., as well as mountain flood and debris flow caused by rainstorm. Those disasters induced by snow, strong wind and hailstorm are excluded from water disasters.

Flood disaster-affected area Crop farmland damaged by water disasters, i.e. the cultivated area where crops yield is less than normal years due to water disasters (including the area of no harvest).

Flood damaged area Cultivated area where crop yield is three times less or lesser than normal years. No yield area refers to the cultivated area where crops yield is eight times less or lesser than normal years.

Drought disasters It refers to the phenomenon that normal water supply cannot be met in quantity due to uneven precipitation distribution in time and space. In another ward, it refers to the disaster caused by water shortage and basic water need of crop cannot be satisfied because of decrease of natural precipitation, less coming water from upstream and shortage of water supply of waterworks.

Drought disaster affected area The sum of area in "moderate drought", "severe drought" or "dry out".

Drought damaged area The sum of area in "severe drought" or "dry out".

"Moderate drought" means normal growth of crop is affected. Dry crop area: percentage of seedling emergence is less than 80% because soil moisture content is lower than the water demand of crops. Leaves of crops wither or the relative humidity of the soil in 20cm plow layer is less than 60% but higher or equal to 40%. Paddy field: water is in severe shortage in the field, for field is cracked and rice seedlings is withered or died.

"Severe drought" means growth and production of crop is seriously affected. Dry crop area: percentage of seedling emergence is lower than 60%; leaves of crops wither or die; the relative humidity of the soil in 20cm plow layer is less than 40%. Paddy field: water shortage is very serious in the field, for field is cracked and rice seedlings is withered or died.

"Dry out" means percentage of seedling emergence is less than 30%, and crops die and need to be replanted.

Waterlogging area Farmland are low-lying and in a low waterlogging control capacity. Starting from 2003 annual report, only statistic of current status in the 10th Five-Year Plan Period is included, i.e. the data of early 2001 include waterlogging-prone farmland areas without control measures or waterlogging control facilities are severely damaged or aged.

Drainage area The controlled area of prone-water-logging farmland by waterworks such as cofferdams and water pump. The standard of waterlogging control can be divided into 3～5 years, 5～10 years and above 10 years. The area of waterlogging farmland with control measures but has not reach to the standard of once in three years return period, are excluded from waterlogging control areas.

Area of saline and alkaline farmland The area cannot be or almost cannot be cultivated because the soil contains salt and alkaline that affects the growing of crops.

Improved area of saline and alkaline farmland Percentage of seedling emergence is at and above 70% in normal years in the old or new saline and alkaline farmland through measures of water conservation, agriculture, soil improvement.

3 农业灌溉

Agricultural Irrigation

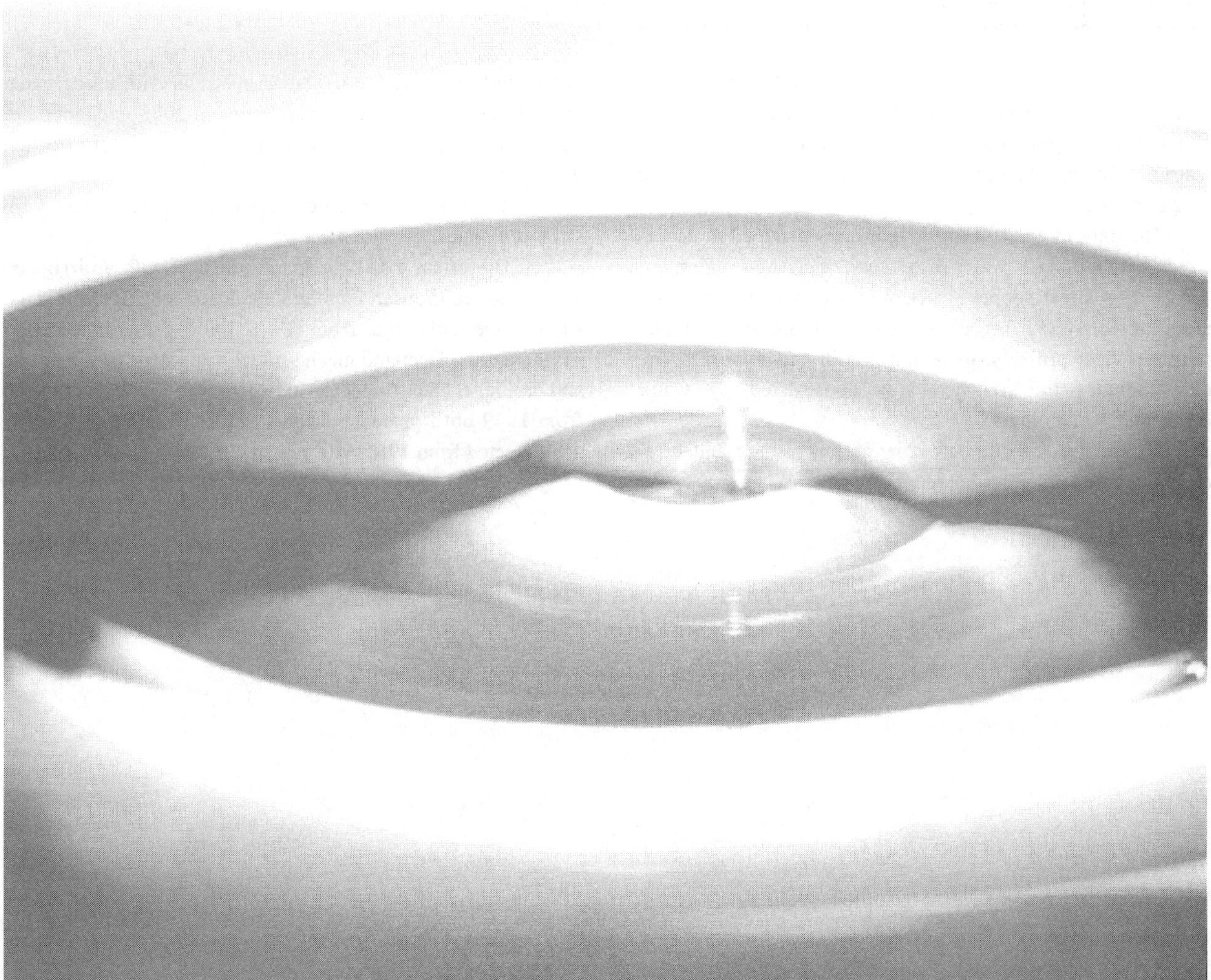

简 要 说 明

农业灌溉统计资料主要包括农田水利设施的数量和产生的效益，分为灌溉面积、灌区、机电排灌站以及节水灌溉面积等四大类。

农业灌溉资料按水资源一级分区和地区分组。

1. 灌溉面积统计范围：已建成或基本建成的灌溉工程、水利综合利用工程、农田水利工程的灌溉面积，包括水利、农业等部门建设的灌溉面积。

2. 2007 年及以前万亩以上灌区统计的处数与有效灌溉面积是按有效灌溉面积达到万亩以上的灌区纳入统计，2008 年统计口径改为按设计灌溉面积达到万亩以上的灌区纳入统计。

3. 节水灌溉面积只统计利用工程措施节水的面积。

4. 万亩以上灌区、机电排灌站历史资料汇总 1973 年至今数据；灌溉面积、农田排灌机械、机电灌溉面积历史资料汇总 1949 年至今数据；机电井历史资料汇总 1961 年至今数据。

Brief Introduction

Statistical data of agricultural irrigation mainly covers number of farm irrigation facility and benefit generation, and is divided into four types of irrigated area, irrigation district, electromechanical irrigation station and water-saving irrigated area.

The data of agricultural irrigation is grouped in accordance with Grade-Ⅰ water resources regions and regions.

1. Statistical scope of irrigated area covers irrigation areas of completed irrigation projects or almost, multiple-purpose water projects, irrigation and drainage works. The data includes the irrigated area constructed by water departments and others.

2. Statistics of number of irrigation district and effective irrigated area up to ten thousand mu in 2007 and before only include the irrigation districts with an irrigated area up to ten thousand mu; statistics in 2008 is changed to designed irrigated area of irrigation district up to ten thousand mu.

3. Water-saving irrigated area only includes those with structure measures.

4. Historical data of irrigation district with an irrigated area up to ten thousand mu and electro-mechanical drainage station are collected from 1973 until present. Data of irrigated area, farmland mecha- nical equipment for irrigation and drainage, electro-mecha- nical irrigated area are collected from 1949 until present; the data of electro-mechanical wells are collected from 1961 until present.

3-1 主要指标

Key Indicators

指标名称	Item	单位	unit	2004	2005	2006	2007	2008
灌溉面积	Irrigated Area	千公顷	10^3hm^2	61511	61898	62559	63413	64120
农田有效灌溉面积	Effective Irrigated Area	千公顷	10^3hm^2	56252	56563	57078	57782	58472
占耕地面积	In Total Cultivated Area	%	%	43.26	43.50	43.89	47.47	48.03
林地灌溉面积	Irrigated Area of Forest Land	千公顷	10^3hm^2	1573	1637	1562	1598	1649
牧草灌溉面积	Irrigated Area of Grassland	千公顷	10^3hm^2	1185	1172	1201	1225	1214
农田有效实灌面积	Actual Irrigated Area	千公顷	10^3hm^2	47784	47969	49024	49937	50666
占有效灌溉面积	In Total Effective Irrigated Area	%	%	84.95	84.81	85.89	86.42	86.65
节水灌溉面积	Water-Saving Irrigated Area	千公顷	10^3hm^2	20346	21338	22426	23489	24436
万亩以上灌区数量	Irrigation District of 10,000 mu and above	处	unit	5800	5860	5894	5869	6414
其中：30万亩以上	Among Which: Irrigated Area up to 300,000 mu and above	处	unit	280	287	285	294	447
万亩以上灌区农田有效灌溉面积	Effective Irrigated Area with an Area of 10,000 mu and above	千公顷	10^3hm^2	25506	26419	28021	28341	29440
其中：30万亩以上	Among Which: Irrigated Area up to 300,000 mu and above	千公顷	10^3hm^2	13771	14310	14612	14667	16724
机电排灌面积	Irrigated and Drainage Area with Mechinical and Electrical Equipment	千公顷	10^3hm^2	36979	37868	37563	38716	39277
其中：机电提灌面积	Among Which: Lifting Irrigated Area	千公顷	10^3hm^2	32873	33517	33091	34265	34659
排灌机械保有量	Registerred Irrigation and Drainange Mechinery and Equipment	千千瓦	10^3kW	82159	82469	85443	86684	85883
固定机电排灌站	Fixed Irrigation and Drainage Stations	万处	10^4unit	49.42	48.99	47.33	44.35	44.62

3-2 历年万亩以上灌区数量和有效灌溉面积

Irrigation District with an Area above 10,000 mu by Years

年份 Year	合计 Total		50 万亩以上灌区 Irrigated Area up to 500,000 mu and above		30 万～50 万亩灌区 Irrigated Area from 300,000 to 500,000 mu	
	处数（处） Number (unit)	农田有效灌溉面积（千公顷） Effective Irrigated Area (10^3hm^2)	处数（处） Number (unit)	农田有效灌溉面积（千公顷） Effective Irrigated Area (10^3hm^2)	处数（处） Number (unit)	农田有效灌溉面积（千公顷） Effective Irrigated Area (10^3hm^2)
1973	5073	17494	74	4162	96	2931
1974	5802	19035	68	5410	69	1431
1975	5133	18922	68	5323	68	1709
1976	5288	19997	69	5591	74	1809
1977	5322	20303	71	5656	74	1872
1978	5249	20227	74	5751	74	1849
1979	5227	20219	72	5793	71	1789
1980	5289	20486	66	5737	72	1817
1981	5247	20363	66	5720	71	1777
1982	5252	20578	66	5788	72	1825
1983	5288	20941	67	5941	76	1789
1984	5319	20775	71	5994	69	1738
1985	5281	20777	71	5996	66	1670
1986	5299	20869	70	5988	71	1793
1987	5343	21144	70	6014	75	1889
1988	5302	21075	71	6066	75	1877
1989	5331	21177	72	6119	78	1933
1990	5363	21231	72	6048	76	1896
1991	5665	23292	73	6169	91	2186
1992	5531	23632	74	6184	92	2270
1993	5567	24483	74	6239	92	2318
1994	5523	22353	74	6288	98	2429
1995	5562	22499	74	6314	99	2444
1996	5606	22062	75	6150	108	2665
1997	5579	22495	77	6408	115	2862
1998	5611	22747	79	6692	114	2769
1999	5648	23580	90	7632	123	3093
2000	5683	24493	101	7883	141	3440
2001	5686	24766	108	8617	169	4054
2002	5691	25030	110	9158	168	4072
2003	5729	25244	112	9381	169	4084
2004	5800	25506	111	9714	169	4057
2005	5860	26419	117	10230	170	4080
2006	5894	28021	119	10520	166	4092
2007	5869	28341	120	10519	174	4148
2008	6414	29440	149	11207	298	5517

3-3 2008年万亩以上灌区数量和有效灌溉面积（按地区分）

Irrigation District with an Area above 10,000 mu of 2008 (by Regions)

地区	Region	合计 Total		50万亩以上灌区 Irrigated Area up to 500,000 mu and above		30万～50万亩灌区 Irrigated Area from 300,000 to 500,000 mu	
		处数（处） Number (unit)	农田有效灌溉面积（千公顷） Effective Irrigated Area (10^3hm^2)	处数（处） Number (unit)	农田有效灌溉面积（千公顷） Effective Irrigated Area (10^3hm^2)	处数（处） Number (unit)	农田有效灌溉面积（千公顷） Effective Irrigated Area (10^3hm^2)
合 计	**Total**	**6414**	**29440**	**149**	**11207**	**298**	**5517**
北 京	Beijing	28	237			4	128
天 津	Tianjin	67	202			1	28
河 北	Hebei	142	1296	5	431	17	364
山 西	Shanxi	177	725	4	206	7	139
内蒙古	Inner Mongolia	175	1303	12	941	8	163
辽 宁	Liaoning	73	484	5	206	5	74
吉 林	Jilin	145	415	1	42	8	121
黑龙江	Heilongjiang	326	653	2	90	21	172
上 海	Shanghai	1	51	1	51		
江 苏	Jiangsu	208	1718	8	302	28	589
浙 江	Zhejiang	189	746	3	144	8	184
安 徽	Anhui	518	1592	9	963	3	72
福 建	Fujian	184	347	1	35		
江 西	Jiangxi	345	822	3	128	9	127
山 东	Shandong	637	3255	14	1354	45	852
河 南	Henan	250	1767	18	1030	22	371
湖 北	Hubei	358	2278	10	655	22	476
湖 南	Hunan	345	1132	3	141	17	307
广 东	Guangdong	291	741	2	136	1	19
广 西	Guangxi	283	657			7	118
海 南	Hainan	56	246	1	74		
重 庆	Chongqing	89	127				
四 川	Sichuan	293	1428	5	799		
贵 州	Guizhou	90	96				
云 南	Yunnan	196	638	1	43	12	257
西 藏	Tibet	40	117			1	25
陕 西	Shaanxi	178	919	6	534	5	51
甘 肃	Gansu	193	1036	4	169	18	361
青 海	Qinghai	61	140	1	36		
宁 夏	Ningxia	22	372	4	263	1	83
新 疆	Xinjiang	454	3903	26	2432	28	434

3-4 2008年万亩以上灌区数量和有效灌溉面积（按水资源分区分）

Irrigation District with an Area above 10,000 mu of 2008 (by Water Resources Regions)

水资源一级区	Grade-Ⅰ Water Resources Region	合计 Total		50万亩以上灌区 Irrigated Area up to 500,000 mu and above		30万～50万亩灌区 Irrigated Area from 300,000 to 500,000 mu	
		处数（处） Number (unit)	农田有效灌溉面积（千公顷） Effective Irrigated Area (10^3hm^2)	处数（处） Number (unit)	农田有效灌溉面积（千公顷） Effective Irrigated Area (10^3hm^2)	处数（处） Number (unit)	农田有效灌溉面积（千公顷） Effective Irrigated Area (10^3hm^2)
合　计	**Total**	**6414**	**29440**	**149**	**11207**	**298**	**5517**
松花江区	Songhua River	549	1212	6	236	30	340
辽河区	Liaohe River	118	770	8	296	9	141
海河区	Haihe River	465	3639	18	1468	34	850
黄河区	Yellow River	618	3429	28	1932	24	374
淮河区	Huaihe River	1007	4889	24	1837	74	1343
长江区	Yangtze River	1875	7291	28	2423	59	1172
其中：太湖区	Among Which: Taihu Lake	28	129	1	51	1	23
东南诸河区	Rivers in Southeast	355	1059	4	179	8	184
珠江区	Pearl River	767	2067	4	280	11	210
西南诸河区	Rivers in Southwest	119	353			5	106
西北诸河区	Rivers in Northwest	541	4730	29	2556	44	795

3-5 2008年万亩以上灌区数量和有效灌溉面积（按水资源分区和地区分）

Irrigation District with an Area above 10,000 mu of 2008 (by Water Resources Regions and Regions)

地区	Region	合计 Total		50万亩以上灌区 Irrigated Area up to 500,000 mu and above		30万～50万亩灌区 Irrigated Area from 300,000 to 500,000 mu	
		处数（处） Number (unit)	农田有效灌溉面积（千公顷） Effective Irrigated Area (10^3hm^2)	处数（处） Number (unit)	农田有效灌溉面积（千公顷） Effective Irrigated Area (10^3hm^2)	处数（处） Number (unit)	农田有效灌溉面积（千公顷） Effective Irrigated Area (10^3hm^2)
松花江区	**Songhua River**	**549**	**1212**	**6**	**236**	**30**	**340**
内蒙古	Inner Mongolia	93	183	3	104	2	47
吉　林	Jilin	130	376	1	42	7	121
黑龙江	Heilongjiang	326	653	2	90	21	172
辽河区	**Liaohe River**	**118**	**770**	**8**	**296**	**9**	**141**
内蒙古	Inner Mongolia	30	248	3	90	3	67
辽　宁	Liaoning	73	484	5	206	5	74
吉　林	Jilin	15	39			1	
海河区	**Haihe River**	**465**	**3639**	**18**	**1468**	**34**	**850**
北　京	Beijing	28	237			4	128
天　津	Tianjin	67	202			1	28
河　北	Hebei	142	1296	5	431	17	364
山　西	Shanxi	82	228			3	53
内蒙古	Inner Mongolia	1	1				
辽　宁	Liaoning						
山　东	Shandong	114	1431	10	941	8	211
河　南	Henan	31	245	3	95	1	67
黄河区	**Yellow River**	**618**	**3429**	**28**	**1932**	**24**	**374**
山　西	Shanxi	95	497	4	206	4	87
内蒙古	Inner Mongolia	44	824	5	708	3	49
山　东	Shandong	63	136			3	37
河　南	Henan	76	379	6	99	7	97
陕　西	Shaanxi	147	826	6	534	4	21
甘　肃	Gansu	125	292	2	85	2	
青　海	Qinghai	46	102	1	36		
宁　夏	Ningxia	22	372	4	263	1	83
淮河区	**Huaihe River**	**1007**	**4889**	**24**	**1837**	**74**	**1343**
江　苏	Jiangsu	164	1416	8	218	25	484
安　徽	Anhui	280	862	5	538	2	48
山　东	Shandong	460	1687	4	412	34	604
河　南	Henan	103	924	7	668	13	207

3-5 续表 continued

地区	Region	合计 Total		50 万亩以上灌区 Irrigated Area up to 500,000 mu and above		30 万～50 万亩灌区 Irrigated Area from 300,000 to 500,000 mu	
		处数（处） Number (unit)	农田有效灌溉面积（千公顷） Effective Irrigated Area (10^3hm^2)	处数（处） Number (unit)	农田有效灌溉面积（千公顷） Effective Irrigated Area (10^3hm^2)	处数（处） Number (unit)	农田有效灌溉面积（千公顷） Effective Irrigated Area (10^3hm^2)
长江区	**Yangtze River**	**1875**	**7291**	**28**	**2423**	**59**	**1172**
上 海	Shanghai	1	51	1	51		
江 苏	Jiangsu	44	302		84	3	105
浙 江	Zhejiang	22	44				
安 徽	Anhui	234	719	4	425	1	24
江 西	Jiangxi	345	822	3	128	9	127
河 南	Henan	40	219	2	168	1	
湖 北	Hubei	358	2278	10	655	22	476
湖 南	Hunan	279	892	3	115	16	283
广 西	Guangxi	9	25				4
重 庆	Chongqing	89	127				
四 川	Sichuan	293	1428	5	799		
贵 州	Guizhou	59	62				
云 南	Yunnan	68	227			6	122
陕 西	Shaanxi	31	93			1	30
甘 肃	Gansu	3	3				
青 海	Qinghai						
东南诸河区	**Rivers in Southeast**	**355**	**1059**	**4**	**179**	**8**	**184**
浙 江	Zhejiang	167	702	3	144	8	184
福 建	Fujian	184	347	1	35		
安 徽	Anhui	4	11				
珠江区	**Pearl River**	**767**	**2067**	**4**	**280**	**11**	**210**
湖 南	Hunan	66	240		26	1	24
广 东	Guangdong	291	741	2	136	1	19
广 西	Guangxi	274	631			7	114
海 南	Hainan	56	246	1	74		
贵 州	Guizhou	31	35				
云 南	Yunnan	49	175	1	43	2	53
西南诸河区	**Rivers in Southwest**	**119**	**353**			**5**	**106**
云 南	Yunnan	79	235			4	81
西 藏	Tibet	40	117			1	25
青 海	Qinghai						
西北诸河区	**Rivers in Northwest**	**541**	**4730**	**29**	**2556**	**44**	**795**
内蒙古	Inner Mongolia	7	47	1	40		
甘 肃	Gansu	65	741	2	84	16	361
青 海	Qinghai	15	38				
新 疆	Xinjiang	454	3903	26	2432	28	434

3-6 历年机电排灌站处数和装机容量

Installed Capacity of Mechanical and Electrical Irrigation and Drainage Stations by Years

年份 Year	机电排灌站装机容量（千千瓦）Installed Capacity of Mechanical and Electrical Irrigation and Drainage Stations (10^3kW)	固定机电排灌站 Fixed Irrigation and Drainage Stations				流动机装机容量（千千瓦）Installed Capacity of Mobile Equipment (10^3kW)	喷滴灌装机容量（千千瓦）Installed Capacity of Sprinkler and Drip (10^3kW)
		处数（处）Number (unit)	机械 Mechanical	电力 Electrical	装机容量（千千瓦）Installed Capacity (10^3kW)		
1975		343377	140838	202539	11285		
1976		384349	151489	232860	12730		
1977		405472	162486	242986	13933		
1978		415898	160142	255756	15028		
1979		431730	155529	276201	16494		
1980		524426	234029	290397	17976		
1981		472299	175243	297056	18043		
1982		470819	166225	304594	18566		
1983		475350	159120	316230	19055		
1984		478130	151055	327075	19249		
1985		462269	133519	328750	19148		
1986		455616	122806	332810	19182		
1987		462100	115602	346498	19558		
1988		461085	107156	353929	19854		
1989		465377			19978		
1990		473680			20065		
1991		481566			23213		
1992		493599			22200		
1993		493501			21142		
1994		494349			21086		
1995		495700			21061		
1996		498063			21418		
1997		502861			21530		
1998		503805			21797		
1999		513883			21987		
2000	41570	506067			21798	17837	1934
2001	46670	516743			23510	20891	2269
2002	43604	507397			22881	18170	2553
2003	43039	502165			21988	18316	2735
2004	43748	494172			21912	19016	2820
2005	43599	489921			22176	18515	2908
2006	44726	473349			24531	20196	
2007	45789	443504			23953	18590	3247
2008	44378	446151			22327	18379	3671

注　2006年流动机装机容量包含了喷滴灌装机容量。

Note　The installed capacity of mobile equipment includes the installed capacity of sprinklers and drips in 2006.

3-7 2008年机电排灌站处数和装机容量（按地区分）

Installed Capacity of Mechanical and Electrical Irrigation and Drainage Stations of 2008 (by Regions)

地区	Region	机电排灌站装机容量（千千瓦）Installed Capacity of Mechanical and Electrical Irrigation and Drainage Stations (10^3kW)	固定机电排灌站 Fixed Irrigation and Drainage Stations		流动机装机容量（千千瓦）Installed Capacity of Mobile Equipment (10^3kW)	喷滴灌装机容量（千千瓦）Installed Capacity of Sprinkler and Drip (10^3kW)
			处数（处）Number (unit)	装机容量（千千瓦）Installed Capacity (10^3kW)		
合　计	**Total**	**44377.6**	**446151**	**22327.0**	**18379.2**	**3671.3**
北　京	Beijing	172.2	2596	82.7	5.4	84.0
天　津	Tianjin	940.7	1982	427.1	505.7	7.8
河　北	Hebei	835.1	3645	415.3	270.0	149.7
山　西	Shanxi	615.0	8858	539.3	2.5	73.1
内蒙古	Inner Mongolia	634.2	1866	214.8	4.6	414.7
辽　宁	Liaoning	887.4	4248	518.2	174.7	194.5
吉　林	Jilin	389.7	4501	264.1	50.6	74.9
黑龙江	Heilongjiang	1003.4	4283	278.7	160.1	564.5
上　海	Shanghai	243.2	7023	216.3	21.9	5.1
江　苏	Jiangsu	4880.7	69257	3220.6	1649.3	10.8
浙　江	Zhejiang	1406.4	58426	1141.7	233.2	31.6
安　徽	Anhui	3763.8	15799	1703.7	1945.0	115.1
福　建	Fujian	426.5	8359	341.8	29.6	55.1
江　西	Jiangxi	1305.4	26656	879.3	424.6	1.6
山　东	Shandong	11191.8	30753	1461.5	9081.6	648.7
河　南	Henan	1301.2	9470	514.2	382.0	405.0
湖　北	Hubei	3364.4	18339	2177.0	1157.9	29.6
湖　南	Hunan	2743.6	50903	1577.6	1136.9	29.1
广　东	Guangdong	1525.1	22335	1303.7	210.8	10.6
广　西	Guangxi	755.0	20626	493.0	235.4	26.7
海　南	Hainan	30.8	1277	27.0	3.5	0.3
重　庆	Chongqing	377.3	7512	291.7	85.6	
四　川	Sichuan	1364.2	28526	936.0	368.9	59.4
贵　州	Guizhou	242.9	4075	112.5	130.4	
云　南	Yunnan	694.5	12288	624.7	69.3	0.5
西　藏	Tibet	2.1	13	2.1		
陕　西	Shaanxi	719.8	11617	690.6	15.7	13.5
甘　肃	Gansu	1181.2	7263	1157.7	11.2	12.3
青　海	Qinghai	96.5	1014	94.7		1.8
宁　夏	Ningxia	521.1	1060	517.3	3.7	0.1
新　疆	Xinjiang	762.5	1581	102.0	9.2	651.3

3-8 2008年机电排灌站处数和装机容量（按水资源分区分）

Installed Capacity of Mechanical and Electrical Irrigation and Drainage Stations of 2008 (by Water Resources Regions)

水资源一级区	Grade- I Water Resources Region	机电排灌站装机容量（千千瓦）Installed Capacity of Mechanical and Electrical Irrigation and Drainage Stations (10^3kW)	固定机电排灌站 Fixed Irrigation and Drainage Stations		流动机装机容量（千千瓦）Installed Capacity of Mobile Equipment (10^3kW)	喷滴灌装机容量（千千瓦）Installed Capacity of Sprinkler and Drip (10^3kW)
			处数（处）Number (unit)	装机容量（千千瓦）Installed Capacity (10^3kW)		
合　计	**Total**	**44377.6**	**446151**	**22327.0**	**18379.2**	**3671.4**
松花江区	Songhua River	1565.5	8533	555.9	190.5	819.2
辽河区	Liaohe River	1019.1	5020	539.5	198.8	280.8
海河区	Haihe River	6348.3	15847	1340.5	4686.6	321.3
黄河区	Yellow River	3810.8	33548	3255.8	369.0	186.0
淮河区	Huaihe River	12463.4	69221	4038.4	7359.3	1065.7
长江区	Yangtze River	13270.1	205161	8752.4	4363.4	154.2
其中：太湖区	Among Which: Taihu Lake	1529.6	51616	1315.0	207.9	6.8
东南诸河区	Rivers in Southeast	1384.9	40670	1007.3	291.6	86.0
珠江区	Pearl River	3577.5	64919	2635.8	902.2	39.5
西南诸河区	Rivers in Southwest	99.7	1455	90.7	8.6	0.4
西北诸河区	Rivers in Northwest	838.3	1777	110.8	9.2	718.3

3-9 2008年机电排灌站处数和装机容量（按水资源分区和地区分）

Installed Capacity of Mechanical and Electrical Irrigation and Drainage Stations of 2008 (by Water Resources Regions and Regions)

地区	Region	机电排灌站装机容量（千千瓦）Installed Capacity of Mechanical and Electrical Irrigation and Drainage Stations (10^3kW)	固定机电排灌站 Fixed Irrigation and Drainage Stations		流动机装机容量（千千瓦）Installed Capacity of Mobile Equipment (10^3kW)	喷滴灌装机容量（千千瓦）Installed Capacity of Sprinkler and Drip (10^3kW)
			处数（处）Number (unit)	装机容量（千千瓦）Installed Capacity (10^3kW)		
松花江区	**Songhua River**	**1565.5**	**8533**	**555.9**	**190.5**	**819.2**
内蒙古	Inner Mongolia	217.4	466	31.4	3.4	182.7
吉　林	Jilin	344.8	3784	245.8	27.0	72.0
黑龙江	Heilongjiang	1003.4	4283	278.7	160.1	564.5
辽河区	**Liaohe River**	**1019.1**	**5020**	**539.5**	**198.8**	**280.8**
内蒙古	Inner Mongolia	89.0	81	4.2	0.7	84.2
辽　宁	Liaoning	885.2	4222	517.0	174.5	193.7
吉　林	Jilin	44.9	717	18.3	23.6	2.9
海河区	**Haihe River**	**6348.3**	**15847**	**1340.5**	**4686.6**	**321.3**
北　京	Beijing	172.2	2596	82.7	5.4	84.0
天　津	Tianjin	940.7	1982	427.1	505.7	7.8
河　北	Hebei	835.1	3645	415.3	270.0	149.7
山　西	Shanxi	150.2	2856	127.4		22.8
内蒙古	Inner Mongolia	35.8	21	0.4		35.4
辽　宁	Liaoning	2.2	26	1.2	0.2	0.8
山　东	Shandong	4087.3	2414	199.1	3878.6	9.6
河　南	Henan	124.8	2307	87.2	26.6	11.0
黄河区	**Yellow River**	**3810.8**	**33548**	**3255.8**	**369.0**	**186.0**
山　西	Shanxi	464.8	6002	412.0	2.5	50.3
内蒙古	Inner Mongolia	224.5	1269	178.4	0.6	45.5
山　东	Shandong	441.2	6397	185.7	217.5	38.1
河　南	Henan	283.6	2668	129.9	125.7	28.0
陕　西	Shaanxi	643.0	8952	621.9	8.0	13.1
甘　肃	Gansu	1137.9	6210	1117.7	11.0	9.2
青　海	Qinghai	94.6	990	92.9		1.8
宁　夏	Ningxia	521.1	1060	517.3	3.7	0.1
淮河区	**Huaihe River**	**12463.4**	**69221**	**4038.4**	**7359.3**	**1065.7**
江　苏	Jiangsu	2621.6	34816	1947.9	664.4	9.4
安　徽	Anhui	2370.6	8687	756.6	1502.2	111.7
山　东	Shandong	6663.2	21942	1076.7	4985.5	601.1
河　南	Henan	807.9	3776	257.3	207.2	343.5

3-9 续表 continued

地区	Region	机电排灌站装机容量（千千瓦）Installed Capacity of Mechanical and Electrical Irrigation and Drainage Stations (10^3kW)	固定机电排灌站 Fixed Irrigation and Drainage Stations		流动机装机容量（千千瓦）Installed Capacity of Mobile Equipment (10^3kW)	喷滴灌装机容量（千千瓦）Installed Capacity of Sprinkler and Drip (10^3kW)
			处数（处）Number (unit)	装机容量（千千瓦）Installed Capacity (10^3kW)		
长江区	**Yangtze River**	**13270.1**	**205161**	**8752.4**	**4363.4**	**154.2**
上 海	Shanghai	243.2	7023	216.3	21.9	5.1
江 苏	Jiangsu	2259.1	34441	1272.7	984.9	1.5
浙 江	Zhejiang	493.1	26506	484.5	7.8	0.7
安 徽	Anhui	1348.2	6721	938.7	406.1	3.3
江 西	Jiangxi	1305.4	26656	879.3	424.6	1.6
河 南	Henan	84.9	719	39.9	22.5	22.5
湖 北	Hubei	3364.4	18339	2177.0	1157.9	29.6
湖 南	Hunan	1858.0	36801	1088.8	743.0	26.1
广 西	Guangxi	24.8	859	16.7	7.2	0.9
重 庆	Chongqing	377.3	7512	291.7	85.6	
四 川	Sichuan	1364.2	28526	936.0	368.9	59.4
贵 州	Guizhou	159.3	2594	78.7	80.7	
云 南	Yunnan	274.8	4890	230.1	44.6	0.1
陕 西	Shaanxi	76.8	2665	68.7	7.7	0.4
甘 肃	Gansu	36.7	909	33.4	0.1	3.1
青 海	Qinghai					
东南诸河区	**Rivers in Southeast**	**1384.9**	**40670**	**1007.3**	**291.6**	**86.0**
浙 江	Zhejiang	913.3	31920	657.1	225.3	30.9
福 建	Fujian	45.1	391	8.3	36.7	
安 徽	Anhui	426.5	8359	341.8	29.6	55.1
珠江区	**Pearl River**	**3577.5**	**64919**	**2635.8**	**902.2**	**39.5**
湖 南	Hunan	885.6	14102.0	488.8	393.9	2.9
广 东	Guangdong	1525.1	22335	1303.7	210.8	10.6
广 西	Guangxi	730.3	19767	476.3	228.2	25.8
海 南	Hainan	30.8	1277	27.0	3.5	0.3
贵 州	Guizhou	83.6	1481	33.8	49.8	
云 南	Yunnan	322.2	5957	306.1	16.1	
西南诸河区	**Rivers in Southwest**	**99.7**	**1455**	**90.7**	**8.6**	**0.4**
云 南	Yunnan	97.5	1441	88.5	8.6	0.4
西 藏	Tibet	2.1	13	2.1		
青 海	Qinghai	0.1	1	0.1		
西北诸河区	**Rivers in Northwest**	**838.3**	**1777**	**110.8**	**9.2**	**718.3**
内蒙古	Inner Mongolia	67.4	29	0.5		67.0
甘 肃	Gansu	6.6	144	6.6		
青 海	Qinghai	1.8	23	1.7		0.1
新 疆	Xinjiang	762.5	1581	102.0	9.2	651.3

3-10 历年农田排灌机械保有量和装机容量

Registered Mechanical Equipment for Irrigation and Drainage by Years

单位：千千瓦　　　　unit: 10^3kW

年份 Year	排灌机械 保有量合计 Total Registered Machinery and Equipment for Irrigation and Drainage	#电动机 Motor	占保有量比重（%） Percentage in Total Registered (%)	配套机电井装机容量 Installed Capacity of Counterpart Wells	机电排灌站装机容量 Installed Capacity of Irrigation and Drainage Stations	#固定机电排灌站 Fixed Irrigation and Drainage Stations
1949	71					
1950	77					
1951	84					
1952	94					
1953	104					
1954	121					
1955	153					
1956	282					
1957	415	71	17			
1958	886					
1959	2299	383				
1960	3540	624				
1961	3948	1016				
1962	4521	1648	36			
1963	5101	2164				
1964	5579	2675				
1965	6674	3259	49			
1970	13421					
1971	14598	6299				
1972	18126	10218				
1973	25442	12867				
1974	28894	14798				
1975	34810	17064	49	15765		11285
1976	39850	19824	49	18200		12730
1977	42920	21084	49	18453		13933
1978	47224	24200	51	20732		15028
1979	51329	25988	51	20616		16494
1980	53840	27355	51	20740		17976
1981	54548	28563	52	21228		18043
1982	55618	29894	54	21907		18566
1983	57923	31731	55	22814		19055
1984	59575	32942	55	22857		19249
1985	59414	33192	56	23151		19148
1986	59793	34059	57	22774		19182
1987	62422	35459	57	23706		19558
1988	64367	36424	57	25378		19854
1989	66354	37400	56	25932		19978
1990	68055	38311	56	26594		20065
1991	70485	39907	57	26451		23213
1992	65968	39895	60	27257		22200
1993	65845	39806	60	27648		21142
1994	66905	40706	61	27988		21086
1995	68241	41764	61	29001		21061
1996	70196	43034	61	30468		21418
1997	72686			32215		21530
1998	75594			33606		21797
1999	77009			35242		21987
2000	77477			35908	41570	21798
2001	87999			41329	46670	23510
2002	81295			37692	43604	22881
2003	80780			37741	43039	21988
2004	82159			38411	43748	21912
2005	82469			38871	43599	22176
2006	85443			40718	44726	24531
2007	86684			40894	45789	23953
2008	85883			41505	44378	22327

3-11　2008年农田排灌机械保有量和装机容量（按地区分）

Registered Mechanical Equipment for Irrigation and Drainage of 2008 (by Regions)

单位：千千瓦　　　　unit:10^3kW

地区	Region	排灌机械保有量 Registered Mechanical Equipment for Irrigation and Drainage	配套机电井装机容量 Installed Capacity of Counterpart Wells	机电排灌站装机容量 Installed Capacity of Irrigation and Drainage Stations
合　计	**Total**	**85883**	**41505**	**44378**
北　京	Beijing	547	375	172
天　津	Tianjin	1217	276	941
河　北	Hebei	9142	8307	835
山　西	Shanxi	1748	1133	615
内蒙古	Inner Mongolia	3795	3160	634
辽　宁	Liaoning	2293	1405	887
吉　林	Jilin	1402	1012	390
黑龙江	Heilongjiang	3173	2170	1003
上　海	Shanghai	243		243
江　苏	Jiangsu	5355	474	4881
浙　江	Zhejiang	1422	15	1406
安　徽	Anhui	4671	907	3764
福　建	Fujian	584	158	427
江　西	Jiangxi	1344	38	1305
山　东	Shandong	19983	8791	11192
河　南	Henan	10112	8811	1301
湖　北	Hubei	3528	164	3364
湖　南	Hunan	2818	74	2744
广　东	Guangdong	1609	84	1525
广　西	Guangxi	972	217	755
海　南	Hainan	34	3	31
重　庆	Chongqing	377		377
四　川	Sichuan	1496	132	1364
贵　州	Guizhou	252	9	243
云　南	Yunnan	745	50	695
西　藏	Tibet	10	8	2
陕　西	Shaanxi	1887	1167	720
甘　肃	Gansu	1892	711	1181
青　海	Qinghai	113	17	96
宁　夏	Ningxia	617	96	521
新　疆	Xinjiang	2502	1740	762

3-12 2008年农田排灌机械保有量和装机容量（按水资源分区分）

Registered Mechanical Equipment for Irrigation and Drainage of 2008 (by Water Resources Regions)

单位：千千瓦 unit: 10^3kW

水资源一级区	Grade-Ⅰ Water Resources Region	排灌机械保有量 Registered Mechanical Equipment for Irrigation and Drainage	配套机电井装机容量 Installed Capacity of Counterpart Wells	机电排灌站装机容量 Installed Capacity of Irrigation and Drainage Stations
合　计	**Total**	**85883**	**41505**	**44378**
松花江区	Songhua River	5767	4202	1566
辽河区	Liaohe River	3397	2378	1019
海河区	Haihe River	19130	12781	6348
黄河区	Yellow River	8834	5023	3811
淮河区	Huaihe River	25353	12889	12463
长江区	Yangtze River	14547	1277	13270
其中：太湖区	Among Which: Taihu Lake	1760	231	1530
东南诸河区	Rivers in Southeast	1559	174	1385
珠江区	Pearl River	3897	320	3578
西南诸河区	Rivers in Southwest	122	22	100
西北诸河区	Rivers in Northwest	3278	2440	838

3-13 2008年农田排灌机械保有量和装机容量（按水资源分区和地区分）

Registered Mechanical Equipment for Irrigation and Drainage of 2008 (by Water Resources Regions and Regions)

单位：千千瓦　　　　unit: 10^3kW

地区	Region	排灌机械保有量 Registered Mechanical Equipment for Irrigation and Drainage	配套机电井装机容量 Installed Capacity of Counterpart Wells	机电排灌站装机容量 Installed Capacity of Irrigation and Drainage Stations
松花江区	**Songhua River**	**5767**	**4202**	**1566**
内蒙古	Inner Mongolia	1349	1131	217
吉　林	Jilin	1246	901	345
黑龙江	Heilongjiang	3173	2170	1003
辽河区	**Liaohe River**	**3397**	**2378**	**1019**
内蒙古	Inner Mongolia	970	881	89
辽　宁	Liaoning	2271	1386	885
吉　林	Jilin	156	111	45
海河区	**Haihe River**	**19130**	**12781**	**6348**
北　京	Beijing	547	375	172
天　津	Tianjin	1217	276	941
河　北	Hebei	9142	8307	835
山　西	Shanxi	468	317	150
内蒙古	Inner Mongolia	113	77	36
辽　宁	Liaoning	22	20	2
山　东	Shandong	6398	2310	4087
河　南	Henan	1224	1099	125
黄河区	**Yellow River**	**8834**	**5023**	**3811**
山　西	Shanxi	1281	816	465
内蒙古	Inner Mongolia	1106	882	224
山　东	Shandong	1159	717	441
河　南	Henan	1524	1240	284
陕　西	Shaanxi	1720	1077	643
甘　肃	Gansu	1321	183	1138
青　海	Qinghai	106	12	95
宁　夏	Ningxia	617	96	521
淮河区	**Huaihe River**	**25353**	**12889**	**12463**
江　苏	Jiangsu	2860	239	2622
安　徽	Anhui	3273	902	2371
山　东	Shandong	12427	5763	6663
河　南	Henan	6793	5985	808

3-13 续表 continued

地区	Region	排灌机械保有量 Registered Mechanical Equipment for Irrigation and Drainage	配套机电井装机容量 Installed Capacity of Counterpart Wells	机电排灌站装机容量 Installed Capacity of Irrigation and Drainage Stations
长江区	**Yangtze River**	**14547**	**1277**	**13270**
上　海	Shanghai	243		243
江　苏	Jiangsu	2494	235	2259
浙　江	Zhejiang	494	1	493
安　徽	Anhui	1352	4	1348
江　西	Jiangxi	1344	38	1305
河　南	Henan	571	487	85
湖　北	Hubei	3528	164	3364
湖　南	Hunan	1932	74	1858
广　西	Guangxi	25		25
重　庆	Chongqing	377		377
四　川	Sichuan	1496	132	1364
贵　州	Guizhou	167	8	159
云　南	Yunnan	296	22	275
陕　西	Shaanxi	167	90	77
甘　肃	Gansu	59	22	37
青　海	Qinghai			
东南诸河区	**Rivers in Southeast**	**1559**	**174**	**1385**
浙　江	Zhejiang	928	15	913
福　建	Fujian	46	1	45
安　徽	Anhui	584	158	427
珠江区	**Pearl River**	**3897**	**320**	**3578**
湖　南	Hunan	886		886
广　东	Guangdong	1609	84	1525
广　西	Guangxi	948	217	730
海　南	Hainan	34	3	31
贵　州	Guizhou	85	1	84
云　南	Yunnan	337	14	322
西南诸河区	**Rivers in Southwest**	**122**	**22**	**100**
云　南	Yunnan	112	14	98
西　藏	Tibet	10	8	2
青　海	Qinghai			
西北诸河区	**Rivers in Northwest**	**3278**	**2440**	**838**
内蒙古	Inner Mongolia	256	189	67
甘　肃	Gansu	513	506	7
青　海	Qinghai	7	5	2
新　疆	Xinjiang	2502	1740	762

3-14 历年机电井眼数和装机容量

Mechanical and Electrical Wells by Years

年份 Year	机电井眼数（万眼） Number of Mechanical and Electrical Wells (10^4unit)	#灌溉机电井 Mechanical and Electrical Wells for Irrigation	配套机电井眼数（万眼） Number of Counterpart Mechanical and Electrical Wells (10^4unit)	#灌溉机电井 Mechanical and Electrical Wells for Irrigation	配套机电井装机容量（千千瓦） Installed Capacity of Counterpart Mechanical and Electrical Wells (10^3kW)	#灌溉机电井 Mechanical and Electrical Wells for Irrigation
1961		11.44				
1963		11.27				
1964		13.83		10.51		
1965		19.42		19.42		
1966		22.84		15.26		
1969		74.87		43.41		
1970		91.89		62.70		
1971		113.31		80.67		
1972		134.91		100.76		
1973		170.02		130.35		
1974		194.62		157.09		
1975		217.46		181.75		15765
1976		240.73		203.32		18200
1977		254.59		210.88		18463
1978		265.87		221.83		20732
1979		273.25		229.37		20616
1980		269.10		229.06		20740
1981		266.47		229.77		21228
1982		271.46		234.31		21901
1983		278.12		241.30		22814
1984		279.86		240.31		22857
1985		277.00		237.04		23151
1986		276.65		236.39		22774
1987		282.31		243.02		23706
1988		291.83		251.90		25378
1989		305.47		263.29		25932
1990		314.92		273.11		26594
1991		324.64		283.27		26451
1992		335.39		294.58		27257
1993		342.48		302.16		27648
1994		345.59		306.30		27988
1995		355.91		316.98		29001
1996		373.00		332.55		30468
1997		399.84		355.07		32215
1998		417.88		371.75		33606
1999		434.06		386.67		35242
2000		444.81		398.96		35908
2001		454.66		409.23		41329
2002		465.57		418.35		37692
2003		470.94		422.43		37741
2004		475.58		426.24		38411
2005		478.57		428.20		38871
2006		485.85		436.53		40718
2007	511.80	484.90	461.39	438.84	46286	40894
2008	522.58	488.74	474.12	443.86	46571	41505

注 2006 年以前只统计灌溉机电井，2006 年以后还包括供水机电井。

Note The statistics of mechanical and electrical wells are for irrigation only before 2006, and that also include wells for water supply after 2006.

3-15　2008年机电井眼数和装机容量（按地区分）
Mechanical and Electrical Wells of 2008 (by Regions)

地区	Region	机电井眼数（眼）Number of Mechanical and Electrical Wells (unit)	#灌溉机电井 Mechanical and Electrical Wells for Irrigation	配套机电井眼数（眼）Number of Counterpart Mechanical and Electric Wells (unit)	#灌溉机电井 Mechanical and Electrical Wells for Irrigation	配套机电井装机容量（千千瓦）Installed Capacity of Counterpart Mechanical and Electric Wells(10^3kW)	#灌溉机电井 Mechanical and Electrical Wells for Irrigation
合　计	**Total**	5225759	**4887365**	**4741245**	**4438620**	**46570.7**	**41505.0**
北　京	Beijing	46339	33499	44046	33431	622.6	374.9
天　津	Tianjin	34760	26393	32795	25426	448.4	276.0
河　北	Hebei	956187	909469	927719	882869	8868.6	8306.9
山　西	Shanxi	95353	86129	87568	80117	1282.9	1133.4
内蒙古	Inner Mongolia	414868	393087	369311	350056	3430.5	3160.4
辽　宁	Liaoning	134674	129132	126394	121121	1773.1	1405.4
吉　林	Jilin	158102	131897	126424	116550	1096.4	1012.4
黑龙江	Heilongjiang	303425	225997	294790	219374	2627.4	2169.6
上　海	Shanghai	420		420			
江　苏	Jiangsu	41170	37808	30755	27536	535.3	474.2
浙　江	Zhejiang	16093	2139	15808	1857	24.5	15.4
安　徽	Anhui	194336	192607	122827	121219	918.5	907.4
福　建	Fujian	19294	17793	12577	11300	258.0	157.8
江　西	Jiangxi	5349	5349	5295	5295	41.6	38.2
山　东	Shandong	1110126	1102461	960478	953362	8994.0	8791.0
河　南	Henan	1239913	1221652	1165447	1149077	9680.8	8810.9
湖　北	Hubei	12991	12287	12199	11555	189.4	164.0
湖　南	Hunan	35424	33926	30544	29336	87.5	74.0
广　东	Guangdong	30398	26656	25740	25682	90.0	83.7
广　西	Guangxi	4887	3155	4193	2504	235.6	217.3
海　南	Hainan	497	440	453	440	54.7	3.1
重　庆	Chongqing	27639		26771		53.6	
四　川	Sichuan	51172	13738	50057	12847	993.8	131.8
贵　州	Guizhou	350	243	332	231	25.7	9.2
云　南	Yunnan	2922	2833	2793	2698	51.6	50.3
西　藏	Tibet	345	307	342	305	47.9	7.6
陕　西	Shaanxi	170338	166657	153635	149533	1387.8	1166.9
甘　肃	Gansu	47763	44626	43723	40819	758.6	710.6
青　海	Qinghai	1329	1329	1289	1289	16.8	16.8
宁　夏	Ningxia	7428	7411	7254	7237	97.1	95.9
新　疆	Xinjiang	61867	58345	59266	55554	1878.3	1740.0

3-16 2008年机电井眼数和装机容量（按水资源分区分）

Mechanical and Electrical Wells of 2008 (by Water Resources Regions)

水资源一级区	Grade-Ⅰ Water Resources Region	机电井眼数（眼）Number of Mechanical and Electrical Wells (unit)	#灌溉机电井 Mechanical and Electrical Wells for Irrigation	配套机电井眼数（眼）Number of Counterpart Mechanical and Electric Wells (unit)	#灌溉机电井 Mechanical and Electrical Wells for Irrigation	配套机电井装机容量（千千瓦）Installed Capacity of Counterpart Mechanical and Electric Wells(10^3kW)	#灌溉机电井 Mechanical and Electrical Wells for Irrigation
合　计	**Total**	**5225759**	**4887365**	**4741245**	**4438620**	**46570.7**	**41505.0**
松花江区	Songhua River	599444	489341	529124	438243	4804.8	4201.8
辽河区	Liaohe River	249269	239917	238226	229313	2778.6	2378.2
海河区	Haihe River	1512166	1436063	1431124	1359289	14049.1	12781.2
黄河区	Yellow River	585374	565880	540035	523420	5516.0	5023.0
淮河区	Huaihe River	1844207	1826330	1608455	1593091	13669.4	12889.3
长江区	Yangtze River	240381	167042	216715	145212	2321.9	1276.5
其中：太湖区	Among Which: Taihu Lake	563	143	563	143	230.8	230.8
东南诸河区	Rivers in Southeast	36589	20607	28797	13497	282.9	173.6
珠江区	Pearl River	36631	30940	31232	29312	404.9	319.7
西南诸河区	Rivers in Southwest	974	936	936	899	62.2	21.9
西北诸河区	Rivers in Northwest	120724	110309	116601	106344	2680.9	2439.8

3-17 2008年机电井眼数和装机容量（按水资源分区和地区分）

Mechanical and Electrical Wells of 2008 (by Water Resources Regions and Regions)

地区	Region	机电井眼数（眼）Number of Mechanical and Electrical Wells (unit)	#灌溉机电井 Mechanical and Electrical Wells for Irrigation	配套机电井眼数（眼）Number of Counterpart Mechanical and Electric Wells (unit)	#灌溉机电井 Mechanical and Electrical Wells for Irrigation	配套机电井装机容量（千千瓦）Installed Capacity of Counterpart Mechanical and Electric Wells(10^3kW)	#灌溉机电井 Mechanical and Electrical Wells for Irrigation
松花江区	**Songhua River**	**599444**	**489341**	**529124**	**438243**	**4804.8**	**4201.8**
内蒙古	Inner Mongolia	149638	142069	119524	112857	1205.2	1131.3
吉　林	Jilin	146381	121275	114810	106012	972.3	901.0
黑龙江	Heilongjiang	303425	225997	294790	219374	2627.4	2169.6
辽河区	**Liaohe River**	**249269**	**239917**	**238226**	**229313**	**2778.6**	**2378.2**
内蒙古	Inner Mongolia	104636	101911	101785	99221	900.9	880.9
辽　宁	Liaoning	132912	127384	124827	119554	1753.6	1385.8
吉　林	Jilin	11721	10622	11614	10538	124.1	111.4
海河区	**Haihe River**	**1512166**	**1436063**	**1431124**	**1359289**	**14049.1**	**12781.2**
北　京	Beijing	46339	33499	44046	33431	622.6	374.9
天　津	Tianjin	34760	26393	32795	25426	448.4	276.0
河　北	Hebei	956187	909469	927719	882869	8868.6	8306.9
山　西	Shanxi	32174	29232	30845	27903	363.6	317.5
内蒙古	Inner Mongolia	8377	7512	8238	7488	91.8	77.3
辽　宁	Liaoning	1762	1748	1567	1567	19.6	19.6
山　东	Shandong	270727	269669	230447	228882	2440.6	2310.3
河　南	Henan	161840	158541	155467	151723	1193.9	1098.7
黄河区	**Yellow River**	**585374**	**565880**	**540035**	**523420**	**5516.0**	**5023.0**
山　西	Shanxi	63179	56897	56723	52214	919.3	815.9
内蒙古	Inner Mongolia	126847	120895	115577	110638	961.6	882.0
山　东	Shandong	68185	68185	60818	60818	717.3	717.3
河　南	Henan	156652	153542	147062	144483	1314.2	1240.5
陕　西	Shaanxi	152851	149344	142442	138449	1296.8	1076.8
甘　肃	Gansu	9287	8661	9235	8657	197.8	182.7
青　海	Qinghai	945	945	924	924	11.9	11.9
宁　夏	Ningxia	7428	7411	7254	7237	97.1	95.9
淮河区	**Huaihe River**	**1844207**	**1826330**	**1608455**	**1593091**	**13669.4**	**12889.3**
江　苏	Jiangsu	40368	37325	29962	27062	274.9	238.8
安　徽	Anhui	191248	190772	120879	120257	909.9	902.0
山　东	Shandong	771214	764607	669213	663662	5836.1	5763.3
河　南	Henan	841377	833626	788401	782110	6648.5	5985.1

3-17 续表 continued

地区	Region	机电井眼数（眼）Number of Mechanical and Electrical Wells (unit)	#灌溉机电井 Mechanical and Electrical Wells for Irrigation	配套机电井眼数（眼）Number of Counterpart Mechanical and Electric Wells (unit)	#灌溉机电井 Mechanical and Electrical Wells for Irrigation	配套机电井装机容量（千千瓦）Installed Capacity of Counterpart Mechanical and Electric Wells(10^3kW)	#灌溉机电井 Mechanical and Electrical Wells for Irrigation
长江区	**Yangtze River**	**240381**	**167042**	**216715**	**145212**	**2321.9**	**1276.5**
上　海	Shanghai	420		420			
江　苏	Jiangsu	802	483	793	474	260.4	235.4
浙　江	Zhejiang	136	136	136	136	0.8	0.8
安　徽	Anhui	1750	1024	1400	486	7.3	4.1
江　西	Jiangxi	5349	5349	5295	5295	41.6	38.2
河　南	Henan	80044	75943	74517	70761	524.2	486.6
湖　北	Hubei	12991	12287	12199	11555	189.4	164.0
湖　南	Hunan	35424	33926	30544	29336	87.5	74.0
广　西	Guangxi	25	2	25	2	0.2	
重　庆	Chongqing	27639		26771		53.6	
四　川	Sichuan	51172	13738	50057	12847	993.8	131.8
贵　州	Guizhou	249	242	231	230	16.2	7.9
云　南	Yunnan	1520	1514	1429	1417	22.0	21.6
陕　西	Shaanxi	17487	17313	11193	11084	90.9	90.0
甘　肃	Gansu	5372	5084	1704	1588	34.1	22.0
青　海	Qinghai	1	1	1	1		
东南诸河区	**Rivers in Southeast**	**36589**	**20607**	**28797**	**13497**	**282.9**	**173.6**
浙　江	Zhejiang	15957	2003	15672	1721	23.7	14.6
福　建	Fujian	1338	811	548	476	1.3	1.3
安　徽	Anhui	19294	17793	12577	11300	258.0	157.8
珠江区	**Pearl River**	**36631**	**30940**	**31232**	**29312**	**404.9**	**319.7**
湖　南	Hunan						
广　东	Guangdong	30398	26656	25740	25682	90.0	83.7
广　西	Guangxi	4862	3153	4168	2502	235.4	217.3
海　南	Hainan	497	440	453	440	54.7	3.1
贵　州	Guizhou	101	1	101	1	9.5	1.3
云　南	Yunnan	773	690	770	687	15.4	14.4
西南诸河区	**Rivers in Southwest**	**974**	**936**	**936**	**899**	**62.2**	**21.9**
云　南	Yunnan	629	629	594	594	14.3	14.3
西　藏	Tibet	345	307	342	305	47.9	7.6
青　海	Qinghai						
西北诸河区	**Rivers in Northwest**	**120724**	**110309**	**116601**	**106344**	**2680.9**	**2439.8**
内蒙古	Inner Mongolia	25370	20700	24187	19852	271.0	189.0
甘　肃	Gansu	33104	30881	32784	30574	526.8	505.9
青　海	Qinghai	383	383	364	364	4.9	4.9
新　疆	Xinjiang	61867	58345	59266	55554	1878.3	1740.0

3-18 历年灌溉面积

Irrigated Area by Years

单位：千公顷 unit: 10^3hm^2

年份 Year	灌溉面积 总计 Total Irrigated Area	农田有效灌溉面积 Effective Irrigated Area	林地 Forestry	果园 Fruit Garden	牧草 Pasture Land	其他 Others	农田有效实灌面积 Actual Irrigated Area	旱涝保收面积 Guaranteed Harvest Area with Flood and Drought
1949		15928.7						
1950		16706.7						
1951		18541.3						
1952		19335.3						
1953		22250.7						
1954		23222.7						
1955		24609.3						
1957		25004.7						
1962		28696.7						
1965		32036.0						
1972		40642.0						
1973		43810.7						
1974		45707.3						
1975		46120.7					39281.3	
1976		45463.3					40825.3	
1977		48186.7					40559.3	
1978		48053.3					41714.7	
1979		48318.7					41663.3	
1980		48888.0					39906.0	
1981		48600.0					39656.7	
1982		48663.3					40177.3	
1983		48546.0					39383.3	
1984		48400.0					39933.3	
1985		47932.7					38671.3	
1986		47872.7					39938.0	
1987		47966.7					39861.3	33349.3
1988		47980.7					41188.7	33570.7
1989		48337.3					40695.3	33994.0
1990		48389.3					41437.3	34365.3
1991		48951.3					42884.0	34720.0
1992		49464.0					43501.3	35374.0
1993		49839.3					42914.0	35631.3
1994		49938.0					43610.7	36140.0
1995		50412.7					44102.0	36636.0
1996		51160.7					44768.7	37187.3
1997		52268.7					46187.3	38102.0
1998		53400.0					47036.0	38760.7
1999		54366.0					47709.3	39375.3
2000	59341.6	55013.2	1072.8	1601.3	1001.3	653.0	47965.2	40164.3
2001	60025.4	55517.0	1136.5	1665.7	1035.9	670.1	48398.4	40532.2
2002	60753.1	55857.9	1252.0	1759.6	1194.9	660.9	48434.6	40594.9
2003	61056.1	55900.6	1468.2	1835.1	1186.7	665.5	47383.2	40852.5
2004	61511.2	56252.1	1573.3	1862.5	1185.0	638.3	47783.9	40740.6
2005	61897.9	56562.4	1636.6	1861.0	1172.0	672.5	47968.7	41337.7
2006	62559.1	57078.4	1562.1	1988.6	1201.2	728.8	49024.5	41335.0
2007	63413.5	57782.4	1598.4	2039.4	1225.5	767.8	49936.9	41745.7
2008	64119.7	58471.7	1648.9	2065.0	1214.4	719.7	50665.5	42024.9

3-19 历年人均农田有效灌溉面积和机电灌溉占有效灌溉比重

Effective Irrigated Area Owned Per Capita and Mechanical & Electrical Irrigated Area by Years

年份 Year	人均有效灌溉面积（亩每人） Per Capita Effective Irrigated Area (mu/person)		机电排灌面积占有效灌溉面积的比重（%） The Proportion of Total Mechanical and Electrical Irrigated Area of Effective Irrigated Area (%)
	按总人口 Based on Total Population	按乡村人口 Based on Total Rural Population	
1949	0.44	0.53	1.6
1950	0.45	0.54	
1951	0.49	0.58	
1952	0.50	0.59	1.6
1953	0.57	0.67	
1954	0.58	0.68	
1955	0.60	0.71	
1957	0.58	0.69	4.8
1962	0.64	0.77	
1965	0.66	0.80	25.3
1972	0.70	0.83	
1973	0.74	0.87	
1974	0.76	0.89	
1975	0.75	0.89	51.8
1976	0.79	0.93	
1977	0.76	0.90	
1978	0.75	0.89	52.7
1979	0.74	0.89	54.4
1980	0.74	0.90	54.1
1982	0.72	0.87	54.1
1983	0.71	0.87	54.3
1984	0.70	0.87	54.1
1985	0.69	0.86	54.9
1986	0.68	0.80	55.0
1987	0.67	0.84	55.7
1988	0.66	0.83	55.8
1989	0.66	0.83	55.9
1990	0.63	0.81	56.3
1991	0.64	0.82	56.1
1992	0.64	0.82	57.4
1993	0.63	0.83	57.3
1994	0.63	0.83	57.4
1995	0.62	0.82	57.7
1996	0.63	0.83	58.2
1997	0.63	0.86	58.6
1998	0.64	0.88	59.1
1999	0.65	0.86	59.2
2000	0.65	0.87	59.3
2001	0.65	0.89	59.4
2002	0.66	0.90	59.5
2003	0.65	0.89	59.6
2004	0.65	0.90	58.4
2005	0.65	0.89	66.9
2006	0.65	0.90	65.8
2007	0.66	1.19	67.0
2008	0.66	1.22	67.2

3-20 2008年灌溉面积（按地区分）

Irrigated Area of 2008 (by Regions)

单位：千公顷 unit: 10^3hm^2

地区	Region	灌溉面积 总计 Total Irrigated Area	农田有效灌溉面积 Effective Irrigated Area	林地 Forestry	果园 Fruit Garden	牧草 Pasture Land	其他 Others	农田有效实灌面积 Actual Irrigated Area	旱涝保收面积 Guaranteed Harvest Area with Flood and Drought
合 计	**Total**	**64119.7**	**58471.7**	**1648.9**	**2065.0**	**1214.4**	**719.7**	**50665.5**	**42024.9**
北 京	Beijing	339.6	241.7	31.5	66.4			205.2	195.2
天 津	Tianjin	382.0	348.1	9.7	17.5		6.7	290.4	234.6
河 北	Hebei	4994.4	4559.2	103.2	315.1	10.3	6.5	4177.3	3548.7
山 西	Shanxi	1285.0	1254.6	16.7	12.9	0.2	0.5	1044.8	723.2
内蒙古	Inner Mongolia	3588.4	2871.3	183.0	9.4	515.5	9.2	2327.6	1507.5
辽 宁	Liaoning	1693.3	1492.9	16.4	101.3	1.9	80.8	1140.7	1067.8
吉 林	Jilin	1676.7	1654.1	4.2	1.2	6.7	10.6	1087.9	1023.1
黑龙江	Heilongjiang	3131.9	3122.5	2.6	3.2	2.6	1.0	2793.3	1789.2
上 海	Shanghai	328.1	234.5	67.7	26.0			234.5	234.5
江 苏	Jiangsu	4021.5	3817.1	112.4	50.8	4.1	37.1	3489.1	3036.2
浙 江	Zhejiang	1538.8	1435.9	20.9	61.3		20.8	1397.6	1087.5
安 徽	Anhui	3486.7	3453.7	9.3	21.5		2.1	2766.5	2581.4
福 建	Fujian	1007.3	955.5	8.5	20.6	0.4	22.4	884.9	679.8
江 西	Jiangxi	1900.9	1841.2	9.1	38.5		12.2	1799.3	1481.4
山 东	Shandong	5426.8	4857.5	137.8	364.1	3.8	63.7	4191.0	3547.4
河 南	Henan	5077.1	4989.2	30.3	52.2	0.1	5.3	4227.1	3992.5
湖 北	Hubei	2439.7	2330.2	21.5	36.1	0.3	51.6	1959.2	1780.7
湖 南	Hunan	2792.2	2709.0	30.3	37.1	2.0	13.8	2533.1	2196.2
广 东	Guangdong	2220.2	1863.4	19.7	120.5		216.5	1703.4	1410.3
广 西	Guangxi	1544.7	1521.4	4.2	15.8	2.3	0.9	1226.9	1168.5
海 南	Hainan	252.7	246.1	0.4	5.2		1.0	174.1	152.9
重 庆	Chongqing	658.9	658.9					479.9	330.8
四 川	Sichuan	2605.3	2506.7	17.4	26.3	51.7	3.2	2073.0	1731.9
贵 州	Guizhou	925.1	917.4		0.3		7.4	643.8	586.4
云 南	Yunnan	1616.0	1536.9	19.5	44.7	5.6	9.3	1309.2	917.3
西 藏	Tibet	358.9	220.7	22.7	2.0	106.5	7.1	218.8	15.1
陕 西	Shaanxi	1436.7	1301.4	9.2	116.2	1.5	8.2	1090.7	848.1
甘 肃	Gansu	1399.9	1254.7	101.3	22.1	21.4	0.3	1055.9	999.8
青 海	Qinghai	370.1	251.7	18.6	0.9	98.9		205.6	151.3
宁 夏	Ningxia	509.3	451.9	13.6	22.0	9.0	12.8	422.8	368.3
新 疆	Xinjiang	5111.7	3572.5	607.2	453.9	369.5	108.6	3511.9	2637.3

3-21 2008年灌溉面积（按水资源分区分）

Irrigated Area of 2008 (by Water Resources Regions)

单位：千公顷 unit: 10^3hm^2

水资源一级区	Grade- Ⅰ Water Resources Region	灌溉面积 总计 Total Irrigated Area	农田有效灌溉面积 Effective Irrigated Area	林地 Forestry	果园 Fruit Garden	牧草 Pasture Land	其他 Others	农田有效实灌面积 Actual Irrigated Area	旱涝保收面积 Guaranteed Harvest Area with Flood and Drought
合 计	**Total**	**64119.7**	**58471.7**	**1648.9**	**2065.0**	**1214.4**	**719.7**	**50665.5**	**42024.9**
松花江区	Songhua River	5617.2	5449.4	13.9	4.9	137.5	11.6	4442.9	3109.2
辽河区	Liaohe River	2653.9	2303.2	76.2	98.5	94.6	81.4	1743.3	1442.4
海河区	Haihe River	8291.8	7554.6	208.6	479.0	24.2	25.4	6844.9	5697.3
黄河区	Yellow River	5950.3	5283.2	201.5	205.6	227.1	32.9	4538.8	3668.3
淮河区	Huaihe River	11694.9	11125.5	148.7	341.9	3.0	75.8	9201.1	8454.0
长江区	Yangtze River	15216.2	14629.8	215.7	207.9	61.9	101.0	12805.2	10990.8
其中：太湖区	Among Which: Taihu Lake	1321.9	1168.6	98.0	46		9.4	1137.8	1048.8
东南诸河区	Rivers in Southeast	2209.2	2060.7	27.8	77.6	0.4	42.7	1962.0	1460.4
珠江区	Pearl River	5141.8	4717.8	35.3	156.8	3.0	228.8	4023.5	3518.1
西南诸河区	Rivers in Southwest	1111.4	940.3	28.8	21.9	108.8	11.6	840.9	442.2
西北诸河区	Rivers in Northwest	6233.1	4407.2	692.4	471.0	553.9	108.6	4262.9	3242.2

3-22 2008年灌溉面积（按水资源分区和地区分）

Irrigated Area of 2008 (by Water Resources Regions and Regions)

单位：千公顷 unit: 10^3hm^2

地区	Region	灌溉面积 总计 Total Irrigated Area	农田有效灌溉面积 Effective Irrigated Area	林地 Forestry	果园 Fruit Garden	牧草 Pasture Land	其他 Others	农田有效实灌面积 Actual Irrigated Area	旱涝保收面积 Guaranteed Harvest Area with Flood and Drought
松花江区	**Songhua River**	**5617.2**	**5449.4**	**13.9**	**4.9**	**137.5**	**11.6**	**4442.9**	**3109.2**
内蒙古	Inner Mongolia	1006.5	870.1	7.5	0.5	128.4		643.8	427.3
吉 林	Jilin	1478.9	1456.8	3.8	1.2	6.5	10.6	1005.9	892.8
黑龙江	Heilongjiang	3131.9	3122.5	2.6	3.2	2.6	1.0	2793.3	1789.2
辽河区	**Liaohe River**	**2653.9**	**2303.2**	**76.2**	**98.5**	**94.6**	**81.4**	**1743.3**	**1442.4**
内蒙古	Inner Mongolia	777.0	624.0	59.7	0.3	92.6	0.5	526.9	247.6
辽 宁	Liaoning	1679.0	1481.9	16.2	98.2	1.9	80.8	1134.4	1064.5
吉 林	Jilin	197.9	197.4	0.3		0.1		82.0	130.3
海河区	**Haihe River**	**8291.8**	**7554.6**	**208.6**	**479.0**	**24.2**	**25.4**	**6844.9**	**5697.3**
北 京	Beijing	339.6	241.7	31.5	66.4			205.2	195.3
天 津	Tianjin	382.0	348.1	9.7	17.5		6.7	290.4	234.6
河 北	Hebei	4994.4	4559.2	103.2	315.1	10.3	6.5	4177.3	3548.7
山 西	Shanxi	452.5	440.4	7.3	4.4	0.1	0.3	356.4	279.2
内蒙古	Inner Mongolia	82.7	71.4	0.6	0.01	10.8		48.0	19.9
辽 宁	Liaoning	14.3	11.0	0.2	3.1			6.4	3.3
山 东	Shandong	1401.0	1280.7	49.4	56.5	3.0	11.5	1197.6	924.3
河 南	Henan	625.3	602.1	6.7	16.0		0.4	563.7	492.1
黄河区	**Yellow River**	**5950.3**	**5283.2**	**201.5**	**205.6**	**227.1**	**32.9**	**4538.8**	**3668.3**
山 西	Shanxi	832.5	814.1	9.5	8.5	0.1	0.3	688.4	444.0
内蒙古	Inner Mongolia	1480.8	1190.1	107.1	8.3	166.7	8.7	1040.8	782.3
山 东	Shandong	366.4	322.0	9.2	29.0		6.2	299.1	225.7
河 南	Henan	746.3	710.8	11.8	22.9	0.1	0.7	654.6	605.1
陕 西	Shaanxi	1207.3	1085.3	7.9	108.7	1.5	3.9	907.0	706.0
甘 肃	Gansu	559.7	518.0	26.2	5.4	9.8	0.3	373.8	408.9
青 海	Qinghai	248.0	191.0	16.3	0.9	39.8		152.3	127.9
宁 夏	Ningxia	509.3	451.9	13.6	22.0	9.0	12.8	422.8	368.3
淮河区	**Huaihe River**	**11694.9**	**11125.5**	**148.7**	**341.9**	**3.0**	**75.8**	**9201.1**	**8454.0**
江 苏	Jiangsu	2666.6	2551.8	56.4	30.5	2.3	25.7	2302.7	2026.3
安 徽	Anhui	2140.2	2113.6	4.6	20.6		1.4	1514.2	1466.9
山 东	Shandong	3659.4	3254.8	79.1	278.7	0.8	46.0	2694.4	2397.5
河 南	Henan	3228.6	3205.2	8.6	12.1		2.7	2689.8	2563.4

3-22 续表 continued

地区	Region	灌溉面积 总计 Total Irrigated Area	农田有效灌溉面积 Effective Irrigated Area	林地 Forestry	果园 Fruit Garden	牧草 Pasture Land	其他 Others	农田有效实灌面积 Actual Irrigated Area	旱涝保收面积 Guaranteed Harvest Area with Flood and Drought
长江区	**Yangtze River**	**15216.2**	**14629.8**	**215.7**	**207.9**	**61.9**	**101.0**	**12805.2**	**10990.8**
上 海	Shanghai	328.1	234.5	67.7	26.0			234.5	234.5
江 苏	Jiangsu	1354.9	1265.3	56.1	20.2	1.9	11.4	1186.5	1009.9
浙 江	Zhejiang	374.1	367.3	1.7	4.4		0.7	356.3	333.3
安 徽	Anhui	1309.3	1303.5	4.5	0.8		0.5	1216.3	1088.1
江 西	Jiangxi	1900.9	1841.2	9.1	38.5		12.2	1799.3	1481.4
河 南	Henan	476.9	471.0	3.2	1.2		1.5	319.0	331.9
湖 北	Hubei	2439.7	2330.2	21.5	36.1	0.3	51.6	1959.2	1780.7
湖 南	Hunan	2208.2	2146.6	20.6	27.8	2.0	11.2	2010.2	1721.2
广 西	Guangxi	75.2	73.9	0.5	0.8			64.7	58.4
重 庆	Chongqing	658.9	658.9					479.9	330.8
四 川	Sichuan	2605.3	2506.7	17.4	26.3	51.7	3.2	2073.0	1731.9
贵 州	Guizhou	666.1	666.1		0.0			468.3	436.9
云 南	Yunnan	511.2	472.2	11.6	18.3	4.7	4.5	401.8	270.1
陕 西	Shaanxi	229.4	216.2	1.3	7.6		4.4	183.7	142.0
甘 肃	Gansu	74.7	74.3	0.4				50.9	39.8
青 海	Qinghai	3.6	2.2			1.4		1.5	
东南诸河区	**Rivers in Southeast**	**2209.2**	**2060.7**	**27.8**	**77.6**	**0.4**	**42.7**	**1962.0**	**1460.4**
浙 江	Zhejiang	1164.7	1068.6	19.2	56.8		20.1	1041.2	754.2
安 徽	Anhui	37.2	36.7	0.2	0.2		0.2	35.9	26.4
福 建	Fujian	1007.3	955.5	8.5	20.6	0.4	22.4	884.9	679.8
珠江区	**Pearl River**	**5141.8**	**4717.8**	**35.3**	**156.8**	**3.0**	**228.8**	**4023.5**	**3518.1**
湖 南	Hunan	584.1	562.4	9.8	9.3		2.6	522.9	474.9
广 东	Guangdong	2220.2	1863.4	19.7	120.5		216.5	1703.4	1410.3
广 西	Guangxi	1469.5	1447.5	3.7	15.0	2.3	0.9	1162.2	1110.2
海 南	Hainan	252.7	246.1	0.4	5.2		1.0	174.1	152.9
贵 州	Guizhou	259.0	251.4		0.2		7.4	175.5	149.5
云 南	Yunnan	356.4	347.0	1.7	6.5	0.7	0.4	285.4	220.2
西南诸河区	**Rivers in Southwest**	**1111.4**	**940.3**	**28.8**	**21.9**	**108.8**	**11.6**	**840.9**	**442.2**
云 南	Yunnan	748.4	717.7	6.1	19.8	0.3	4.5	622.0	427.1
西 藏	Tibet	358.9	220.7	22.7	2.0	106.5	7.1	218.8	15.1
青 海	Qinghai	4.0	1.9	0.0		2.1		0.1	
西北诸河区	**Rivers in Northwest**	**6233.1**	**4407.2**	**692.4**	**471.0**	**553.9**	**108.6**	**4262.9**	**3242.2**
内蒙古	Inner Mongolia	241.4	115.7	8.3	0.4	117.1		68.1	30.5
甘 肃	Gansu	765.5	662.5	74.7	16.7	11.6		631.2	551.1
青 海	Qinghai	114.5	56.5	2.3		55.7		51.7	23.4
新 疆	Xinjiang	5111.7	3572.5	607.2	453.9	369.5	108.6	3511.9	2637.3

3-23 历年农田有效灌溉面积减少原因

Reasons of Reduction of Effective Irrigated Area by Years

单位：千公顷 unit: 10^3hm^2

年份 Year	农田有效灌溉面积 Effective Irrigated Area		农田有效灌溉面积减少原因 Reasons of Reduction of Effective Irrigated Area					
	新增 Newly-Increased	减少 Reduction	工程老化、毁损 Aging and Damage of Structures	机井报废 Abortion of Wells	建设占地 Land Occupation by Construction	长期水源不足 Long-Term Insufficiency of Water Sources	退耕 Converting Farmland to Other Usage	其他 Others
2000	1324.96	678.11	71.19	250.46	91.54		7.89	257.03
2001	1169.38	665.58	306.33	10.88	112.93		48.00	187.44
2002	1251.42	901.21	325.95	12.27	197.74		141.17	224.09
2003	1226.08	1183.39	404.32	19.96	216.77		228.24	314.09
2004	1159.95	808.45	281.74	14.98	206.02		100.59	205.13
2005	1012.35	697.34	237.31	14.91	199.94		68.43	176.76
2006	1343.11	796.86	183.12		123.67	100.06	39.69	350.32
2007	1344.05	608.63	192.26		125.89	54.62	51.93	183.93
2008	1318.27	648.41	239.55		97.04	96.52	22.95	192.35

3-24 2008年农田有效灌溉面积减少原因（按地区分）

Reasons of Reduction of Effective Irrigated Area of 2008 (by Regions)

单位：千公顷 unit: 10^3hm^2

地区	Region	农田有效灌溉面积 Effective Irrigated Area		农田有效灌溉面积减少原因 Reasons of Reduction of Effective Irrigated Area				
		新增 Newly-Increased	减少 Reduction	工程老化、毁损 Aging and Damage of Structures	建设占地 Land Occupation by Construction	长期水源不足 Long-Term Insufficiency of Water Sources	退耕 Converting Farmland to Other Usage	其他 Others
合　计	**Total**	**1318.27**	**648.41**	**239.55**	**97.04**	**96.52**	**22.95**	**192.35**
北　京	Beijing		19.14		6.84	2.31	4.99	5.00
天　津	Tianjin	0.02	0.99		0.98			0.01
河　北	Hebei	77.50	56.22	22.17	6.15	14.53	2.15	11.22
山　西	Shanxi	5.25	6.38	2.95	2.17	0.44	0.05	0.77
内蒙古	Inner Mongolia	76.39	21.75	19.32	0.54	1.57	0.32	
辽　宁	Liaoning	23.18	20.77	1.61	1.36	1.90		15.90
吉　林	Jilin	105.54	92.00	46.73	0.10	44.90		0.27
黑龙江	Heilongjiang	199.35	27.10	8.78		2.10	0.09	16.13
上　海	Shanghai	0.70	1.78					1.78
江　苏	Jiangsu	48.75	58.61	9.70	24.46		2.01	22.44
浙　江	Zhejiang	14.79	10.29	0.83	3.52	0.22	0.02	5.70
安　徽	Anhui	36.25	2.97	1.98	0.52	0.35	0.01	0.12
福　建	Fujian	12.40	9.86	3.87	1.30	0.36	0.03	4.30
江　西	Jiangxi	11.51	10.27	1.96	2.48	1.06	0.76	4.01
山　东	Shandong	106.26	85.56	16.07	9.64	5.71	1.28	52.86
河　南	Henan	110.63	77.27	54.68	10.61	8.58	0.33	3.08
湖　北	Hubei	27.80	38.67	28.53	0.62	4.43		5.09
湖　南	Hunan	7.27	1.73	0.35	1.05	0.18	0.07	0.07
广　东	Guangdong	0.47	5.17		4.70	0.09		0.38
广　西	Guangxi	16.22	17.04	0.48	0.20	0.02		16.34
海　南	Hainan	0.67	0.01	0.01				
重　庆	Chongqing	26.61	1.42	0.03	1.00		0.01	0.38
四　川	Sichuan	19.70	12.81	2.93	6.05	0.54	1.25	2.04
贵　州	Guizhou	104.06	1.05	0.63	0.33	0.09		
云　南	Yunnan	31.60	11.96	2.66	5.18	0.60	1.54	1.98
西　藏	Tibet	17.66						
陕　西	Shaanxi	26.19	26.74	11.06	5.98	3.92	2.08	3.70
甘　肃	Gansu	13.75	5.49	1.08	0.12		3.19	1.10
青　海	Qinghai	0.14						
宁　夏	Ningxia	5.16	2.72	1.00	1.05	0.19		0.48
新　疆	Xinjiang	192.46	22.66	0.15	0.10	2.43	2.77	17.21

3-25 2008年农田有效灌溉面积减少原因（按水资源分区分）

Reasons of Reduction of Effective Irrigated Area of 2008 (by Water Resources Regions)

单位：千公顷　　unit: 10^3hm^2

水资源一级区	Grade- Ⅰ Water Resources Region	农田有效灌溉面积 Effective Irrigated Area		农田有效灌溉面积减少原因 Reasons of Reduction of Effective Irrigated Area				
		新增 Newly-Increased	减少 Reduction	工程老化、毁损 Aging and Damage of Structures	建设占地 Land Occupation by Construction	长期水源不足 Long-Term Insufficiency of Water Sources	退耕 Converting Farmland to Other Usage	其他 Others
合　计	**Total**	**1318.27**	**648.41**	**239.55**	**97.04**	**96.52**	**22.95**	**192.35**
松花江区	Songhua River	336.64	128.44	63.86	0.10	48.04	0.09	16.35
辽河区	Liaohe River	41.40	26.97	7.66	1.36	2.00		15.95
海河区	Haihe River	114.05	105.13	31.45	18.35	22.49	7.70	25.14
黄河区	Yellow River	66.95	51.01	24.38	10.27	6.06	2.44	7.86
淮河区	Huaihe River	216.09	130.61	56.59	16.93	6.59	0.46	50.05
长江区	Yangtze River	229.12	131.12	45.59	38.84	7.63	5.17	33.89
其中：太湖区	Among Which: Taihu Lake	2.61	33.57	0.09	22.43		2.01	9.04
东南诸河区	Rivers in Southeast	26.84	15.45	4.70	3.32	0.58	0.06	6.80
珠江区	Pearl River	48.17	24.48	1.15	5.86	0.20	0.09	17.18
西南诸河区	Rivers in Southwest	34.56	6.85	1.91	1.92	0.50	0.98	1.54
西北诸河区	Rivers in Northwest	204.45	28.36	2.27	0.10	2.43	5.96	17.60

3-26 2008年农田有效灌溉面积减少原因（按水资源分区和地区分）

Reasons of Reduction of Effective Irrigated Area of 2008 (by Water Resources Regions and Regions)

单位：千公顷 unit: 10^3hm^2

地区	Region	农田有效灌溉面积 Effective Irrigated Area		农田有效灌溉面积减少原因 Reasons of Reduction of Effective Irrigated Area				
		新增 Newly-Increased	减少 Reduction	工程老化、毁损 Aging and Damage of Structures	建设占地 Land Occupation by Construction	长期水源不足 Long-Term Insufficiency of Water Sources	退耕 Converting Farmland to Other Usage	其他 Others
松花江区	**Songhua River**	**336.64**	**128.44**	**63.86**	**0.10**	**48.04**	**0.09**	**16.35**
内蒙古	Inner Mongolia	37.24	10.14	9.10		1.04		
吉　林	Jilin	100.05	91.20	45.98	0.10	44.90		0.22
黑龙江	Heilongjiang	199.35	27.10	8.78		2.10	0.09	16.13
辽河区	**Liaohe River**	**41.40**	**26.97**	**7.66**	**1.36**	**2.00**		**15.95**
内蒙古	Inner Mongolia	12.73	5.40	5.30		0.10		
辽　宁	Liaoning	23.18	20.77	1.61	1.36	1.90		15.90
吉　林	Jilin	5.49	0.80	0.75				0.05
海河区	**Haihe River**	**114.05**	**105.13**	**31.45**	**18.35**	**22.49**	**7.70**	**25.14**
北　京	Beijing		19.14		6.84	2.31	4.99	5.00
天　津	Tianjin	0.02	0.99		0.98			0.01
河　北	Hebei	77.50	56.22	22.17	6.15	14.53	2.15	11.22
山　西	Shanxi	3.94	2.75	1.12	0.67	0.27	0.01	0.68
内蒙古	Inner Mongolia	4.16	0.10	0.10				
辽　宁	Liaoning							
山　东	Shandong	19.38	9.49	0.23	1.67	0.01	0.55	7.03
河　南	Henan	9.05	16.44	7.83	2.04	5.37		1.20
黄河区	**Yellow River**	**66.95**	**51.01**	**24.38**	**10.27**	**6.06**	**2.44**	**7.86**
山　西	Shanxi	1.31	3.63	1.83	1.50	0.17	0.04	0.09
内蒙古	Inner Mongolia	15.50	4.29	3.00	0.54	0.43	0.32	
山　东	Shandong	7.34	8.84	3.44	0.85	1.02	0.40	3.13
河　南	Henan	13.15	10.73	7.00	1.10	1.39	0.19	1.05
陕　西	Shaanxi	18.65	19.48	7.61	5.11	2.86	1.49	2.41
甘　肃	Gansu	5.70	1.32	0.50	0.12			0.70
青　海	Qinghai	0.14						
宁　夏	Ningxia	5.16	2.72	1.00	1.05	0.19		0.48
淮河区	**Huaihe River**	**216.09**	**130.61**	**56.59**	**16.93**	**6.59**	**0.46**	**50.05**
江　苏	Jiangsu	31.83	15.04	6.09	2.46			6.49
安　徽	Anhui	26.44	2.52	1.98	0.16	0.35		0.03
山　东	Shandong	79.54	67.23	12.40	7.12	4.68	0.33	42.70
河　南	Henan	78.28	45.82	36.12	7.19	1.56	0.13	0.83

3-26 续表 continued

地区	Region	农田有效灌溉面积 Effective Irrigated Area		农田有效灌溉面积减少原因 Reasons of Reduction of Effective Irrigated Area				
		新增 Newly-Increased	减少 Reduction	工程老化、毁损 Aging and Damage of Structures	建设占地 Land Occupation by Construction	长期水源不足 Long-Term Insufficiency of Water Sources	退耕 Converting Farmland to Other Usage	其他 Others
长江区	**Yangtze River**	**229.12**	**131.12**	**45.59**	**38.84**	**7.63**	**5.17**	**33.89**
上 海	Shanghai	0.70	1.78					1.78
江 苏	Jiangsu	16.92	43.57	3.61	22.00		2.01	15.95
浙 江	Zhejiang	0.39	4.71		1.51			3.20
安 徽	Anhui	9.77	0.44		0.35			0.09
江 西	Jiangxi	11.51	10.27	1.96	2.48	1.06	0.76	4.01
河 南	Henan	10.15	4.28	3.73	0.28	0.26	0.01	
湖 北	Hubei	27.80	38.67	28.53	0.62	4.43		5.09
湖 南	Hunan	6.43	1.40	0.31	0.85	0.14	0.07	0.02
广 西	Guangxi	0.05	0.04		0.04			
重 庆	Chongqing	26.61	1.42	0.03	1.00		0.01	0.38
四 川	Sichuan	19.70	12.81	2.93	6.05	0.54	1.25	2.04
贵 州	Guizhou	79.99	0.92	0.51	0.32	0.09		
云 南	Yunnan	8.74	3.27	0.25	2.47	0.05	0.47	0.03
陕 西	Shaanxi	7.54	7.26	3.45	0.87	1.06	0.59	1.29
甘 肃	Gansu	2.83	0.29	0.28				0.01
青 海	Qinghai							
东南诸河区	**Rivers in Southeast**	**26.84**	**15.45**	**4.70**	**3.32**	**0.58**	**0.06**	**6.80**
浙 江	Zhejiang	14.40	5.58	0.83	2.01	0.22	0.02	2.50
安 徽	Anhui	0.04	0.01		0.01		0.01	
福 建	Fujian	12.40	9.86	3.87	1.30	0.36	0.03	4.30
珠江区	**Pearl River**	**48.17**	**24.48**	**1.15**	**5.86**	**0.20**	**0.09**	**17.18**
湖 南	Hunan	0.84	0.33	0.04	0.2	0.04		0.05
广 东	Guangdong	0.47	5.17		4.70	0.09		0.38
广 西	Guangxi	16.17	17.00	0.48	0.16	0.02		16.34
海 南	Hainan	0.67	0.01	0.01				
贵 州	Guizhou	24.07	0.13	0.12	0.01			
云 南	Yunnan	5.96	1.84	0.50	0.79	0.05	0.09	0.41
西南诸河区	**Rivers in Southwest**	**34.56**	**6.85**	**1.91**	**1.92**	**0.50**	**0.98**	**1.54**
云 南	Yunnan	16.90	6.85	1.91	1.92	0.50	0.98	1.54
西 藏	Tibet	17.66						
青 海	Qinghai							
西北诸河区	**Rivers in Northwest**	**204.45**	**28.36**	**2.27**	**0.10**	**2.43**	**5.96**	**17.60**
内蒙古	Inner Mongolia	6.76	1.82	1.82				
甘 肃	Gansu	5.23	3.88	0.30			3.19	0.39
青 海	Qinghai							
新 疆	Xinjiang	192.46	22.66	0.15	0.10	2.43	2.77	17.21

3-27 历年机电灌溉面积

Lifting Irrigated Area by Years

单位：千公顷 unit: 10^3hm^2

年份 Year	机电排灌面积 Irrigated and Drainage Area with Mechanical and Electrical Equipment	机电提灌面积合计 Total Lifting Irrigated Area	#机电井 Pumped Well	固定站 Fixed Station	流动机 Mobile Equipment	纯排面积 Drainage Area Only
1949	252.00					
1950	262.67					
1951	285.33					
1952	317.33					
1953	349.33					
1954	396.00					
1955	529.33					
1956	786.00					
1957	1202.00					
1961	4932.67					
1962	6135.33					
1963	5474.00					
1964	6246.00					
1965	8093.33					
1970	14992.00					
1971	16063.33					
1972	19549.33					
1973	21976.00					
1974	24588.67					
1975		23908.00				
1976	28850.67					
1977	28778.67					
1978	30368.00	25335.33				
1979		26305.33				
1980		26440.00				
1982		26316.00				
1983		26302.67				
1984		26182.67				
1985		26298.00				
1986		26346.00				
1987	30763.33	26729.33	11087.33			
1988	30729.33	26728.67	11216.67			
1989	31032.00	27038.00	11435.33			
1990	31225.33	27235.33	11739.33			
1991	31489.33	27449.33	12111.33			
1992	32496.00	28379.33	12253.33			
1993	32596.00	28550.00	12487.33			
1994	32739.33	28642.00	12526.00			
1995	33274.00	29070.00	12789.33			
1996	34005.33	29751.33	13358.00			
1997	34915.33	30654.00	14131.33			
1998	35874.00	31570.00	14702.67			
1999	36554.00	32191.33	15000.67			
2000	36854.65	32617.80	15127.02	12203.14	3637.82	4236.85
2001	37107.41	33004.01	16309.19	12330.34	3630.53	4103.40
2002	37323.30	33209.58	16411.35	12312.55	3636.75	4113.73
2003	37354.03	33294.28	16512.60	12259.25	3596.13	4059.76
2004	36978.56	32873.33	16936.66	12205.17	3598.49	4105.13
2005	37867.51	33516.94	17046.12	12062.57	3515.88	4349.34
2006	37563.34	33091.40	16798.61	11350.62	2736.21	4471.94
2007	38715.60	34264.86	16893.65	11409.77	3131.62	4450.74
2008	39277.47	34659.23	17163.39	11152.60	3157.11	4618.25

3-28 2008年机电灌溉面积（按地区分）

Lifting Irrigated Area of 2008 (by Regions)

单位：千公顷 unit: 10^3hm^2

地区	Region	机电排灌面积 Irrigated and Drainage Area with Mechanical and Electrical Equipment	机电提灌面积合计 Total Lifting Irrigated Area	#机电井 Pumped Well	固定站 Fixed Station	流动机 Mobile Equipment	纯排面积 Drainage Area Only
合　计	**Total**	**39277.47**	**34659.23**	**17163.39**	**11152.60**	**3157.11**	**4618.25**
北　京	Beijing	252.52	252.52	194.66	8.16	0.59	
天　津	Tianjin	386.83	336.92	123.81	139.43	69.26	49.91
河　北	Hebei	4474.68	4276.61	3719.36	186.48	110.71	198.07
山　西	Shanxi	945.72	945.72	602.64	342.70	0.38	
内蒙古	Inner Mongolia	2897.80	2101.80	1573.20	206.87	2.59	796.00
辽　宁	Liaoning	1391.23	1102.38	597.67	315.26	11.47	288.85
吉　林	Jilin	1463.90	1256.63	788.62	230.55	25.91	207.27
黑龙江	Heilongjiang	3227.66	2519.98	1406.78	263.99	62.31	707.68
上　海	Shanghai	144.53	2.23				142.30
江　苏	Jiangsu	3601.21	3178.35	287.44	2333.57	539.42	422.86
浙　江	Zhejiang	1045.75	972.82	56.98	805.27	68.42	72.93
安　徽	Anhui	2964.10	2456.56	426.20	1431.02	492.89	507.54
福　建	Fujian	147.90	115.25	30.66	58.84	14.84	32.65
江　西	Jiangxi	572.37	404.80	14.32	311.22	71.92	167.57
山　东	Shandong	4476.78	4422.11	2336.14	803.53	1134.87	54.67
河　南	Henan	3991.04	3927.10	3452.54	234.08	115.93	63.94
湖　北	Hubei	1378.60	1085.02	128.41	769.85	178.52	293.58
湖　南	Hunan	1159.32	990.67	7.96	795.35	176.45	168.65
广　东	Guangdong	646.89	296.82	23.68	253.81	14.57	350.07
广　西	Guangxi	271.31	263.36	5.25	226.37	27.70	7.95
海　南	Hainan	19.55	19.55	2.39	15.37	1.80	
重　庆	Chongqing	187.02	187.02	0.22	179.38	6.37	
四　川	Sichuan	263.75	230.82	4.63	223.99	1.68	32.93
贵　州	Guizhou	74.11	71.07	2.32	64.15	4.28	3.04
云　南	Yunnan	183.68	173.80	24.53	135.07	5.66	9.88
西　藏	Tibet	4.71	4.71	2.71	2.00		
陕　西	Shaanxi	845.67	845.59	465.42	361.55	8.68	0.08
甘　肃	Gansu	433.21	433.21	171.66	253.58	3.20	
青　海	Qinghai	32.63	32.43	3.00	25.23	2.31	0.20
宁　夏	Ningxia	175.33	167.72	30.35	133.70	2.85	7.61
新　疆	Xinjiang	1617.69	1585.67	679.85	42.23	1.53	32.02

3-29 2008年机电灌溉面积（按水资源分区分）

Lifting Irrigated Area of 2008 (by Water Resources Regions)

单位：千公顷 unit: 10^3hm^2

水资源一级区	Grade-Ⅰ Water Resources Region	机电排灌面积 Irrigated and Drainage Area with Mechanical and Electrical Equipment	机电提灌面积合计 Total Lifting Irrigated Area	#机电井 Pumped Well	固定站 Fixed Station	流动机 Mobile Equipment	纯排面积 Drainage Area Only
合　计	**Total**	**39277.47**	**34659.23**	**17163.39**	**11152.60**	**3157.11**	**4618.25**
松花江区	Songhua River	5277.84	4361.32	2627.82	505.47	84.78	916.52
辽河区	Liaohe River	2086.57	1780.50	1154.67	334.01	16.54	306.07
海河区	Haihe River	7284.88	6994.82	5184.35	680.32	763.74	290.06
黄河区	Yellow River	4246.18	3449.63	2042.46	1226.09	101.81	796.55
淮河区	Huaihe River	9908.76	9311.1	4561.81	3040.05	1440.51	597.66
长江区	Yangtze River	6518.27	5329.88	623.56	4020.04	585.91	1188.39
其中：太湖区	Among Which: Taihu Lake	1108.99	877.71	121.01	691.89	60.62	231.28
东南诸河区	Rivers in Southeast	852.33	752.45	55.26	563.57	81.03	99.88
珠江区	Pearl River	1214.57	824.06	43.12	690.29	79.37	390.51
西南诸河区	Rivers in Southwest	46.32	45.73	10.79	31.57	1.72	0.59
西北诸河区	Rivers in Northwest	1841.76	1809.74	859.56	61.20	1.70	32.02

3-30 2008年机电灌溉面积（按水资源分区和地区分）

Lifting Irrigated Area of 2008 (by Water Resources Regions and Regions)

单位：千公顷 unit: 10^3hm^2

地区	Region	机电排灌面积 Irrigated and Drainage Area with Mechanical and Electrical Equipment	机电提灌面积合计 Total Lifting Irrigated Area	#机电井 Pumped Well	固定站 Fixed Station	流动机 Mobile Equipment	纯排面积 Drainage Area Only
松花江区	**Songhua River**	**5277.84**	**4361.32**	**2627.82**	**505.47**	**84.78**	**916.52**
内蒙古	Inner Mongolia	743.25	729.18	544.48	24.27	0.68	14.07
吉　林	Jilin	1306.93	1112.16	676.56	217.21	21.79	194.77
黑龙江	Heilongjiang	3227.66	2519.98	1406.78	263.99	62.31	707.68
辽河区	**Liaohe River**	**2086.57**	**1780.50**	**1154.67**	**334.01**	**16.54**	**306.07**
内蒙古	Inner Mongolia	548.41	543.69	451.70	7.51	0.95	4.72
辽　宁	Liaoning	1381.19	1092.34	590.91	313.16	11.47	288.85
吉　林	Jilin	156.97	144.47	112.06	13.34	4.12	12.50
海河区	**Haihe River**	**7284.88**	**6994.82**	**5184.35**	**680.32**	**763.74**	**290.06**
北　京	Beijing	252.52	252.52	194.66	8.16	0.59	
天　津	Tianjin	386.83	336.92	123.81	139.43	69.26	49.91
河　北	Hebei	4474.68	4276.61	3719.36	186.48	110.71	198.07
山　西	Shanxi	301.19	301.19	213.94	87.25		
内蒙古	Inner Mongolia	51.65	51.65	33.24	0.46		
辽　宁	Liaoning	10.04	10.04	6.76	2.10		
山　东	Shandong	1276.02	1273.60	488.69	201.88	573.84	2.42
河　南	Henan	531.95	492.29	403.89	54.56	9.34	39.66
黄河区	**Yellow River**	**4246.18**	**3449.63**	**2042.46**	**1226.09**	**101.81**	**796.55**
山　西	Shanxi	644.53	644.53	388.70	255.45	0.38	
内蒙古	Inner Mongolia	1453.92	676.71	469.00	174.06	0.96	777.21
山　东	Shandong	303.08	291.96	215.09	36.54	31.46	11.12
河　南	Henan	550.97	550.64	442.85	32.08	52.34	0.33
陕　西	Shaanxi	804.84	804.76	442.30	345.24	8.48	0.08
甘　肃	Gansu	283.99	283.99	53.28	224.62	3.20	
青　海	Qinghai	29.52	29.32	0.89	24.40	2.14	0.20
宁　夏	Ningxia	175.33	167.72	30.35	133.70	2.85	7.61
淮河区	**Huaihe River**	**9908.76**	**9311.1**	**4561.81**	**3040.05**	**1440.51**	**597.66**
江　苏	Jiangsu	2354.99	2077.69	121.44	1497.21	448.48	277.30
安　徽	Anhui	2010.41	1755.13	411.32	866.23	415.51	255.28
山　东	Shandong	2897.68	2856.55	1632.36	565.11	529.57	41.13
河　南	Henan	2645.68	2621.73	2396.69	111.50	46.95	23.95

3-30 续表 continued

地区	Region	机电排灌面积 Irrigated and Drainage Area with Mechanical and Electrical Equipment	机电提灌面积合计 Total Lifting Irrigated Area	#机电井 Pumped Well	固定站 Fixed Station	流动机 Mobile Equipment	纯排面积 Drainage Area Only
长江区	**Yangtze River**	**6518.27**	**5329.88**	**623.56**	**4020.04**	**585.91**	**1188.39**
上　海	Shanghai	144.53	2.23				142.30
江　苏	Jiangsu	1246.22	1100.66	166.00	836.36	90.94	145.56
浙　江	Zhejiang	350.34	344.64	33.64	305.18	5.30	5.70
安　徽	Anhui	944.67	692.41	13.62	560.16	74.31	252.26
江　西	Jiangxi	572.37	404.80	14.32	311.22	71.92	167.57
河　南	Henan	262.44	262.44	209.11	35.94	7.30	
湖　北	Hubei	1378.60	1085.02	128.41	769.85	178.52	293.58
湖　南	Hunan	970.85	828.82	7.96	669.76	142.12	142.03
广　西	Guangxi	5.24	5.24		5.09	0.14	
重　庆	Chongqing	187.02	187.02	0.22	179.38	6.37	
四　川	Sichuan	263.75	230.82	4.63	223.99	1.68	32.93
贵　州	Guizhou	57.41	54.56	1.42	49.10	4.03	2.85
云　南	Yunnan	65.27	61.66	5.55	46.40	3.08	3.61
陕　西	Shaanxi	40.83	40.83	23.12	16.31	0.20	
甘　肃	Gansu	28.74	28.74	15.56	11.30		
青　海	Qinghai						
东南诸河区	**Rivers in Southeast**	**852.33**	**752.45**	**55.26**	**563.57**	**81.03**	**99.88**
浙　江	Zhejiang	695.41	628.18	23.34	500.09	63.12	67.23
安　徽	Anhui	9.02	9.02	1.26	4.63	3.07	
福　建	Fujian	147.90	115.25	30.66	58.84	14.84	32.65
珠江区	**Pearl River**	**1214.57**	**824.06**	**43.12**	**690.29**	**79.37**	**390.51**
湖　南	Hunan	188.47	161.85		125.59	34.33	26.62
广　东	Guangdong	646.89	296.82	23.68	253.81	14.57	350.07
广　西	Guangxi	266.07	258.12	5.25	221.28	27.56	7.95
海　南	Hainan	19.55	19.55	2.39	15.37	1.80	
贵　州	Guizhou	16.70	16.51	0.90	15.05	0.25	0.19
云　南	Yunnan	76.89	71.21	10.90	59.19	0.86	5.68
西南诸河区	**Rivers in Southwest**	**46.32**	**45.73**	**10.79**	**31.57**	**1.72**	**0.59**
云　南	Yunnan	41.52	40.93	8.08	29.48	1.72	0.59
西　藏	Tibet	4.71	4.71	2.71	2.00		
青　海	Qinghai	0.09	0.09		0.09		
西北诸河区	**Rivers in Northwest**	**1841.76**	**1809.74**	**859.56**	**61.20**	**1.70**	**32.02**
内蒙古	Inner Mongolia	100.57	100.57	74.78	0.57		
甘　肃	Gansu	120.48	120.48	102.82	17.66		
青　海	Qinghai	3.02	3.02	2.11	0.74	0.17	
新　疆	Xinjiang	1617.69	1585.67	679.85	42.23	1.53	32.02

3-31 历年节水灌溉面积

Water-Saving Irrigated Area by Years

单位：千公顷 unit: 10^3hm^2

年份 Year	节水灌溉面积合计 Total Area of Water-Saving Irrigation	喷灌 Sprinkler	微灌 Micro-Irrigation	低压管灌 Low-Pressure Pipe Irrigation	渠道防渗 Canal Lining	其他 Others
1998	15235.33					
1999	15051.06					
2000	16388.86	2131.40	152.58	3567.92	6361.33	4175.63
2001	17446.38	2364.21	215.39	3903.69	6925.30	4037.79
2002	18627.05	2473.21	278.76	4156.77	7570.88	4147.42
2003	19442.80	2633.67	371.10	4476.17	8071.47	3890.39
2004	20346.23	2674.83	479.64	4706.29	8561.95	3923.53
2005	21338.15	2746.28	621.76	4991.84	9133.16	3845.12
2006	22425.96	2823.84	754.89	5263.75	9593.65	3989.83
2007	23489.46	2876.47	976.98	5573.92	10058.12	4003.97
2008	24435.52	2821.18	1249.62	5873.00	10447.73	4044.00

3-32 2008年节水灌溉面积（按地区分）
Water-Saving Irrigated Area of 2008 (by Regions)

单位：千公顷 unit: 10^3hm^2

地区	Region	节水灌溉面积合计 Total Area of Water-Saving Irrigation	喷灌 Sprinkler	微灌 Micro-Irrigation	低压管灌 Low-Pressure Pipe Irrigation	渠道防渗 Canal Lining	其他 Others
合 计	**Total**	**24435.52**	**2821.18**	**1249.62**	**5873.00**	**10447.73**	**4044.00**
北 京	Beijing	286.61	71.98	14.48	156.55	43.60	
天 津	Tianjin	228.90	5.06	1.68	137.98	84.11	0.07
河 北	Hebei	2544.48	292.27	22.81	1702.66	302.83	223.91
山 西	Shanxi	805.52	144.27	28.81	458.23	173.39	0.82
内蒙古	Inner Mongolia	2009.10	448.55	11.44	864.10	682.98	2.03
辽 宁	Liaoning	433.75	172.44	29.82	99.29	102.85	29.35
吉 林	Jilin	234.61	207.39	0.01		17.75	9.46
黑龙江	Heilongjiang	1996.23	762.60	24.32	9.55	59.95	1139.81
上 海	Shanghai	142.62	2.01	0.22	92.46	47.93	
江 苏	Jiangsu	1537.07	16.46	3.75	64.54	1016.70	435.62
浙 江	Zhejiang	973.21	22.63	15.29	70.29	752.07	112.93
安 徽	Anhui	764.58	75.55	6.91	67.21	187.91	427.00
福 建	Fujian	505.00	29.10	6.00	61.61	394.99	13.30
江 西	Jiangxi	248.39	7.34	0.38	2.13	116.69	121.85
山 东	Shandong	2075.60	145.39	41.70	959.39	449.70	479.43
河 南	Henan	1412.18	111.28	8.15	588.55	471.16	233.03
湖 北	Hubei	346.75	12.51	6.41	27.77	281.56	18.51
湖 南	Hunan	316.08	19.79	1.58	4.67	267.31	22.73
广 东	Guangdong	176.11	8.78	1.50	8.16	154.74	2.93
广 西	Guangxi	680.10	4.90	0.13	3.69	396.38	275.00
海 南	Hainan	104.39	1.21	0.85	0.50	61.54	40.29
重 庆	Chongqing	129.25	4.79	0.26	18.74	99.01	6.45
四 川	Sichuan	1098.20	41.72	9.49	48.75	949.23	49.01
贵 州	Guizhou	380.00	3.89	7.63	19.58	280.80	68.10
云 南	Yunnan	489.76	5.85	1.50	40.45	389.63	52.34
西 藏	Tibet	32.86		0.04	0.92	31.61	0.28
陕 西	Shaanxi	841.50	38.78	13.79	212.09	480.62	96.22
甘 肃	Gansu	795.87	45.12	28.37	88.32	552.60	81.45
青 海	Qinghai	72.46	1.99			66.68	3.79
宁 夏	Ningxia	226.65	5.22	5.56	16.91	177.47	21.49
新 疆	Xinjiang	2547.69	112.31	956.75	47.90	1353.94	76.80

3-33 2008年节水灌溉面积（按水资源分区分）

Water-Saving Irrigated Area of 2008 (by Water Resources Regions)

单位：千公顷 unit: 10^3hm^2

水资源一级区	Grade- Ⅰ Water Resources Region	节水灌溉面积合计 Total Area of Water-Saving Irrigation	喷灌 Sprinkler	微灌 Micro-Irrigation	低压管灌 Low-Pressure Pipe Irrigation	渠道防渗 Canal Lining	其他 Others
合　计	**Total**	**24435.52**	**2821.18**	**1249.62**	**5873.00**	**10447.73**	**4044.00**
松花江区	Songhua River	2900.15	1158.49	29.99	396.67	165.73	1149.27
辽河区	Liaohe River	770.24	288.00	32.46	279.60	140.63	29.55
海河区	Haihe River	4159.97	476.30	48.00	2421.76	783.50	430.42
黄河区	Yellow River	3300.15	246.78	57.80	1108.77	1664.51	222.29
淮河区	Huaihe River	3609.02	276.53	48.53	996.46	1126.87	1160.64
长江区	Yangtze River	4006.43	119.90	28.80	374.16	3010.35	73.22
其中：太湖区	Among Which: Taihu Lake	725.04	4.82	1.36	190.34	482.53	45.99
东南诸河区	Rivers in Southeast	1201.42	50.77	20.55	89.41	941.11	99.58
珠江区	Pearl River	1179.51	22.34	4.79	40.00	770.36	342.02
西南诸河区	Rivers in Southwest	217.10	0.58	0.87	6.36	181.40	27.89
西北诸河区	Rivers in Northwest	3091.53	181.49	977.84	159.81	1663.27	109.12

3-34　2008年节水灌溉面积（按水资源分区和地区分）

Water-Saving Irrigated Area of 2008 (by Water Resources Regions and Regions)

单位：千公顷　　unit: 10^3hm^2

地区	Region	节水灌溉面积合计 Total Area of Water-Saving Irrigation	喷灌 Sprinkler	微灌 Micro-Irrigation	低压管灌 Low-Pressure Pipe Irrigation	渠道防渗 Canal Lining	其他 Others
松花江区	**Songhua River**	**2900.15**	**1158.49**	**29.99**	**396.67**	**165.73**	**1149.27**
内蒙古	Inner Mongolia	689.13	208.31	5.67	387.12	88.03	
吉　林	Jilin	214.79	187.58			17.75	9.46
黑龙江	Heilongjiang	1996.23	762.60	24.32	9.55	59.95	1139.81
辽河区	**Liaohe River**	**770.24**	**288.00**	**32.46**	**279.60**	**140.63**	**29.55**
内蒙古	Inner Mongolia	321.11	96.93	2.63	183.57	37.78	0.20
辽　宁	Liaoning	429.31	171.26	29.82	96.03	102.85	29.35
吉　林	Jilin	19.82	19.81	0.01			
海河区	**Haihe River**	**4159.97**	**476.30**	**48.00**	**2421.76**	**783.50**	**430.42**
北　京	Beijing	286.61	71.98	14.48	156.55	43.60	
天　津	Tianjin	228.90	5.06	1.68	137.98	84.11	0.07
河　北	Hebei	2544.48	292.27	22.81	1702.66	302.83	223.91
山　西	Shanxi	270.62	51.20	4.88	123.70	90.67	0.17
内蒙古	Inner Mongolia	59.67	26.42	0.17	26.82	6.26	
辽　宁	Liaoning	4.44	1.18		3.26		
山　东	Shandong	319.63	8.82	2.42	94.45	61.87	152.08
河　南	Henan	445.61	19.37	1.56	176.33	194.16	54.19
黄河区	**Yellow River**	**3300.15**	**246.78**	**57.80**	**1108.77**	**1664.51**	**222.29**
山　西	Shanxi	534.90	93.07	23.93	334.53	82.72	0.65
内蒙古	Inner Mongolia	808.29	58.31	2.35	210.07	535.73	1.83
山　东	Shandong	207.21	6.75	3.59	138.96	37.51	20.40
河　南	Henan	368.79	21.52	1.86	179.59	99.35	66.47
陕　西	Shaanxi	738.23	35.86	12.72	206.46	416.90	66.30
甘　肃	Gansu	354.94	24.05	7.79	22.26	257.88	42.95
青　海	Qinghai	61.14	1.99			56.95	2.20
宁　夏	Ningxia	226.65	5.22	5.56	16.91	177.47	21.49
淮河区	**Huaihe River**	**3609.02**	**276.53**	**48.53**	**996.46**	**1126.87**	**1160.64**
江　苏	Jiangsu	960.24	12.51	2.71	5.12	554.44	385.46
安　徽	Anhui	609.23	71.95	6.33	64.66	110.30	355.99
山　东	Shandong	1548.76	129.82	35.69	725.98	350.32	306.95
河　南	Henan	490.79	62.25	3.80	200.70	111.80	112.24

3-34 续表 continued

地区	Region	节水灌溉面积合计 Total Area of Water-Saving Irrigation	喷灌 Sprinkler	微灌 Micro-Irrigation	低压管灌 Low-Pressure Pipe Irrigation	渠道防渗 Canal Lining	其他 Others
长江区	**Yangtze River**	**4006.43**	**119.9**	**28.80**	**374.16**	**3010.35**	**473.22**
上　海	Shanghai	142.62	2.01	0.22	92.46	47.93	
江　苏	Jiangsu	576.82	3.95	1.04	59.42	462.25	50.16
浙　江	Zhejiang	281.70	1.02	0.74	42.49	210.32	27.13
安　徽	Anhui	150.44	3.54	0.58	2.55	73.24	70.53
江　西	Jiangxi	248.39	7.34	0.38	2.13	116.69	121.85
河　南	Henan	106.99	8.14	0.93	31.94	65.85	0.13
湖　北	Hubei	346.75	12.51	6.41	27.77	281.56	18.51
湖　南	Hunan	292.44	15.29	1.37	4.17	251.39	20.22
广　西	Guangxi	48.53	0.11		0.02	45.57	2.83
重　庆	Chongqing	129.25	4.79	0.26	18.74	99.01	6.45
四　川	Sichuan	1098.20	41.72	9.49	48.75	949.23	49.01
贵　州	Guizhou	275.69	1.17	5.82	17.16	200.26	51.28
云　南	Yunnan	166.03	4.93	0.38	10.26	133.03	17.43
陕　西	Shaanxi	103.27	2.92	1.07	5.63	63.73	29.92
甘　肃	Gansu	39.32	10.47	0.11	10.67	10.30	7.77
青　海	Qinghai						
东南诸河区	**Rivers in Southeast**	**1201.42**	**50.77**	**20.55**	**89.41**	**941.11**	**99.58**
浙　江	Zhejiang	691.51	21.61	14.55	27.80	541.75	85.80
安　徽	Anhui	4.91	0.06			4.37	0.48
福　建	Fujian	505.00	29.10	6.00	61.61	394.99	13.30
珠江区	**Pearl River**	**1179.51**	**22.34**	**4.79**	**40.00**	**770.36**	**342.02**
湖　南	Hunan	23.64	4.50	0.21	0.50	15.92	2.51
广　东	Guangdong	176.11	8.78	1.50	8.16	154.74	2.93
广　西	Guangxi	631.57	4.79	0.13	3.67	350.81	272.17
海　南	Hainan	104.39	1.21	0.85	0.50	61.54	40.29
贵　州	Guizhou	104.31	2.72	1.81	2.42	80.54	16.82
云　南	Yunnan	139.49	0.34	0.29	24.75	106.81	7.30
西南诸河区	**Rivers in Southwest**	**217.10**	**0.58**	**0.87**	**6.36**	**181.40**	**27.89**
云　南	Yunnan	184.25	0.58	0.83	5.44	149.79	27.61
西　藏	Tibet	32.86		0.04	0.92	31.61	0.28
青　海	Qinghai						
西北诸河区	**Rivers in Northwest**	**3091.53**	**181.49**	**977.84**	**159.81**	**1663.27**	**109.12**
内蒙古	Inner Mongolia	130.90	58.58	0.62	56.52	15.18	
甘　肃	Gansu	401.61	10.60	20.47	55.39	284.42	30.73
青　海	Qinghai	11.32				9.73	1.59
新　疆	Xinjiang	2547.69	112.31	956.75	47.90	1353.94	76.80

主要统计指标解释

万亩以上灌区处数 在蓄水、引水、提水等灌溉工程中，灌溉设备齐全、渠系配套完整，自成灌溉体系，有统一管理的灌溉区域的数量。

灌溉面积 一个地区当年农、林、牧等灌溉面积的总和。总灌溉面积=有效灌溉面积（耕地）+林地灌溉面积+果园灌溉面积+牧草灌溉面积+其他灌溉面积。

农田有效灌溉面积 灌溉工程或设备已基本配套，有一定水源，土地比较平整，在一般年景可以进行正常灌溉的农田或耕地灌溉面积。

农田有效实灌面积 利用灌溉工程和设施，在有效灌溉面积中当年实际已进行正常（灌水一次以上）灌溉的耕地面积。在同一亩耕地上，报告期内无论灌水几次，都应按一亩计算，而不应按灌溉亩次计算。凡是肩挑、人抬、马拉抗旱点种的面积，一律不算实灌面积。有效实灌面积不大于有效灌溉面积。

机电排灌面积 由固定站、流动站、机电井、喷灌机械等所有机械、电动力设备进行排水、灌溉的耕地面积。其中，只要有固定的机械排灌的设施，能够进行正常排灌，不论当年是否进行排灌，都应统计为机电排灌面积（含灌排结合面积）。

旱涝保收面积 有效灌溉面积中，遇旱能灌，遇涝能排的面积。灌溉设施的抗旱能力，按各地不同情况，应达到30～50天；适宜发展双季稻的地方，应达到50～70天。除涝达到5年一遇以上标准，防洪一般达到20年一遇标准的有效灌溉面积。

农田排灌机械保有量 机、电动力抽水设备提水灌溉和排水统称排灌机械。排灌机械按使用动力分为电动与内燃机。按工程设施分为固定机电排灌站、流动机机电排灌、喷滴灌机电排灌及机电井机电排灌4类。

固定机电排灌站处数 以江河、湖泊、水库、渠道等地面水为水源，在固定地点建设的以电动机、柴油机、汽油机等为动力带动水泵抽水灌溉、排水，并已发挥效益的灌溉站、排水站、排灌站的数量。

固定机电排灌站装机容量 等于电动机排灌站装机容量与内燃机排灌站装机容量之和。

机电井眼数 安装柴油机、汽油机、电动机或其他动力机械带动水泵抽取地下水灌溉农田、牧草地，包括已装机配套的和待装机配套的水井眼数。

配套机电井眼数 已经安装机电提水设备（包括线路）可以进行正常灌溉的机电井眼数。在几眼井上使用一台设备，但能适时灌溉的和一机多用而主要用于机、电井的，均应视为“已配套机电井”。包括由于提水设备或机井本身损坏待修理，暂时不能用的“已配套机电井”。

机电井装机容量 水利工程机组设备的容量，以机组铭牌的容量为准，包括停机检修和事故备用容量。

配套机电井装机容量 包括机配井装机容量与电配井装机容量之和。

流动机装机容量 等于电动机装机容量与内燃机装机容量之和。

喷滴灌装机容量 用于喷滴灌技术灌溉农用地的喷滴灌使用的机械动力数，只统计喷滴灌机的动力，不包括给喷滴灌机输入、送水源的动力。

Explanatory Notes on Main Statistical Indicators

Number of irrigation district with an area above 10,000 mu The number of the district above 10,000 mu which were designed for irrigation with complete irrigation facilities, sub-canal system, self-established irrig- ation system and unified management system, in irrigation schemes of water storage, water diversion or water lifting.

Irrigated area The sum of irrigated areas for agricultural, forest, pasture and grazing in a particular region. The total irrigated area is equal to the sum of effective irrigated areas (arable land), forest irrigated areas, orchard irrigated areas, grazing irrigated areas and other irrigated areas. Irrigated areas in the current year mean the total irrigated areas at the end of the year.

Effective irrigated areas The effective irrigated area refers to farmland or cultivated land with irrigation in normal years, equipped with installed irrigation facilities, water source and relatively leveled land.

Actual irrigated area The area of effective irrigated land has been applied irrigation (once or more than once) in the statistical year, taking the advantage of irrigation works or facilities. No matter how many times of irrigation is made in the same area of land within report period, it is all counted as one mu, but not counted according to the irrigation times. The areas irrigated for drought-relief by people or animal carrying water for irrigation are not included. Actual effective irrigation areas equals to or less than effective irrigated areas.

Irrigated and drainage area with mechanical and electrical equipment The areas are drainage or irrigated by electrical and mechanical facilities, such as fixed and movable irrigation and drainage facilities, electromechanical wells and sprinklers. No matter whether farmland is irrigated in the statistical year, whenever fixed irrigation facilities are placed, the area is included in electromechanical irrigation and drainage areas (including area for both irrigation and drainage).

Guaranteed harveat area with flood and drought Farmlands, within effective irrigated areas, can irrigate in drought season and drain in flood season. According to drought-resistant capacity of irrigation facilities under varied conditions of different regions, irrigation may last for 30～50 days, and may last for 50～70 days in the regions suitable for double cropping rice. Waterlogging control in the effective irrigated areas should reach the standard of once in five years return period and flood control should reach the standard of once in twenty years return period.

Registered machinery and equipment for Irrigation and Drainage Machinery and equipment driven by mechanical or electrical power for pumping or lifting water for irrigation and drainage are divided into electrical power and internal combustion engine by power sources. It is grouped into four types of fixed electric-mechanical irrigation and drainage station, mobile electric-mechanical irrigation and drainage facilities, sprinkler irrigation and drip irrigation, and borehole and tubewells or electric-mechanical wells.

Number of fixed irrigation and drainage stations The number of irrigation station, drainage station or irrigation & drainage station that has already generated benefit, uses surface water such as river, lake, reservoir and canal as sources for pumping water with electric motor, diesel or gasoline engine in a fixed place for irrigation and drainage.

Installed capacity of fixed irrigation and drainage station Sum of installed capacity of fixed electric-mechanical irrigation and drainage station and fixed irrigation and drainage facilities empowered by diesel engine.

Number of mechanical and electrical wells The number of boreholes and tubewells with installed counterpart facilities or waiting for installation, which use diesel or gasoline engine, electric motor or other power machines to pump or lift water for irrigation of farmlands and pasture lands.

Number of counterpart mechanical and electric wells The number of boreholes and tubewells already installed with pumping facilities (including lines), can be used for irrigation; It is also referred as equipped electromechanical well when several wells sharing one facility for timely irrigation and temporarily unused well because of damage of pumping facility itself.

Installed capacity of mechanical and electric wells Installed capacity of electric-mechanical equipment based on brand- instruction, including repair or overhaul and accident spare capacity.

Installed capacity of counterpart mechanical and electric wells The sum of installed capacity of wells equipped with mechanical equipment and installed capacity of wells equipped by electrical equipment.

Installed capacity of mobile equipment The sum of installed capacity of electrical motor and installed capacity of internal combustion engine.

Installed capacity of sprinkler and drip Machinery and equipment employed for sprinkler and drip irrigation, but it only includes the power of sprinkler and drip and excludes power of water transmission to sprinkler and drip system.

4 供用水

Water Supply and Water Use

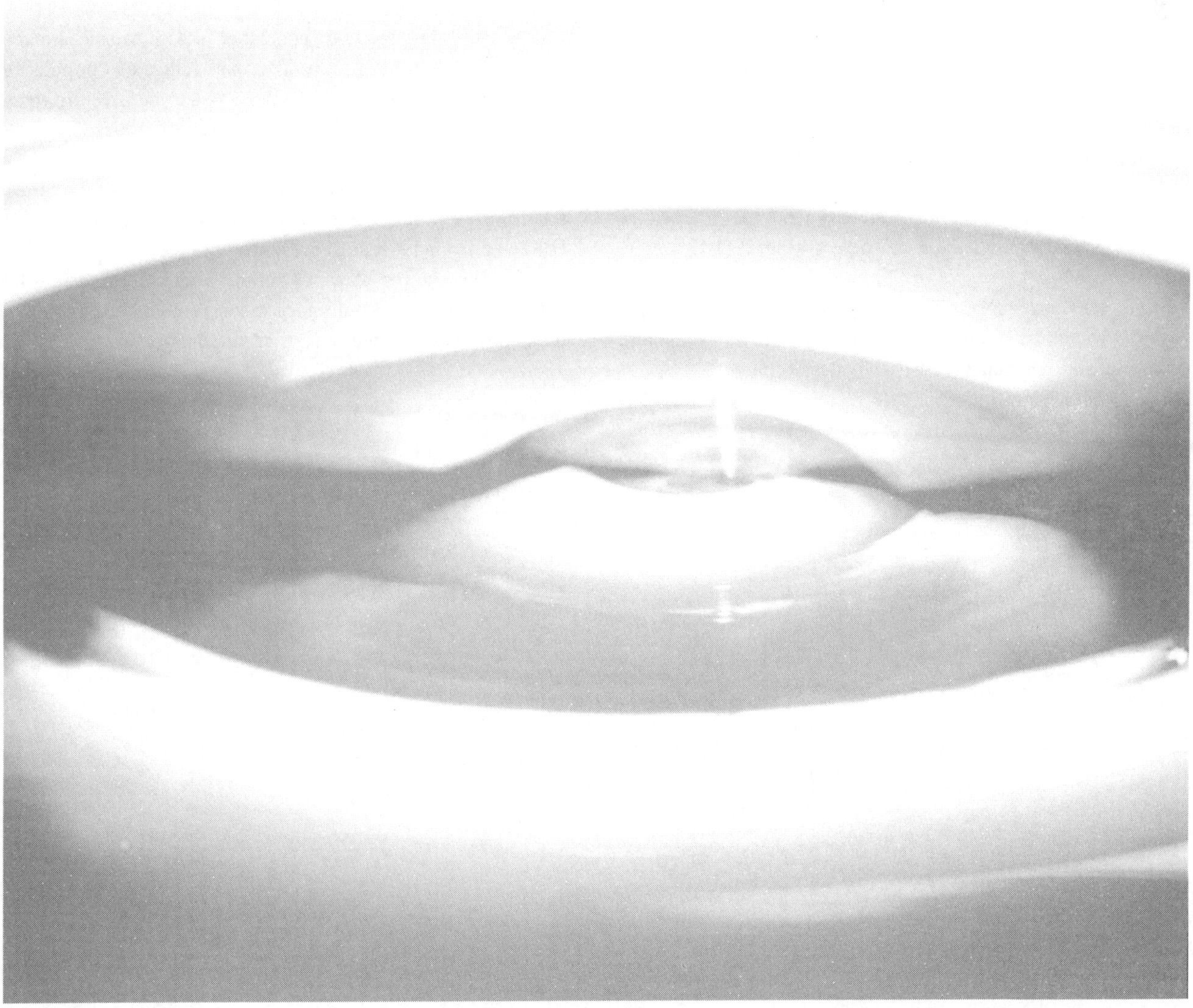

简要说明

供用水统计资料主要包括水利工程设施供水及农村饮水安全等。

供用水量及饮水安全情况按水资源一级分区和地区分组。

1. 供水按受水区分地表水源、地下水源和其他水源统计。

2. 蓄水工程、引水工程、机电井工程与泵站工程供水量统计范围为水利系统管理的工程。

3. 农村饮水安全人口统计范围只限于农村，2004 年及以前年份统计“解决饮水困难人口”指标，2005 年后统计“饮水安全人口”指标。

4. 供水量历史资料汇总 1997 年至今历史数据；饮水安全情况汇总 1975 年至今数据。

5. 2008 年供用水量数据系初步数据，有待进一步核实。

Brief Introduction

Statistical data of water supply and utilization mainly covers water supply of water facilities and safety of rural drinking water.

Quantity of water supply and safety condition of drinking water is classified in accordance with grade- I water resources regions and regions.

1. Water supply is divided based on the sources of surface water, groundwater and others according to water-receiving area.

2. Statistical scope of water supply only includes storage works, water diversion and electro-mechanical wells and pumping stations managed by the water sector.

3. Statistical scope of population access to safe drinking water is only limited to rural areas. Index of “population with drinking water” is used in 2004 and before; the index of “population with safe drinking water” is used in 2005 and after.

4. Historical data of volume of water supply is collected from 1997 until present, data of safe drinking water is collected from 1975 until present.

5. The figures of water supply and water use in 2008 are obtained from preliminary measurements and tabulated data, and are subjected to further verification.

4-1 历年供用水量
Water Supply and Water Use by Years

单位：亿立方米　　unit: $10^8 m^3$

年份 Year	供水量 合计 Total Water Supply	地表水 Surface Water	地下水 Ground-water	其他 Others	用水量 合计 Total Water Use	农业 Agricultural	工业 Industrial	生活 Domestic	生态 Ecological
1997	5623.2	4565.9	1031.5	25.7	5566.0	3919.7	1121.2	525.1	
1998	5469.8	4419.6	1028.9	21.4	5435.4	3766.2	1126.2	542.9	
1999	5613.3	4514.2	1074.6	24.5	5590.9	3869.2	1159.0	562.8	
2000	5530.7	4440.4	1069.2	21.1	5497.6	3783.5	1139.1	574.9	
2001	5567.4	4450.7	1094.9	21.9	5567.4	3825.7	1141.8	599.9	
2002	5497.3	4404.4	1072.4	20.5	5497.3	3736.2	1142.4	618.7	
2003	5320.4	4286.0	1018.1	16.3	5320.4	3432.8	1177.2	630.9	79.5
2004	5547.8	4504.2	1026.4	17.2	5547.8	3585.7	1228.9	651.2	82.0
2005	5633.0	4572.2	1038.8	22.0	5633.0	3580.0	1285.2	675.1	92.7
2006	5795.0	4706.8	1065.5	22.7	5795.0	3664.4	1343.8	693.8	93.0
2007	5818.7	4723.5	1069.5	25.7	5818.7	3598.5	1404.1	710.4	105.7
2008	5910.0	4796.4	1084.8	28.7	5910.0	3663.5	1397.1	729.3	120.2

4-2　2008年供用水量（按地区分）

Water Supply and Water Use of 2008 (by Regions)

单位：亿立方米　　　　unit: $10^8 m^3$

地区	Region	供水量 合计 Total Water Supply	地表水 Surface Water	地下水 Ground-water	其他 Others	用水量 合计 Total Water Use	农业 Agricultural	工业 Industrial	生活 Domestic	生态 Ecological
合　计	**Total**	**5909.94**	**4796.43**	**1084.79**	**28.74**	**5909.94**	**3663.47**	**1397.09**	**729.24**	**120.17**
北　京	Beijing	35.08	5.84	22.94	6.30	35.08	11.35	5.20	15.33	3.20
天　津	Tianjin	22.33	15.96	6.25	0.12	22.33	12.99	3.81	4.88	0.65
河　北	Hebei	195.02	37.79	156.17	1.06	195.02	143.23	25.22	23.39	3.18
山　西	Shanxi	56.92	21.84	35.08		56.92	32.92	13.47	9.79	0.74
内蒙古	Inner Mongolia	175.78	89.11	86.37	0.30	175.78	134.10	20.46	14.72	6.50
辽　宁	Liaoning	142.78	73.59	66.58	2.61	142.78	90.89	24.66	24.56	2.67
吉　林	Jilin	104.08	63.47	40.61		104.08	69.29	19.27	13.29	2.23
黑龙江	Heilongjiang	297.01	169.62	127.38		297.01	218.15	57.55	18.81	2.50
上　海	Shanghai	119.77	119.45	0.32		119.77	16.74	79.56	22.36	1.11
江　苏	Jiangsu	558.32	548.65	9.67		558.32	287.34	209.40	49.48	12.10
浙　江	Zhejiang	216.62	210.97	5.30	0.34	216.62	98.73	61.03	36.32	20.54
安　徽	Anhui	266.36	242.38	23.50	0.48	266.36	151.91	85.40	27.42	1.63
福　建	Fujian	198.04	192.35	4.99	0.70	198.04	99.30	75.44	21.91	1.39
江　西	Jiangxi	234.21	223.71	10.49		234.21	148.89	59.92	23.39	2.01
山　东	Shandong	219.89	115.66	101.23	3.00	219.89	157.61	24.69	33.86	3.73
河　南	Henan	227.53	92.67	134.40	0.46	227.53	133.49	51.40	34.84	7.80
湖　北	Hubei	270.71	261.57	8.43	0.72	270.71	142.80	96.98	30.84	0.09
湖　南	Hunan	323.62	303.64	19.96	0.02	323.62	193.19	82.04	45.05	3.35
广　东	Guangdong	461.53	439.48	21.10	0.95	461.53	227.74	137.19	89.84	6.76
广　西	Guangxi	310.10	296.10	11.45	2.56	310.10	202.91	51.70	49.97	5.53
海　南	Hainan	46.89	43.29	3.60		46.89	35.63	4.90	6.27	0.09
重　庆	Chongqing	82.77	80.87	1.87	0.04	82.77	18.93	45.98	17.40	0.46
四　川	Sichuan	207.64	191.12	14.38	2.14	207.63	113.64	57.74	34.47	1.78
贵　州	Guizhou	101.89	93.51	7.90	0.48	101.89	51.58	33.75	16.07	0.49
云　南	Yunnan	153.14	145.13	5.06	2.95	153.14	105.06	22.11	22.32	3.65
西　藏	Tibet	37.53	34.98	2.55		37.53	33.94	1.32	2.27	
陕　西	Shaanxi	85.46	50.24	34.35	0.88	85.46	57.70	12.87	14.00	0.90
甘　肃	Gansu	122.17	92.51	27.71	1.95	122.17	96.93	13.07	9.23	2.94
青　海	Qinghai	34.36	24.11	10.14	0.11	34.36	22.37	7.85	3.33	0.80
宁　夏	Ningxia	74.18	69.04	5.14		74.18	67.97	3.33	1.63	1.24
新　疆	Xinjiang	528.22	447.78	79.87	0.57	528.22	486.15	9.78	12.19	20.10

4-3 2008年供用水量（按水资源分区分）

Water Supply and Water Use of 2008 (by Water Resources Regions)

单位：亿立方米 unit: 10^8m^3

水资源一级区	Grade-Ⅰ Water Resources Region	供水量 合计 Total Water Supply	地表水 Surface Water	地下水 Ground-water	其他 Others	用水量 合计 Total Water Use	农业 Agricultural	工业 Industrial	生活 Domestic	生态 Ecological
合　计	**Total**	**5909.94**	**4796.43**	**1084.79**	**28.74**	**5909.94**	**3663.46**	**1397.07**	**729.24**	**120.17**
松花江区	Songhua River	411.05	236.13	174.93		411.05	294.16	79.21	33.40	4.28
辽河区	Liaohe River	202.59	88.27	111.71	2.61	202.59	137.09	30.44	31.74	3.31
海河区	Haihe River	371.55	123.30	240.58	7.67	371.55	254.02	51.30	57.08	9.15
黄河区	Yellow River	384.24	253.95	128.12	2.18	384.24	277.19	60.77	39.82	6.46
淮河区	Huaihe River	611.19	432.44	175.75	3.00	611.19	421.71	98.60	81.90	8.99
长江区	Yangtze River	1951.51	1861.70	83.19	6.62	1951.51	948.05	717.97	250.54	34.94
其中：太湖区	Among Which: Taihu Lake	373.54	372.05	1.49		373.54	88.64	217.49	45.96	21.45
东南诸河区	Rivers in Southeast	343.56	333.41	9.12	1.03	343.56	162.60	119.81	49.54	11.61
珠江区	Pearl River	881.17	837.02	40.06	4.09	881.17	502.32	210.27	155.69	12.89
西南诸河区	Rivers in Southwest	111.77	108.39	3.22	0.16	111.77	91.21	8.27	11.94	0.36
西北诸河区	Rivers in Northwest	641.31	521.82	118.11	1.38	641.31	575.11	20.43	17.59	28.18

4-4　历年解决农村人口和牲畜饮水情况

Drinking Water for Rural People and Livestock by Years

年份 Year	累计解决的数量 Accumulated Population Access to Drinking Water			饮水安全总人口 (万人) Total Population with Safe Drinking Water (10^4persons)		饮水安全达标人口新增 (万人) Newly-Increased Population with Safe Drinking Water (10^4persons)
	人数 (万人) Population (10^4persons)	#新解决 Population with Safe Drinking Water	牲畜 (万头) Livestock (10^4head)		#只达到基本安全人口 Population with Generally Safe Drinking Water	
1975	2796		1260			
1976	3037		1417			
1977	3431		1701			
1978	3796		1995			
1979	4005		2096			
1980	5294		3092			
1981	5792		3390			
1982	6382		3597			
1983	6660		3991			
1984	7673		4319			
1985	8467		4609			
1986	9390		5576			
1987	10571		6213			
1988	11487		6756			
1989	12314		7303			
1990	13278		7906			
1991	14024		8355			
1992	15148		8917			
1993	15907		9377			
1994	16499		9793			
1995	17353		10360			
1996	18353		10654			
1997	19611		12220			
1998	20886		13357			
1999	21674		14557			
2000	22520		14698			
2001	23813		15509			
2002	26373		17131			
2003	28189		18214			
2004	29662	1473	19094			
2005	30355	701		61836		1104
2006				55939		2945
2007				58339	27659	4468
2008				62329	28287	5378

4-5 2008年农村饮水安全人口（按地区分）

Rural Population with Safe Drinking Water of 2008 (by Regions)

单位：万人 unit: 10^4persons

地区	Region	饮水安全总人口 Total Population with Safe Drinking Water	#只达到基本安全人口 Population with Generally Safe Drinking Water	饮水安全达标人口新增 Newly-Increased Population with Safe Drinking Water
合 计	**Total**	**62328.61**	**28287.27**	**5377.80**
北 京	Beijing	329.20		69.60
天 津	Tianjin	210.51	16.19	27.53
河 北	Hebei	3118.37	841.94	385.88
山 西	Shanxi	1509.11	835.02	83.21
内蒙古	Inner Mongolia	850.14	850.14	85.40
辽 宁	Liaoning	1866.55	750.94	118.05
吉 林	Jilin	855.71	198.98	115.34
黑龙江	Heilongjiang	1114.57	545.01	69.38
上 海	Shanghai	339.24		6.26
江 苏	Jiangsu	4206.13	1301.78	308.75
浙 江	Zhejiang	2923.24	657.82	308.60
安 徽	Anhui	4039.86	1526.58	419.96
福 建	Fujian	1754.35	480.32	172.33
江 西	Jiangxi	2396.62	1388.23	139.17
山 东	Shandong	3694.50	2113.00	332.90
河 南	Henan	5698.22	3477.90	310.65
湖 北	Hubei	1686.35	518.04	295.33
湖 南	Hunan	4247.85	2270.96	127.92
广 东	Guangdong	3566.67	1716.73	285.90
广 西	Guangxi	2744.92	1773.65	193.48
海 南	Hainan	407.36	59.08	17.55
重 庆	Chongqing	1600.51	486.70	249.40
四 川	Sichuan	4358.00	1875.48	317.86
贵 州	Guizhou	2114.81	1521.14	223.88
云 南	Yunnan	2474.64	1095.58	181.05
西 藏	Tibet	147.96		28.78
陕 西	Shaanxi	1849.83	1041.50	227.88
甘 肃	Gansu	1141.35	522.18	128.33
青 海	Qinghai	222.32	47.99	24.70
宁 夏	Ningxia	277.23	117.98	30.50
新 疆	Xinjiang	582.51	256.42	92.23

4-6 2008年农村饮水安全人口（按水资源分区分）

Rural Population with Safe Drinking Water of 2008 (by Water Resources Regions)

单位：万人　　unit: 10^4persons

水资源一级区	Grade-Ⅰ Water Resources Region	饮水安全总人口 Total Population with Safe Drinking Water	#只达到基本安全人口 Population with Generally Safe Drinking Water	饮水安全达标人口新增 Newly-Increased Population with Safe Drinking Water
合　计	**Total**	**62328.61**	**28287.27**	**5377.80**
松花江区	Songhua River	2152.22	996.74	201.46
辽河区	Liaohe River	2070.24	893.60	132.66
海河区	Haihe River	5412.11	1829.11	588.96
黄河区	Yellow River	5409.29	2818.08	511.40
淮河区	Huaihe River	10920.25	5762.44	978.41
长江区	Yangtze River	21327.48	9553.74	1669.78
其中：太湖区	Among Which: Taihu Lake	1811.93	190.69	37.52
东南诸河区	Rivers in Southeast	4316.00	1126.27	469.06
珠江区	Pearl River	8684.79	4552.55	589.08
西南诸河区	Rivers in Southwest	1163.53	371.71	115.23
西北诸河区	Rivers in Northwest	872.70	383.03	121.74

4-7 2008年农村饮水安全人口（按水资源分区和地区分）

Rural Population with Safe Drinking Water of 2008 (by Water Resources Regions and Regions)

单位：万人 unit: 10^4persons

地区	Region	饮水安全总人口 Total Population with Safe Drinking Water	#只达到基本安全人口 Population with Generally Safe Drinking Water	饮水安全达标人口新增 Newly-Increased Population with Safe Drinking Water
松花江区	**Songhua River**	**2152.22**	**996.74**	**201.46**
内蒙古	Inner Mongolia	273.15	273.15	20.59
吉　林	Jilin	764.51	178.58	111.50
黑龙江	Heilongjiang	1114.57	545.01	69.38
辽河区	**Liaohe River**	**2070.24**	**893.60**	**132.66**
内蒙古	Inner Mongolia	128.08	128.08	11.67
辽　宁	Liaoning	1850.96	745.12	117.15
吉　林	Jilin	91.20	20.40	3.84
海河区	**Haihe River**	**5412.11**	**1829.11**	**588.96**
北　京	Beijing	329.20		69.60
天　津	Tianjin	210.51	16.19	27.53
河　北	Hebei	3118.37	841.94	385.88
山　西	Shanxi	528.97	335.08	21.66
内蒙古	Inner Mongolia	35.30	35.30	2.32
辽　宁	Liaoning	15.59	5.82	0.90
山　东	Shandong	556.12	336.01	44.01
河　南	Henan	618.06	258.77	37.07
黄河区	**Yellow River**	**5409.29**	**2818.08**	**511.40**
山　西	Shanxi	980.14	499.94	61.55
内蒙古	Inner Mongolia	340.06	340.06	42.87
山　东	Shandong	395.89	113.00	24.19
河　南	Henan	1010.14	493.40	60.86
陕　西	Shaanxi	1384.35	806.32	174.77
甘　肃	Gansu	823.36	404.22	96.21
青　海	Qinghai	198.12	43.17	20.45
宁　夏	Ningxia	277.23	117.98	30.50
淮河区	**Huaihe River**	**10920.25**	**5762.44**	**978.41**
江　苏	Jiangsu	2292.59	936.70	259.68
安　徽	Anhui	2494.88	817.12	271.44
山　东	Shandong	2742.49	1663.99	264.71
河　南	Henan	3390.29	2344.63	182.59

4-7 续表 continued

地区	Region	饮水安全总人口 Total Population with Safe Drinking Water	#只达到基本安全人口 Population with Generally Safe Drinking Water	饮水安全达标人口新增 Newly-Increased Population with Safe Drinking Water
长江区	**Yangtze River**	**21327.48**	**9553.74**	**1669.78**
上　海	Shanghai	339.24		6.26
江　苏	Jiangsu	1913.54	365.08	49.07
浙　江	Zhejiang	455.69	71.63	19.63
安　徽	Anhui	1450.88	649.70	140.76
江　西	Jiangxi	2396.62	1388.23	139.17
河　南	Henan	679.73	381.10	30.13
湖　北	Hubei	1686.35	518.04	295.33
湖　南	Hunan	3441.58	1880.18	108.7
广　西	Guangxi	115.40	90.22	5.47
重　庆	Chongqing	1600.51	486.70	249.40
四　川	Sichuan	4358.00	1875.48	317.86
贵　州	Guizhou	1476.28	1133.86	180.92
云　南	Yunnan	824.68	408.92	59.53
陕　西	Shaanxi	465.48	235.18	53.11
甘　肃	Gansu	116.61	68.57	12.51
青　海	Qinghai	6.89	0.85	1.92
东南诸河区	**Rivers in Southeast**	**4316.00**	**1126.27**	**469.06**
浙　江	Zhejiang	2467.55	586.19	288.97
安　徽	Anhui	94.10	59.76	7.76
福　建	Fujian	1754.35	480.32	172.33
珠江区	**Pearl River**	**8684.79**	**4552.55**	**589.08**
湖　南	Hunan	806.27	390.78	19.22
广　东	Guangdong	3566.67	1716.73	285.90
广　西	Guangxi	2629.52	1683.43	188.01
海　南	Hainan	407.36	59.08	17.55
贵　州	Guizhou	638.53	387.28	42.95
云　南	Yunnan	636.43	315.25	35.44
西南诸河区	**Rivers in Southwest**	**1163.53**	**371.71**	**115.23**
云　南	Yunnan	1013.52	371.41	86.08
西　藏	Tibet	147.96		28.78
青　海	Qinghai	2.05	0.30	0.37
西北诸河区	**Rivers in Northwest**	**872.70**	**383.03**	**121.74**
内蒙古	Inner Mongolia	73.55	73.55	7.95
甘　肃	Gansu	201.38	49.39	19.61
青　海	Qinghai	15.26	3.67	1.96
新　疆	Xinjiang	582.51	256.42	92.23

4-8 2008年蓄水工程供水量（按地区分）

Water Supply of Storage Works of 2008 (by Regions)

单位:万立方米 unit: $10^4 m^3$

地区	Region	合计 Total	农业灌溉供水量 Water Supply for Irrigation	工业生产供水量 Water Supply for Industrial	城镇生活供水量 Water Supply for Urban Domestic	乡村生活供水量 Water Supply for Rural Domestic	生态环境供水量 Water Supply for Ecological Environment	其他 Others	另：水电供水量 Water Supply for Hydropower Generation
合　计	**Total**	**17982884**	**12075796**	**2158690**	**1369754**	**336474**	**239916**	**1802255**	**20936154**
北　京	Beijing	53633	8	80	53500			45	
天　津	Tianjin	1739	773				966		
河　北	Hebei	272626	122833	27921	72489	1224	42308	5851	126899
山　西	Shanxi	92928	48114	20226	6729	1046	14204	2609	1817323
内蒙古	Inner Mongolia	124228	112297	2837	739	150	8205		108385
辽　宁	Liaoning	406123	271967	54058	67529	2559	5023	4987	53848
吉　林	Jilin	521872	123227	4655	56405	85		337500	494307
黑龙江	Heilongjiang	279931	257437	5726	8452	56	8260		169630
上　海	Shanghai								
江　苏	Jiangsu	221887	169481	18899	22580	10712	90	125	25500
浙　江	Zhejiang	1154134	600054	217195	203971	56833	43200	32881	1011472
安　徽	Anhui	1046500	870194	28863	25398	18436	2137	101473	1216204
福　建	Fujian	988500	573761	140959	71802	22608	11028	168343	391717
江　西	Jiangxi	1181382	960994	153425	43935	12921	1960	8147	1508166
山　东	Shandong	414740	227717	69215	64068	10700	12873	30167	45955
河　南	Henan	392717	147081	55998	20544	1850	5618	161626	343724
湖　北	Hubei	1494356	768725	217988	81299	73723	9326	343296	3709926
湖　南	Hunan	1332946	1100954	66820	77586	24392	10184	53011	1710156
广　东	Guangdong	2704445	1459967	595807	193479	32113	9359	413720	2366882
广　西	Guangxi	1391596	1223297	95365	37299	6691	13623	15321	2672659
海　南	Hainan	246703	202175	8831	15104	10		20583	81010
重　庆	Chongqing	174826	116862	18251	23026	13766	231	2690	1220257
四　川	Sichuan	626326	497365	60922	31101	10452	1099	25387	61275
贵　州	Guizhou	429474	188228	188180	30919	8349	44	13755	744714
云　南	Yunnan	660902	502701	41565	78882	15935	12087	9733	493428
西　藏	Tibet	144209	144013	21	52	124			
陕　西	Shaanxi	243356	141683	28400	63232	5201	619	4221	20052
甘　肃	Gansu	353057	306956	22996	4349	3658	15099		122189
青　海	Qinghai	99128	50717	2260	90	694	800	44567	98824
宁　夏	Ningxia	13070	6391	2723	398	315	2711	531	
新　疆	Xinjiang	915549	879824	8507	14797	1873	8862	1686	321652

4-9 2008年蓄水工程供水量（按水资源分区分）
Water Supply of Storage Works of 2008 (by Water Resources Regions)

单位:万立方米 unit: $10^4 m^3$

水资源一级区	Grade-Ⅰ Water Resources Region	合计 Total	农业灌溉供水量 Water Supply for Irrigation	工业生产供水量 Water Supply for Industrial	城镇生活供水量 Water Supply for Urban Domestic	乡村生活供水量 Water Supply for Rural Domestic	生态环境供水量 Water Supply for Ecological Environment	其他 Others	另：水电供水量 Water Supply for Hydropower Generation
合　计	**Total**	**17982884**	**12075796**	**2158690**	**1369754**	**336474**	**239916**	**1802255**	**20936154**
松花江区	Songhua River	864677	444781	9757	63933	141	8565	337500	767677
辽河区	Liaohe River	435024	299171	54831	68453	2559	5023	4987	53848
海河区	Haihe River	411107	165150	56935	132040	2755	44112	10116	140495
黄河区	Yellow River	356858	200704	51556	75114	6366	18466	4652	1835886
淮河区	Huaihe River	1245744	862159	80909	90978	19144	12229	180325	955039
长江区	Yangtze River	6038610	4175720	748723	360799	167941	41869	543557	9430107
其中：太湖区	Among Which: Taihu Lake	61459	45931	6010	7060	2458			45441
东南诸河区	Rivers in Southeast	2147891	1181245	357033	271953	79198	54233	204230	1368076
珠江区	Pearl River	4778194	3208816	751308	275073	49089	23238	470669	5724523
西南诸河区	Rivers in Southwest	375215	339962	15250	12842	4581	515	2066	122697
西北诸河区	Rivers in Northwest	1329563	1198088	32389	18568	4700	31665	44153	537806

4-10 2008年蓄水工程供水量（按水资源分区和地区分）

Water Supply of Storage Works of 2008 (by Water Resources Regions and Regions)

单位:万立方米 unit: 10^4m^3

地区	Region	合计 Total	农业灌溉供水量 Water Supply for Irrigation	工业生产供水量 Water Supply for Industrial	城镇生活供水量 Water Supply for Urban Domestic	乡村生活供水量 Water Supply for Rural Domestic	生态环境供水量 Water Supply for Ecological Environment	其他 Others	另：水电供水量 Water Supply for Hydropower Generation
松花江区	**Songhua Rievr**	**864677**	**444781**	**9757**	**63933**	**141**	**8565**	**337500**	**767677**
内蒙古	Inner Mongolia	79179	78874				305		103740
吉 林	Jilin	505567	108470	4031	55481	85		337500	494307
黑龙江	Heilongjiang	279931	257437	5726	8452	56	8260		169630
辽河区	**Liaohe River**	**435024**	**299171**	**54831**	**68453**	**2559**	**5023**	**4987**	**53848**
内蒙古	Inner Mongolia	12676	12527	149					
辽 宁	Liaoning	406043	271887	54058	67529	2559	5023	4987	53848
吉 林	Jilin	16305	14757	624	924				
海河区	**Haihe River**	**411107**	**165150**	**56935**	**132040**	**2755**	**44112**	**10116**	**140495**
北 京	Beijing	53633	8	80	53500			45	
天 津	Tianjin	1739	773				966		
河 北	Hebei	272626	122833	27921	72489	1224	42308	5851	126899
山 西	Shanxi	30994	16459	10878	629	400	28	2600	4851
内蒙古	Inner Mongolia	901	621	280					4645
辽 宁	Liaoning	80	80						
山 东	Shandong	23212	9070	7040	3722	950	810	1620	
河 南	Henan	27923	15306	10736	1700	181			4100
黄河区	**Yellow River**	**356858**	**200704**	**51556**	**75114**	**6366**	**18466**	**4652**	**1835886**
山 西	Shanxi	61935	31656	9348	6100	646	14176	9	1812472
内蒙古	Inner Mongolia	22008	19392	2208	308	100			
山 东	Shandong	41828	31998	4844	3921	934	15	116	331
河 南	Henan	14658	9503	3522	831	467	305	30	12086
陕 西	Shaanxi	157726	63386	27360	62512	2339	263	1866	6138
甘 肃	Gansu	17692	14461	1211	954	871	196		
青 海	Qinghai	27942	23918	340	90	694	800	2100	4859
宁 夏	Ningxia	13070	6391	2723	398	315	2711	531	
淮河区	**Huaihe River**	**1245744**	**862159**	**80909**	**90978**	**19144**	**12229**	**180325**	**955039**
江 苏	Jiangsu	72956	56329	2588	12157	1747	10	125	25500
安 徽	Anhui	564342	542189	8240	6218	7492	30	173	727418
山 东	Shandong	349700	186649	57331	56425	8816	12048	28431	45624
河 南	Henan	258746	76992	12750	16178	1089	141	151596	156497

4-10 续表 continued

地区	Region	合计 Total	农业灌溉供水量 Water Supply for Irrigation	工业生产供水量 Water Supply for Industrial	城镇生活供水量 Water Supply for Urban Domestic	乡村生活供水量 Water Supply for Rural Domestic	生态环境供水量 Water Supply for Ecological Environment	其他 Others	另：水电供水量 Water Supply for Hydropower Generation
长江区	**Yangtze River**	**6038610**	**4175720**	**748723**	**360799**	**167941**	**41869**	**543557**	**9430107**
上　海	Shanghai								
江　苏	Jiangsu	148931	113152	16311	10423	8965	80		
浙　江	Zhejiang	16941	10638	1398	4292	613			45441
安　徽	Anhui	459960	309937	20346	18708	10574	2102	98294	478458
江　西	Jiangxi	1181382	960994	153425	43935	12921	1960	8147	1508166
河　南	Henan	91390	45280	28990	1835	113	5172	10000	171041
湖　北	Hubei	1494356	768725	217988	81299	73723	9326	343296	3709926
湖　南	Hunan	1076299	880054	58122	67178	20572	9896	40477	1442466
广　西	Guangxi	169496	91305	72592	95	28	3205	2271	128795
重　庆	Chongqing	174826	116862	18251	23026	13766	231	2690	1220257
四　川	Sichuan	626326	497365	60922	31101	10452	1099	25387	61275
贵　州	Guizhou	255359	131142	89810	24514	6769	24	3101	499944
云　南	Yunnan	255712	170056	9506	53619	6573	8419	7539	150424
陕　西	Shaanxi	85630	78297	1040	720	2862	356	2355	13914
甘　肃	Gansu	2001	1913	23	55	10			
青　海	Qinghai								
东南诸河区	**Rivers in Southeast**	**2147891**	**1181245**	**357033**	**271953**	**79198**	**54233**	**204230**	**1368076**
浙　江	Zhejiang	1137193	589416	215797	199679	56220	43200	32881	966031
福　建	Fujian	22198	18068	277	472	370	5	3006	10328
安　徽	Anhui	988500	573761	140959	71802	22608	11028	168343	391717
珠江区	**Pearl River**	**4778194**	**3208816**	**751308**	**275073**	**49089**	**23238**	**470669**	**5724523**
湖　南	Hunan	256648	220900	8698	10408	3820	288	12534	267690
广　东	Guangdong	2704445	1459967	595807	193479	32113	9359	413720	2366882
广　西	Guangxi	1222100	1131992	22773	37204	6663	10418	13050	2543864
海　南	Hainan	246703	202175	8831	15104	10		20583	81010
贵　州	Guizhou	174115	57086	98370	6405	1580	20	10654	244770
云　南	Yunnan	174184	136696	16830	12473	4904	3153	128	220307
西南诸河区	**Rivers in Southwest**	**375215**	**339962**	**15250**	**12842**	**4581**	**515**	**2066**	**122697**
云　南	Yunnan	231006	195949	15229	12790	4457	515	2066	122697
西　藏	Tibet	144209	144013	21	52	124			
青　海	Qinghai								
西北诸河区	**Rivers in Northwest**	**1329563**	**1198088**	**32389**	**18568**	**4700**	**31665**	**44153**	**537806**
内蒙古	Inner Mongolia	9464	883	200	431	50	7900		
甘　肃	Gansu	333364	290582	21762	3340	2777	14903		122189
青　海	Qinghai	71186	26799	1920				42467	93965
新　疆	Xinjiang	915549	879824	8507	14797	1873	8862	1686	321652

4-11　2008年引水工程供水量（按地区分）

Water Supply of Diversion Works of 2008 (by Regions)

单位:万立方米　　　　unit: 10^4m^3

地区	Region	合计 Total	农业灌溉供水量 Water Supply for Irrigation	工业生产供水量 Water Supply for Industrial	城镇生活供水量 Water Supply for Urban Domestic	乡村生活供水量 Water Supply for Rural Domestic	生态环境供水量 Water Supply for Ecological Environment	其他 Others	另：水电供水量 Water Supply for Hydropower Generation
合　计	**Total**	**16617783**	**13584083**	**1378886**	**619194**	**260190**	**475762**	**299668**	**7978773**
北　京	Beijing	22760	456	1401	16099			4804	
天　津	Tianjin	87837	21805	32250	29300		4482		61202
河　北	Hebei	229772	194578	21945	5346	1968	2439	3496	33304
山　西	Shanxi	74306	59227	8150	1972	4297	484	176	326425
内蒙古	Inner Mongolia	720892	642132	7011	1647	650	69452		92981
辽　宁	Liaoning	165073	101285	28603	32671	864		1651	2500
吉　林	Jilin	97374	89654	3735	3294	663	28		
黑龙江	Heilongjiang	564010	512340	11788	5363	75	34444		400694
上　海	Shanghai								
江　苏	Jiangsu	1610770	1157352	156253	119789	71579	98448	7350	522
浙　江	Zhejiang	313910	153235	54739	24566	10732	65738	4900	46290
安　徽	Anhui	253638	218678	13923	9162	10106	1331	438	87585
福　建	Fujian	742724	598453	81370	26443	15761	6847	13850	97335
江　西	Jiangxi	596357	502355	58591	11551	6715	1006	16138	491728
山　东	Shandong	778037	555156	72230	19970	10111	9346	111225	2200
河　南	Henan	549418	437079	63190	9656	5896	14931	18666	466979
湖　北	Hubei	497565	416632	37712	28791	4048	29	10353	158692
湖　南	Hunan	333599	291727	12359	16521	10378	2263	351	386930
广　东	Guangdong	1145797	777535	197010	102579	12616	3801	52257	1387109
广　西	Guangxi	649735	591111	36171	11825	9509		1120	789080
海　南	Hainan	74288	71898	1349	967			74	59630
重　庆	Chongqing	45440	32544	6321	2148	4316	56	57	16459
四　川	Sichuan	1019526	734130	163007	76017	9522	2223	34627	129114
贵　州	Guizhou	342206	141308	183770	5391	7191	149	4398	188764
云　南	Yunnan	698789	605631	31744	18084	31964	8438	2928	2287681
西　藏	Tibet	53325	49054	5	245	2174	1828	18	
陕　西	Shaanxi	198535	166799	11977	4666	7932	451	6710	99609
甘　肃	Gansu	412275	327311	51118	15541	8216	10089		20000
青　海	Qinghai	163193	124519	14677	7298	6106	10271	323	104204
宁　夏	Ningxia	604484	595185			249	9050		
新　疆	Xinjiang	3572149	3414917	16490	12293	6551	118139	3760	241756

4-12 2008 年引水工程供水量（按水资源分区分）

Water Supply of Diversion Works of 2008 (by Water Resources Regions)

单位:万立方米 unit: 10^4m^3

水资源一级区	Grade- I Water Resources Region	合计 Total	农业灌溉供水量 Water Supply for Irrigation	工业生产供水量 Water Supply for Industrial	城镇生活供水量 Water Supply for Urban Domestic	乡村生活供水量 Water Supply for Rural Domestic	生态环境供水量 Water Supply for Ecological Environment	其他 Others	另：水电供水量 Water Supply for Hydropower Generation
合　计	**Total**	**16617783**	**13584083**	**1378886**	**619194**	**260190**	**475762**	**299668**	**7978773**
松花江区	Songhua River	777002	713371	18788	8657	1114	35072		415395
辽河区	Liaohe River	196253	132465	28603	32671	864		1651	2500
海河区	Haihe River	833474	638925	91667	64446	12426	10047	15964	363176
黄河区	Yellow River	2038176	1726105	142606	30379	18512	24524	96050	243565
淮河区	Huaihe River	1527437	1292694	109215	42780	28712	20119	33916	1522
长江区	Yangtze River	3822480	2703538	585532	242727	114516	105043	71126	2492552
其中：太湖区	Among Which: Taihu Lake	236666	100367	17893	14991	5782	97562	72	14898
东南诸河区	Rivers in Southeast	992028	695700	134258	47256	27067	68997	18750	128968
珠江区	Pearl River	2015093	1564317	225795	126425	31007	11616	55934	2977275
西南诸河区	Rivers in Southwest	508791	459276	16837	10476	17265	2419	2518	1068358
西北诸河区	Rivers in Northwest	3907050	3657692	25586	13378	8708	197926	3760	285462

4-13 2008年引水工程供水量（按水资源分区和地区分）

Water Supply of Diversion Works of 2008 (by Water Resources Regions and Regions)

单位:万立方米 unit: 10^4m^3

地区	Region	合计 Total	农业灌溉供水量 Water Supply for Irrigation	工业生产供水量 Water Supply for Industrial	城镇生活供水量 Water Supply for Urban Domestic	乡村生活供水量 Water Supply for Rural Domestic	生态环境供水量 Water Supply for Ecological Environment	其他 Others	另：水电供水量 Water Supply for Hydropower Generation
松花江区	**Songhua River**	**777002**	**713371**	**18788**	**8657**	**1114**	**35072**		**415395**
内蒙古	Inner Mongolia	120209	115968	3265		376	600		14701
吉 林	Jilin	92783	85063	3735	3294	663	28		
黑龙江	Heilongjiang	564010	512340	11788	5363	75	34444		400694
辽河区	**Liaohe River**	**196253**	**132465**	**28603**	**32671**	**864**		**1651**	**2500**
内蒙古	Inner Mongolia	26689	26689						
辽 宁	Liaoning	164973	101185	28603	32671	864		1651	2500
吉 林	Jilin	4591	4591						
海河区	**Haihe River**	**833474**	**638925**	**91667**	**64446**	**12426**	**10047**	**15964**	**363176**
北 京	Beijing	22760	456	1401	16099			4804	
天 津	Tianjin	87837	21805	32250	29300		4482		61202
河 北	Hebei	229772	194578	21945	5346	1968	2439	3496	33304
山 西	Shanxi	31346	24255	5080	531	1392	88		266470
内蒙古	Inner Mongolia	2732	2657			75			
辽 宁	Liaoning	100	100						
山 东	Shandong	373975	331450	20665	8714	5204	2488	5454	
河 南	Henan	84953	63624	10327	4456	3786	550	2210	2200
黄河区	**Yellow River**	**2038176**	**1726105**	**142606**	**30379**	**18512**	**24524**	**96050**	**243565**
山 西	Shanxi	42960	34972	3070	1441	2905	396	176	59955
内蒙古	Inner Mongolia	498850	493413	3746	1533	158			78280
山 东	Shandong	120273	8038	29725	370	2118	1008	79014	1200
河 南	Henan	373426	306615	41741	2824	1520	4441	16285	22131
陕 西	Shaanxi	101306	88843	8376	2623	989	223	252	12057
甘 肃	Gansu	191802	119731	49876	15288	4909	1997		
青 海	Qinghai	105076	79309	6072	6299	5664	7409	323	69942
宁 夏	Ningxia	604484	595185			249	9050		
淮河区	**Huaihe River**	**1527437**	**1292694**	**109215**	**42780**	**28712**	**20119**	**33916**	**1522**
江 苏	Jiangsu	1101087	961517	74867	28400	25154	4299	6851	522
安 徽	Anhui	57427	54175	1686	1118	280	30	138	
山 东	Shandong	283790	215668	21840	10886	2789	5850	26757	1000
河 南	Henan	85133	61334	10822	2376	490	9940	171	

4-13 续表 continued

地区	Region	合计 Total	农业灌溉供水量 Water Supply for Irrigation	工业生产供水量 Water Supply for Industrial	城镇生活供水量 Water Supply for Urban Domestic	乡村生活供水量 Water Supply for Rural Domestic	生态环境供水量 Water Supply for Ecological Environment	其他 Others	另：水电供水量 Water Supply for Hydropower Generation
长江区	**Yangtze River**	**3822480**	**2703538**	**585532**	**242727**	**114516**	**105043**	**71126**	**2492552**
上　海	Shanghai								
江　苏	Jiangsu	509683	195835	81386	91389	46426	94149	499	
浙　江	Zhejiang	71504	61093	2026	4342	450	3593		14898
安　徽	Anhui	189313	159398	12062	7455	8802	1296	300	87344
江　西	Jiangxi	596357	502355	58591	11551	6715	1006	16138	491728
河　南	Henan	5906	5506	300		100			442648
湖　北	Hubei	497565	416632	37712	28791	4048	29	10353	158692
湖　南	Hunan	260058	232103	7795	9467	8237	2160	296	344548
广　西	Guangxi	73154	45739	26394	817	204			35745
重　庆	Chongqing	45440	32544	6321	2148	4316	56	57	16459
四　川	Sichuan	1019526	734130	163007	76017	9522	2223	34627	129114
贵　州	Guizhou	279800	94262	175652	2941	4853	9	2083	180554
云　南	Yunnan	160983	132566	9936	5626	12266	275	315	492714
陕　西	Shaanxi	97229	77956	3601	2043	6943	228	6458	87552
甘　肃	Gansu	15783	13419	679	59	1606	19		
青　海	Qinghai	179		71	82	26			10556
东南诸河区	**Rivers in Southeast**	**992028**	**695700**	**134258**	**47256**	**27067**	**68997**	**18750**	**128968**
浙　江	Zhejiang	242406	92142	52713	20224	10282	62145	4900	31392
福　建	Fujian	6898	5105	175	589	1024	5		241
安　徽	Anhui	742724	598453	81370	26443	15761	6847	13850	97335
珠江区	**Pearl River**	**2015093**	**1564317**	**225795**	**126425**	**31007**	**11616**	**55934**	**2977275**
湖　南	Hunan	73541	59624	4564	7054	2141	103	55	42382
广　东	Guangdong	1145797	777535	197010	102579	12616	3801	52257	1387109
广　西	Guangxi	576581	545372	9777	11008	9305		1120	753334.5
海　南	Hainan	74288	71898	1349	967			74	59630
贵　州	Guizhou	62406	47046	8118	2450	2337	140	2315	8210
云　南	Yunnan	82480	62843	4977	2367	4607	7572	113	726609
西南诸河区	**Rivers in Southwest**	**508791**	**459276**	**16837**	**10476**	**17265**	**2419**	**2518**	**1068358**
云　南	Yunnan	455326	410222	16831	10091	15091	591	2500	1068358
西　藏	Tibet	53325	49054	5	245	2174	1828	18	
青　海	Qinghai	140.0			**140**				
西北诸河区	**Rivers in Northwest**	**3907050**	**3657692**	**25586**	**13378**	**8708**	**197926**	**3760**	**285462**
内蒙古	Inner Mongolia	72412	3405		114	41	68852		
甘　肃	Gansu	204691	194160	563	194	1701	8073		20000
青　海	Qinghai	57798	45210	8534	777	415	2862		23706
新　疆	Xinjiang	3572149	3414917	16490	12293	6551	118139	3760	241756

4-14 2008年取水泵站工程供水量（按地区分）

Water Supply of Pumping Stations of 2008 (by Regions)

单位:万立方米 | unit: 10^4m^3

地区	Region	合计 Total	农业灌溉供水量 Water Supply for Irrigation	工业生产供水量 Water Supply for Industrial	城镇生活供水量 Water Supply for Urban Domestic	乡村生活供水量 Water Supply for Rural Domestic	生态环境供水量 Water Supply for Ecological Environment	其他 Others
合 计	**Total**	**7490646**	**5076945**	**1553478**	**632765**	**113289**	**58707**	**55463**
北 京	Beijing	5240	1337	16	35	125	3688	38
天 津	Tianjin	65217	64680			7	530	
河 北	Hebei	33868	29631	2025	166	81	1965	
山 西	Shanxi	49699	44100	3257	825	1454	33	30
内蒙古	Inner Mongolia	111193	79150	27772	3321		950	
辽 宁	Liaoning	255645	236571	11631	5318	2002	113	10
吉 林	Jilin	104023	103506	122	368	27		
黑龙江	Heilongjiang	373121	366016	5394	1703	8		
上 海	Shanghai	1197700	173261	709598	308954			5887
江 苏	Jiangsu	2056931	1289238	548467	145496	58085	10791	4854
浙 江	Zhejiang	654493	455767	105944	48028	15554	27621	1580
安 徽	Anhui	413853	383408	15191	8911	5223	1039	81
福 建	Fujian	48079	43839	358	3608	201	73	
江 西	Jiangxi	177170	160964	8700	6666	625	200	15
山 东	Shandong	228274	210365	9719	2576	4810	271	533
河 南	Henan	30733	27954	1206	935	593	25	20
湖 北	Hubei	250882	224719	11736	9536	4078	794	20
湖 南	Hunan	316002	290978	12717	6823	3551	1409	524
广 东	Guangdong	337688	194951	30637	63437	4582	4036	40045
广 西	Guangxi	183126	177142	1162	3302	1389		132
海 南	Hainan	3514	3514					
重 庆	Chongqing	22269	14404	3848	1800	1795	71	351
四 川	Sichuan	4003	3888	38	50	26		1
贵 州	Guizhou	29058	25836	415	1417	1076		315
云 南	Yunnan	77443	68526	5048	2482	970	304	113
西 藏	Tibet	1291	1281	8		2		
陕 西	Shaanxi	123014	109157	5829	3029	3332	756	912
甘 肃	Gansu	170467	130319	30434	3201	3564	2949	
青 海	Qinghai	10549	9118	346	86		1000	
宁 夏	Ningxia	114482	114352			130		
新 疆	Xinjiang	41621	38975	1861	695		90	

4-15 2008年取水泵站工程供水量（按水资源分区分）

Water Supply of Pumping Stations of 2008 (by Water Resources Regions)

单位:万立方米 unit: 10^4m^3

水资源一级区	Grade- I Water Resources Region	合计 Total	农业灌溉供水量 Water Supply for Irrigation	工业生产供水量 Water Supply for Industrial	城镇生活供水量 Water Supply for Urban Domestic	乡村生活供水量 Water Supply for Rural Domestic	生态环境供水量 Water Supply for Ecological Environment	其他 Others
合 计	**Total**	**7490646**	**5076945**	**1553478**	**632765**	**113289**	**58707**	**55463**
松花江区	Songhua River	483314	475692	5516	2071	35		
辽河区	Liaohe River	256704	237630	11631	5318	2002	113	10
海河区	Haihe River	183845	170952	4586	1187	859	6203	58
黄河区	Yellow River	551577	464998	63908	8563	7835	5654	618
淮河区	Huaihe River	1308992	1183564	71618	26067	20565	2140	5037
长江区	Yangtze River	3740239	1878956	1280525	490196	64762	17610	8191
其中：太湖区	Among Which: Taihu Lake	2376207	779105	1182233	383002	13363	12081	6422
东南诸河区	Rivers in Southeast	309808	171390	76393	28115	10072	22569	1270
珠江区	Pearl River	590790	433339	36361	69752	7046	4061	40232
西南诸河区	Rivers in Southwest	21266	18962	1078	801	113	266	46
西北诸河区	Rivers in Northwest	44110	41463	1862	695		90	

4-16 2008 年取水泵站工程供水量（按水资源分区和地区分）

Water Supply of Pumping Stations of 2008 (by Water Resources Regions and Regions)

单位:万立方米 unit: $10^4 m^3$

地区	Region	合计 Total	农业灌溉供水量 Water Supply for Irrigation	工业生产供水量 Water Supply for Industrial	城镇生活供水量 Water Supply for Urban Domestic	乡村生活供水量 Water Supply for Rural Domestic	生态环境供水量 Water Supply for Ecological Environment	其他 Others
松花江区	**Songhua River**	**483314**	**475692**	**5516**	**2071**	**35**		
内蒙古	Inner Mongolia	6869	6869					
吉 林	Jilin	103324	102807	122	368	27		
黑龙江	Heilongjiang	373121	366016	5394	1703	8		
辽河区	**Liaohe River**	**256704**	**237630**	**11631**	**5318**	**2002**	**113**	**10**
内蒙古	Inner Mongolia	400	400					
辽 宁	Liaoning	255605	236531	11631	5318	2002	113	10
吉 林	Jilin	699	699					
海河区	**Haihe River**	**183845**	**170952**	**4586**	**1187**	**859**	**6203**	**58**
北 京	Beijing	5240	1337	16	35	125	3688	38
天 津	Tianjin	65217	64680			7	530	
河 北	Hebei	33868	29631	2025	166	81	1965	
山 西	Shanxi	12340	8736	2362	642	595	5	
内蒙古	Inner Mongolia							
辽 宁	Liaoning	40	40					
山 东	Shandong	55454	55014	40	320	50	10	20
河 南	Henan	11686	11514	143	24		5	
黄河区	**Yellow River**	**551577**	**464998**	**63908**	**8563**	**7835**	**5654**	**618**
山 西	Shanxi	37359	35364	895	183	859	28	30
内蒙古	Inner Mongolia	103819	71776	27772	3321		950	
山 东	Shandong	13650	12492	258	245	516	13	126
河 南	Henan	7764	6497	520	254	473	20	
陕 西	Shaanxi	100942	91773	3940	1472	2600	696	462
甘 肃	Gansu	163878	124492	30178	3003	3257	2948	
青 海	Qinghai	9683	8252	346	86		1000	
宁 夏	Ningxia	114482	114352			130		
淮河区	**Huaihe River**	**1308992**	**1183564**	**71618**	**26067**	**20565**	**2140**	**5037**
江 苏	Jiangsu	901239	799840	55954	22788	16138	1890	4629
安 徽	Anhui	238514	232136	5700	611	64	2	1
山 东	Shandong	159170	142859	9421	2011	4244	248	387
河 南	Henan	10069	8729	543	657	120		20

4-16 续表 continued

地区	Region	合计 Total	农业灌溉供水量 Water Supply for Irrigation	工业生产供水量 Water Supply for Industrial	城镇生活供水量 Water Supply for Urban Domestic	乡村生活供水量 Water Supply for Rural Domestic	生态环境供水量 Water Supply for Ecological Environment	其他 Others
长江区	**Yangtze River**	**3740239**	**1878956**	**1280525**	**490196**	**64762**	**17610**	**8191**
上 海	Shanghai	1197700	173261	709598	308954			5887
江 苏	Jiangsu	1155692	489398	492513	122708	41947	8901	225
浙 江	Zhejiang	398066	332677	30009	24057	5833	5180	310
安 徽	Anhui	170037	146811	9391	7764	5009	982	80
江 西	Jiangxi	177170	160964	8700	6666	625	200	15
河 南	Henan	1214	1214					
湖 北	Hubei	250882	224719	11736	9536	4078	794	20
湖 南	Hunan	287657	265690	11316	5585	3136	1407	524
广 西	Guangxi	7116	7046		70			
重 庆	Chongqing	22269	14404	3848	1800	1795	71	351
四 川	Sichuan	4003	3888	38	50	26		1
贵 州	Guizhou	20198	17843	343	816	900		297
云 南	Yunnan	21094	19348	889	437	375	15	30
陕 西	Shaanxi	22072	17384	1889	1557	732	60	450
甘 肃	Gansu	5071	4310	255	198	307	1	
青 海	Qinghai							
东南诸河区	**Rivers in Southeast**	**309808**	**171390**	**76393**	**28115**	**10072**	**22569**	**1270**
浙 江	Zhejiang	256427	123090	75935	23971	9721	22441	1270
福 建	Fujian	5302	4461	100	536	150	55	
安 徽	Anhui	48079	43839	358	3608	201	73	
珠江区	**Pearl River**	**590790**	**433339**	**36361**	**69752**	**7046**	**4061**	**40232**
湖 南	Hunan	28345	25289	1401	1238	415	2	
广 东	Guangdong	337688	194951	30637	63437	4582	4036	40045
广 西	Guangxi	176010	170096	1162	3232	1389		132
海 南	Hainan	3514	3514					
贵 州	Guizhou	8860	7993	72	601	176		18
云 南	Yunnan	36373	31496	3089	1244	484	23	37
西南诸河区	**Rivers in Southwest**	**21266**	**18962**	**1078**	**801**	**113**	**266**	**46**
云 南	Yunnan	19976	17682	1070	801	111	266	46
西 藏	Tibet	1291	1281	8		2		
青 海	Qinghai							
西北诸河区	**Rivers in Northwest**	**44110**	**41463**	**1862**	**695**		**90**	
内蒙古	Inner Mongolia	105	105					
甘 肃	Gansu	1518	1517	1				
青 海	Qinghai	866	866					
新 疆	Xinjiang	41621	38975	1861	695		90	

4-17　2008年机电井工程供水量（按地区分）

Water Supply of Mechanical and Electrical Irrigation Wells of 2008 (by Regions)

单位:万立方米　　　　unit: $10^4 m^3$

地区	Region	合计 Total	农业灌溉供水量 Water Supply for Irrigation	工业生产供水量 Water Supply for Industrial	城镇生活供水量 Water Supply for Urban Domestic	乡村生活供水量 Water Supply for Rural Domestic	生态环境供水量 Water Supply for Ecological Environment	其他 Others
合　计	**Total**	**7696547**	**6090309**	**693148**	**323435**	**499675**	**59616**	**30364**
北　京	Beijing	179840	105455	16396	16943	26159	5687	9200
天　津	Tianjin	59481	33345	11416	1446	12831	443	
河　北	Hebei	1413013	1104986	148005	56346	91725	5785	6165
山　西	Shanxi	217147	165356	15656	9337	25743	378	676
内蒙古	Inner Mongolia	778800	604166	81058	34507	42664	14297	2108
辽　宁	Liaoning	447686	360325	42644	21964	21062	892	800
吉　林	Jilin	254356	224907	7667	9400	12230		152
黑龙江	Heilongjiang	1121220	1033143	30390	25123	32549	15	
上　海	Shanghai							
江　苏	Jiangsu	78454	49613	9603	7182	11572	400	84
浙　江	Zhejiang	15872	7661	4626	1544	1707	335	
安　徽	Anhui	68206	50085	7129	3363	7579	10	40
福　建	Fujian	20352	12300	2727	3436	854		1035
江　西	Jiangxi	16961	16499	287	164	11		
山　东	Shandong	759204	558319	87490	31624	75261	3420	3089
河　南	Henan	803404	648072	66872	32489	51416	435	4120
湖　北	Hubei	10926	8131	928	986	876		5
湖　南	Hunan	12024	10811	435	407	179	106	86
广　东	Guangdong	52938	41433	1434	5161	4580		330
广　西	Guangxi	24837	12660	1005	1321	9852		
海　南	Hainan	10582	9672		900	10		
重　庆	Chongqing	2080	5	7	5	2063		
四　川	Sichuan	11313	6469	180	316	4348		
贵　州	Guizhou	1939	1208			226		505
云　南	Yunnan	13013	6235	2333	2761	1410	31	243
西　藏	Tibet	1817	1813	2		2		
陕　西	Shaanxi	289627	149575	82327	19248	31562	5416	1500
甘　肃	Gansu	278163	209160	31758	13031	13996	10219	
青　海	Qinghai	13511	4298	4197	3423	1105	477	11
宁　夏	Ningxia	9221	7308	671	315	841	17	69
新　疆	Xinjiang	730562	647301	35906	20694	15261	11254	146

4-18 2008 年机电井工程供水量（按水资源分区分）

Water Supply of Mechanical and Electrical Irrigation Wells of 2008 (by Water Resources Regions)

单位:万立方米 unit: 10^4m^3

水资源一级区	Grade- I Water Resources Region	合计 Total	农业灌溉供水量 Water Supply for Irrigation	工业生产供水量 Water Supply for Industrial	城镇生活供水量 Water Supply for Urban Domestic	乡村生活供水量 Water Supply for Rural Domestic	生态环境供水量 Water Supply for Ecological Environment	其他 Others
合 计	**Total**	**7696547**	**6090309**	**693148**	**323435**	**499675**	**59616**	**30364**
松花江区	Songhua River	1565631	1402067	55859	41895	63578	2080	152
辽河区	Liaohe River	699277	577992	58283	25131	27654	7309	2908
海河区	Haihe River	2144805	1652046	212401	94056	158062	12557	15683
黄河区	Yellow River	1012191	694834	166063	56185	81832	11164	2114
淮河区	Huaihe River	977990	718112	106775	42603	100211	3627	6662
长江区	Yangtze River	148525	87088	20890	14971	24050	813	712
其中：太湖区	Among Which: Taihu Lake	801	442	165	180	14		
东南诸河区	Rivers in Southeast	35683	19692	7199	4873	2549	335	1035
珠江区	Pearl River	93042	67072	4174	8306	12543	11	936
西南诸河区	Rivers in Southwest	3414	2745	2	592	41	20	15
西北诸河区	Rivers in Northwest	1015990	868661	61503	34824	29156	21700	146

4-19 2008年机电井工程供水量（按水资源分区和地区分）

Water Supply of Mechanical and Electrical Irrigation Wells of 2008 (by Water Resources Regions and Regions)

单位:万立方米 unit: 10^4m^3

地区	Region	合计 Total	农业灌溉供水量 Water Supply for Irrigation	工业生产供水量 Water Supply for Industrial	城镇生活供水量 Water Supply for Urban Domestic	乡村生活供水量 Water Supply for Rural Domestic	生态环境供水量 Water Supply for Ecological Environment	其他 Others
松花江区	**Songhua River**	**1565631**	**1402067**	**55859**	**41895**	**63578**	**2080**	**152**
内蒙古	Inner Mongolia	212569	164284	18437	7837	19946	2065	
吉　林	Jilin	231842	204640	7032	8935	11083		152
黑龙江	Heilongjiang	1121220	1033143	30390	25123	32549	15	
辽河区	**Liaohe River**	**699277**	**577992**	**58283**	**25131**	**27654**	**7309**	**2908**
内蒙古	Inner Mongolia	231418	199640	15004	2702	5547	6417	2108
辽　宁	Liaoning	445345	358085	42644	21964	20961	892	800
吉　林	Jilin	22514	20267	635	465	1147		
海河区	**Haihe River**	**2144805**	**1652046**	**212401**	**94056**	**158062**	**12557**	**15683**
北　京	Beijing	179840	105455	16396	16943	26159	5687	9200
天　津	Tianjin	59481	33345	11416	1446	12831	443	
河　北	Hebei	1413013	1104986	148005	56346	91725	5785	6165
山　西	Shanxi	64688	49773	3390	3963	7311	186	64
内蒙古	Inner Mongolia	14562	10159	1312.0	1122	1869	100	
辽　宁	Liaoning	2341	2240			101		
山　东	Shandong	199007	150436	24234	12645	11089	353	249
河　南	Henan	211873	195651	7647	1590	6976	3	6
黄河区	**Yellow River**	**1012191**	**694834**	**166063**	**56185**	**81832**	**11164**	**2114**
山　西	Shanxi	152459	115583	12265	5374	18432	192	612
内蒙古	Inner Mongolia	262491	192580	38450	14830	11453	5178	
山　东	Shandong	94541	73609	9678	4385	6684	65	120
河　南	Henan	182750	143456	16186	8199	14424	217	270
陕　西	Shaanxi	252575	137146	70937	13462	25260	4739	1032
甘　肃	Gansu	46103	21755	13679	6216	4013	440	
青　海	Qinghai	12051	3397	4197	3405	725	317	11
宁　夏	Ningxia	9221	7308	671	315	841	17	69
淮河区	**Huaihe River**	**977990**	**718112**	**106775**	**42603**	**100211**	**3627**	**6662**
江　苏	Jiangsu	73001	46054	9237	6862	10389	400	58
安　徽	Anhui	66798	48984	7026	3326	7412	10	40
山　东	Shandong	465656	334273	53578	14595	57488	3002	2720
河　南	Henan	372536	288802	36934	17820	24922	215	3844

4-19 续表 continued

地区	Region	合计 Total	农业灌溉供水量 Water Supply for Irrigation	工业生产供水量 Water Supply for Industrial	城镇生活供水量 Water Supply for Urban Domestic	乡村生活供水量 Water Supply for Rural Domestic	生态环境供水量 Water Supply for Ecological Environment	其他 Others
长江区	**Yangtze River**	**148525**	**87088**	**20890**	**14971**	**24050**	**813**	**712**
上　海	Shanghai							
江　苏	Jiangsu	5454	3559	365	320	1183		26
浙　江	Zhejiang	741	442	155	130	14		
安　徽	Anhui	1208	927	102	13	166		
江　西	Jiangxi	16961	16499	287	164	11		
河　南	Henan	36245	20164	6106	4881	5094		
湖　北	Hubei	10926	8131	928	986	876		5
湖　南	Hunan	12024	10811	435	407	179	106	86
广　西	Guangxi	3044				3044		
重　庆	Chongqing	2080	5	7	5	2063		
四　川	Sichuan	11313	6469	180	316	4348		
贵　州	Guizhou	1304	1027			226		51
云　南	Yunnan	4322	2178	598	1245	226		76
陕　西	Shaanxi	37052	12429	11390	5786	6302	677	468
甘　肃	Gansu	5852	4448	337	719	318	30	
青　海	Qinghai							
东南诸河区	**Rivers in Southeast**	**35683**	**19692**	**7199**	**4873**	**2549**	**335**	**1035**
浙　江	Zhejiang	15131	7219	4471	1414	1693	335	
福　建	Fujian	200	174	1	24	2		
安　徽	Anhui	20352	12300	2727	3436	854		1035
珠江区	**Pearl River**	**93042**	**67072**	**4174**	**8306**	**12543**	**11**	**936**
湖　南	Hunan							
广　东	Guangdong	52938	41433	1434	5161	4580		330
广　西	Guangxi	21793	12660	1005	1321	6808		
海　南	Hainan	10582	9672		900	10		
贵　州	Guizhou	635	181					454
云　南	Yunnan	7093	3125	1735	925	1145	11	152
西南诸河区	**Rivers in Southwest**	**3414**	**2745**	**2**	**592**	**41**	**20**	**15**
云　南	Yunnan	1598	932		592	39	20	15
西　藏	Tibet	1817	1813	2		2		
青　海	Qinghai							
西北诸河区	**Rivers in Northwest**	**1015990**	**868661**	**61503**	**34824**	**29156**	**21700**	**146**
内蒙古	Inner Mongolia	57760	37503	7855	8016	3849	537	
甘　肃	Gansu	226208	182957	17742	6096	9665	9749	
青　海	Qinghai	1460	901		18	381	160	
新　疆	Xinjiang	730562	647301	35906	20694	15261	11254	146

主要统计指标解释

供水量 各种水源为用水户提供的包括输水损失在内的毛水量。

用水量 各类用水户取用的包括输水损失在内的毛水量，又称取水量。

累计解决农村饮水困难人口(或牲畜) 截至报告期，通过修建水利设施，解决了水源、改良了水质，而改善、解决饮水困难的农村人口（或牲畜）的数量。

农村饮水安全标准 农村饮用水安全卫生评价指标体系分安全和基本安全 2 个档次，由水质、水量、方便程度和保证率 4 项指标组成。4 项指标中只要有一项低于安全或基本安全最低值，就不能定为饮用水安全或基本安全。水质：符合国家《生活饮用水卫生标准》要求的为安全；符合《农村实施〈生活饮用水卫生标准〉准则》要求的为基本安全。水量：每人每天可获得的水量不低于 40～60 升为安全；不低于 20～40 升为基本安全。根据气候特点、地形、水资源条件和生活习惯，将全国分为 5 个类型区，不同地区的具体水量标准可参照附表确定。方便程度：人力取水往返时间不超过 10 分钟为安全；取水往返时间不超过 20 分钟为基本安全。保证率：供水保证率不低于 95%为安全；不低于 90%为基本安全。

农村饮水安全总人口 满足农村饮水基本安全标准的农村地区（即城市及县城关镇以外地区）年末常驻人口。农村饮水包括农村居民餐饮、洗涤以及散养畜禽等日常生活用水。按照水利部、卫生部联合下发的《关于印发农村饮用水安全卫生评价指标体系的通知》的要求，农村饮水安全主要采用水质、水量、取水方便程度以及供水保证率 4 项指标进行评价，并对 5 类地区分安全饮水和基本安全饮水 2 个档次设置标准，只有当上述 4 项指标均达到饮水安全标准的人口，才算饮水安全达标人口。

农村饮水基本安全人口 农村居民饮水未全部满足安全饮水标准，但均达到基本安全饮水标准的人口。

按照有关规定，评价农村饮水是否安全存在 2 个标准，即高标准（安全达标标准）和低标准（基本安全达标标准）。按照规定，只有达到安全达标标准（高标准）的农村人口才属于农村饮水安全达标人口，但鉴于当前农村的特殊条件，一般地，将达到基本安全标准（低标准）的人口也包括在饮水安全达标人口范围之内。因此，在无特别说明的情况下，农村饮水安全人口=达到基本安全标准的农村人口（达到高标准的人口包括其中）。只达到基本安全标准的农村人口=达到基本安全达标标准（低标准）但尚未达到安全达标标准（高标准）的人口。

蓄水工程供水 凡是水源来源于蓄水工程，无论采取什么方式取水，比如从水库提水或自流引水，都应统计为蓄水工程供水。蓄水工程是指天然的塘坝及人工修筑的水库、塘坝工程。

农业灌溉供水量 水利工程为农田、林地、果园、牧草灌溉实际毛供水量的总和。

工业生产供水量 水利工程为工业生产的供水量。1991 年以前乡镇工业供水统计在农业供水中，从 1992 年开始统计在工业供水中。乡镇企业供水指水利工程为乡镇工业及农副产品加工实际毛供水量。

城镇生活供水量 水利工程对城镇居民生活供水量，还包括用于餐饮、服务以及市政环卫等公共服务方面的供水。生活供水主要统计各类水利工程向自来水厂或城镇居民供应的原水量，即未经任何处理的水量。

乡村生活供水量 水利工程为乡村居民生活的供水量，除乡村居民生活用水外，还包括牲畜用水。

生态环境供水量 主要指通过水利工程设施向城镇、乡村生态脆弱地区或恶化地区以及其他地区补水，以维持、控制、恢复、改善原有的生态环境状态，如为了避免湿地萎缩、维持地下水位、防止海水入侵、维持河川基流、恢复原有湖泊、保护植被等目的，以及为了维持人类居住地的生态环境需要所进行的补水。

水电供水量 水利工程为水电站的供水，全国水电供水量 2400 亿立方米每年，但它基本不消耗水量，如果和工业、农业供水等并列计入供水总量，将影响水资源的平衡核算研究。现行水利统计报表制度规定、水电供水量单独进行统计，不计入供水量总计。

引水工程供水量 直接从江、河、湖泊等水源地取水的引水工程供水量。常见的引水工程有无坝自流和有坝自流两种引水工程。

提（取）水泵站工程供水量 直接从江河、湖泊等水源地通过泵站方式取（供）水量。如果提水泵站从水库或者灌溉渠道中取水，则不能计入提水泵站工程供水中。

机电井工程供水量 通过机电井抽取地下水而提供的水量等。

Explanatory Notes on Main Statistical Indicators

Water supply Actual quantity of water supply provided by all kinds of water supply, including gross water loss in water transportation.

Water use Actual quantity of water used by all kinds of water users, including gross water loss in water transportation.

People(or livestock) in rural areas with drinking water The population or number of livestock that are able to access drinking water by means of construction of water facilities, providing water sources and water quality improvement.

Standard of safe drinking water in rural areas The evaluation index system of safe drinking water in rural areas divides the water into two levels of safe and generally safe, which is formed by four elements of water quality, water quantity, convenience of access to water and guarantee rate. If the value of one of the four indices is lower than the minimum level of safety or generally safety, the drinking water can not be deemed as safe or generally safe. Water quality: water quality that meets the "National Sanitary Standards for Drinking Water" is deemed as safe; water quality that meets the "Implementing Rules of National Sanitary Standards for Drinking Water in Rural Areas" is deemed as generally safe. Water quantity: each person can get 40～60L water per day or above is deemed as safe; each person get no less than 20～40L water per day is deemed as generally safe. According to feature of climate, topography, water resources conditions, and living habits and customs, China can be divided into five different regions, and specified water quantity in different regions can be determined by referencing the attached tables. Convenience of access to water: manpower getting water with no more than 10 minutes is deemed as safe and no more than 20 minutes as generally safe. Guarantee rate: 95% of water supply or more than 95% of water supply is guaranteed is deemed as safe; the guarantee rate is not lower than 90% is deemed as generally safe.

Total population in rural areas with safe drinking water Permanent residential population in rural areas (outside of city, county and township) at the end of the year where drinking water safety standard has been met. Rural drinking water includes daily water use of rural residents for cooking, washing and raising livestock etc. According to the requirement of Notification of Evaluation Index System of Rural Drinking Water Safety and Sanitation" issued by Ministry of Water resources and Ministry of Health, four indices are applied for evaluating drinking water safety, namely water quality, water quantity, convenience of access to water and guarantee rate; drinking water is divided into two levels: safe and generally safe when evaluation is made in five different regions. Only when the four indexes all satisfy the standards of safe and generally safe, the population is deemed as rural population with safe drinking water.

Population with generally safe drinking water The total residents who live in rural areas where the above four indexes are not met, but standards of generally safe of drinking water are all met.

According to related regulations, two standards are applied to evaluate whether drinking water in rural area is safe or not, i.e. high standard (safe) or low standard (generally safe). According to the norm, only rural population able to access safe drinking water are deemed as rural population with safe drinking water. However, due to special conditions of some rural areas, it is common to include rural population with low standard drinking water into the scope of rural population with safe drinking water. Thus, if no special explanation is made, rural population with safe drinking water equal to rural population with generally safe drinking water (including rural population with high standard drinking water). Rural residents with generally safe drinking water equals to the rural population with drinking water meeting the standard of generally safe (low standard), but cannot meet the standard of drinking water of safe (high standard).

Water supply of storage work If water sources are from storage works, no matter what diversion method is adopted, etc from the reservoir by water projects or artesian water , the water supply is considered as water supply of storage works. Storage works refers to naturally formed dam, man-made dam, pond and reservoir.

Water supply for irrigation The sum of actual gross water provided by water projects for farmlands, forests, orchards and grazing irrigation.

Water supply for industrial Water supply provided by water projects for industrial water use in urban and rural areas. Before 1991, the quantity of water supply for township industries is included in agricultural water supply, but from 1992 it began to be counted in industrial water supply. Water supply for township enterprise means actual gross quantity of water supply provided by water projects for township industries and processing of agricultural products and by-products.

Water supply for urban domestic Water supply for urban residents, and also water supply to restaurants, service industry, municipal environment and sanitation and other public utilities. Domestic water supply main include the raw water to the water plant or urban domestic by all kinds of hydraulic projects, that is, the amount of water without any treatment.

Water supply for rural domestic Quantity of water supply for both rural residents and livestock.

Water supply for ecological environment Water transfer or recharge to ecological fragile or ecological deterioration region through water structures, in order to sustain, control, restore and improve the original ecosystem and environment, such as prevent wetlands shrinking, sustain groundwater level, prevent seawater intrusion, keep base flow of rivers, restore original lake and vegetations, and consider the needs of sustaining ecological environment of living places of human being.

Water supply for hydropower generation Water supply provided by water projects for hydropower generation. In China, the annual water supply for hydropower generation is 2.4×10^{11} m^3, but power generation does not consume water resources. If it is included in the total quantity of water supply as industrial and agricultural water supply, it shall exert impact on water balance calculation. According to the current statistic regulation of water resources, water supply for hydropower generation is calculated independently and excluded from the total quantity of water supply.

Water supply of diversion works Water is diverted directly from river and lake. The common water diversion works are undammed or dammed water diversion irrigation schemes.

Water supply of pumping station Directly from rivers, lakes and other water sources through the pump means to take (for) water. If by pumping stations from the reservoir or the irrigation canals, the quantity of water supply aren't included.

Water supply of mechanical and electrical irrigation wells The quantity of water supply is supplyed by mechanical and electrical irrigation wells.

5 水土保持

Soil and Water Conservation

简 要 说 明

水土保持统计资料主要包括水土流失治理面积及其分类治理面积等。按年度、水资源一级区和地区进行分组。

1. 小流域治理统计范围是指列入县级以上（含县级）治理规划，并进行重点治理的流域面积在 5 平方千米以上的小流域。

2. 水土流失治理面积历史资料汇总 1973 年至今数据；新增水土流失治理面积历史资料汇总 1989 年至今数据。

Brief Introduction

Statistical data of soil and water conservation mainly includes controlled eroded area and the categorized according to types of measures. The data is divided into groups in accordance with years, Grade- Ⅰ water resources region and regions.

1. Statistical scope of small watershed under control covers those listed in the plan at and above the county level, and the drainage area of small watershed should be more than 5 square kilometers.

2. Historical data of controlled eroded area is collected from 1973 until present, and historical data of newly-increased controlled land is from 1989 until present.

5-1 历年水土流失治理面积

Controlled Eroded Area by Years

单位：千公顷　　　　unit: 10^3hm^2

年份 Year	水土流失治理面积 Controlled Eroded Area	#水平梯田 Leveled Terraced Field	坝地 Gully Dammed Field	水保林 Water Conservation Forest
1973	35090	4919	725	13725
1974	38423	6209	855	17796
1975	40757	7011	847	
1976	42007	7383	942	
1977	42441	7161	929	20924
1978	40435	7239	891	
1979	40606	6461	931	21273
1980	41152	6539	895	21679
1981	41647	6427	878	21647
1982	41412	6367	924	22367
1983	42405	6457	922	22829
1984	44623	7062	1050	24570
1985	46393	6982	1275	25648
1986	47909	7436	1269	26923
1987	49528	7755	1579	27889
1988	51349	7952	1438	29461
1989	52154	8209	1495	30490
1990	52971	7623	1563	31660
1991	55838	8072	1893	33381

年份 Year	水土流失治理面积 Controlled Eroded Area	#小流域治理面积 Improved Area of Small Watershed	水土流失治理面积新增合计 Total Newly-Increased Controlled Irrigated Area	水平梯田 Leveled Terraced Field	坝地 Gully Dammed Field	水保林 Water Conservation Forest	种草 Planted Grassland	其他 Others	水土流失治理面积减少 Reduction of Controlled Eroded Area
1992	58635								
1993	61253								
1994	64080								
1995	66855								
1996	69321								
1997	72242								
1998	75022								
1999	77828								
2000	80961	28473	4728						1595
2001	81539	30385	4888						4309
2002	85410	34255	5056						1186
2003	89714	35628	5538						1234
2004	92004	36040	4445						2156
2005	94654	37059	4198						1102
2006	97491	37915	3969						1543
2007	99871	38731	3916	311	58	1497	537	1513	1471
2008	101587	39189	3867	275	41	1474	492	1584	2666

5-2　2008 年水土流失治理面积（按地区分）
Controlled Eroded Area of 2008 (by Regions)

单位：千公顷 unit: 10^3hm^2

地区	Region	水土流失治理面积 Controlled Eroded Area	#小流域治理面积 Improved Area of Small Watershed	水土流失治理面积 新增合计 Total Newly-Increased Improved Irrigated Area	水平梯田 Leveled Terraced Field	坝地 Gully Dammed Field	水保林 Water Conservation Forest	种草 Planted Grassland	其他 Others	水土流失治理面积减少 Reduction of Controlled Eroded Area
合　计	**Total**	**101587.03**	**39189.26**	**3867.36**	**274.62**	**41.36**	**1474.41**	**492.49**	**1584.49**	**2665.71**
北　京	Beijing	454.41	454.34	32.14	0.90		1.15	0.01	30.09	
天　津	Tianjin	44.83	25.43	1.70	0.03	0.02	0.09		1.56	0.80
河　北	Hebei	6194.03	3076.06	153.98	9.26	0.98	74.50	13.29	55.96	93.61
山　西	Shanxi	4969.32	843.45	278.57	10.93	2.65	177.17	19.40	68.42	948.69
内蒙古	Inner Mongolia	10247.75	3255.23	473.93	7.21	2.22	233.13	231.37		127.95
辽　宁	Liaoning	6108.03	3240.04	128.20	4.83	0.11	38.12	0.11	85.03	17.60
吉　林	Jilin	3497.61	434.54	52.97	2.02	1.60	24.14	7.51	17.70	3.05
黑龙江	Heilongjiang	4470.87	1472.82	151.49	7.58	0.59	46.36	1.14	95.82	23.09
上　海	Shanghai									
江　苏	Jiangsu	1007.12	316.94	50.28	6.35	1.75	23.67	2.08	16.43	5.66
浙　江	Zhejiang	2334.58	579.39	86.02	8.48	0.96	25.58	12.19	38.81	88.16
安　徽	Anhui	2059.19	889.85	41.76	4.88	3.56	11.98	1.23	20.11	0.10
福　建	Fujian	1386.00	847.90	42.99	2.55	2.47	9.83	2.39	25.75	17.64
江　西	Jiangxi	4135.50	988.74	200.94	2.87	1.63	51.25	6.20	138.98	33.85
山　东	Shandong	4489.49	1350.24	91.63	16.32	3.18	45.02	3.53	23.58	35.39
河　南	Henan	4347.98	2538.41	167.14	21.25	3.83	54.72	3.39	83.95	62.56
湖　北	Hubei	4269.24	1615.14	99.24	13.20	0.87	45.15	4.86	35.16	57.27
湖　南	Hunan	2758.75	824.76	38.35	6.31	0.94	18.87	2.35	9.88	4.04
广　东	Guangdong	1342.10	535.33	9.84	0.22	0.78	3.27	1.26	4.31	0.72
广　西	Guangxi	1774.04	233.16	105.63	0.56	0.01	51.40	0.72	52.94	25.07
海　南	Hainan	31.14	0.42	0.18	0.15		0.03			
重　庆	Chongqing	2143.31	1795.93	124.10	9.58	0.31	30.79	0.84	82.58	8.28
四　川	Sichuan	5878.21	3542.13	196.80	19.99	4.16	53.21	9.57	109.87	26.88
贵　州	Guizhou	2862.84	2369.39	76.81	3.04		21.15	4.22	48.40	
云　南	Yunnan	4932.03	2687.83	247.31	16.74	4.64	75.82	5.04	145.07	7.35
西　藏	Tibet	15.59	2.25							
陕　西	Shaanxi	9102.86	2895.92	681.18	41.24	2.49	238.97	109.97	288.51	631.18
甘　肃	Gansu	7683.78	1687.19	207.47	42.93	0.11	62.92	35.34	66.17	438.02
青　海	Qinghai	798.64	290.30	19.62	0.34		6.40	0.07	12.81	
宁　夏	Ningxia	1880.76	253.33	71.11	14.86	1.50	34.84	12.37	7.54	8.75
新　疆	Xinjiang	367.03	142.81	35.97			14.88	2.03	19.06	

5-3 2008年水土流失治理面积（按水资源分区分）

Controlled Eroded Area of 2008 (by Water Resources Regions)

单位：千公顷 unit: 10^3hm^2

水资源一级区	Grade-Ⅰ Water Resources Region	水土流失治理面积 Controlled Eroded Area	#小流域治理面积 Improved Area of Small Watershed	水土流失治理面积 新增合计 Total Newly-Increased Improved Irrigated Area	水平梯田 Leveled Terraced Field	坝地 Gully Dammed Field	水保林 Water Conservation Forest	种草 Planted Grassland	其他 Others	水土流失治理面积减少 Reduction of Controlled Eroded Area
合　计	**Total**	**101587.03**	**39189.26**	**3867.36**	**274.62**	**41.36**	**1474.41**	**492.49**	**1584.49**	**2665.71**
松花江区	Songhua River	11858.09	3305.59	360.61	9.70	2.19	178.19	61.05	109.48	70.81
辽河区	Liaohe River	7356.03	3551.81	179.12	11.45	0.11	62.38	16.16	89.02	17.60
海河区	Haihe River	9716.37	4442.60	313.89	16.52	2.21	139.40	29.22	126.56	345.58
黄河区	Yellow River	23222.52	6566.62	1070.71	100.76	9.27	455.63	290.34	214.71	1568.48
淮河区	Huaihe River	6669.13	2690.03	162.85	26.19	6.42	57.50	6.46	66.28	55.85
长江区	Yangtze River	30307.77	14042.51	1294.40	86.01	14.41	394.53	36.94	762.50	459.35
其中：太湖区	Among Which: Taihu Lake	193.81	99.05	5.42	0.10	0.20	1.68	0.27	3.17	0.91
东南诸河区	Rivers in Southeast	3913.10	1481.06	132.89	11.40	3.53	37.09	14.95	65.92	104.99
珠江区	Pearl River	5268.10	1981.24	190.25	5.74	1.90	83.67	4.76	94.19	26.59
西南诸河区	Rivers in Southwest	1584.73	690.72	67.51	6.53	0.29	23.33	1.14	36.22	3.86
西北诸河区	Rivers in Northwest	1691.19	437.09	95.13	0.33	1.03	42.70	31.46	19.61	12.60

5-4　2008年水土流失治理面积（按水资源分区和地区分）

Controlled Eroded Area of 2008 (by Water Resonrces Regions and Regions)

单位：千公顷　　　　unit: 10^3hm^2

地区	Region	水土流失治理面积 Controlled Eroded Area	#小流域治理面积 Improved Area of Small Watershed	水土流失治理面积 新增合计 Total Newly-Increased Improved Irrigated Area	水平梯田 Leveled Terraced Field	坝地 Gully Dammed Field	水保林 Water Conservation Forest	种草 Planted Grassland	其他 Others	水土流失治理面积减少 Reduction of Controlled Eroded Area
松花江区	**Songhua River**	**11858.09**	**3305.59**	**360.61**	**9.70**	**2.19**	**178.19**	**61.05**	**109.48**	**70.81**
内蒙古	Inner Mongolia	4453.22	1463.50	160.84	0.43		108.01	52.40		44.67
吉　林	Jilin	2934.00	369.27	48.28	1.69	1.60	23.82	7.51	13.66	3.05
黑龙江	Heilongjiang	4470.87	1472.82	151.49	7.58	0.59	46.36	1.14	95.82	23.09
辽河区	**Liaohe River**	**7356.03**	**3551.81**	**179.12**	**11.45**	**0.11**	**62.38**	**16.16**	**89.02**	**17.60**
内蒙古	Inner Mongolia	796.87	301.38	46.73	6.34		24.34	16.05		
辽　宁	Liaoning	5995.55	3185.16	127.70	4.78	0.11	37.72	0.11	84.98	17.60
吉　林	Jilin	563.61	65.27	4.69	0.33		0.32		4.04	
海河区	**Haihe River**	**9716.37**	**4442.60**	**313.89**	**16.52**	**2.21**	**139.40**	**29.22**	**126.56**	**345.58**
北　京	Beijing	454.41	454.34	32.14	0.90		1.15	0.01	30.09	
天　津	Tianjin	44.83	25.43	1.70	0.03	0.02	0.09		1.56	0.80
河　北	Hebei	6194.03	3076.06	153.98	9.26	0.98	74.50	13.29	55.96	93.61
山　西	Shanxi	1706.42	230.12	76.53	1.32	0.66	43.05	3.66	27.85	229.47
内蒙古	Inner Mongolia	555.40	293.73	22.69			11.21	11.48		4.83
辽　宁	Liaoning	112.48	54.88	0.50	0.05		0.40		0.05	
山　东	Shandong	201.78	24.14	3.95			1.75		2.20	
河　南	Henan	447.02	283.90	22.40	4.96	0.55	7.25	0.78	8.86	16.87
黄河区	**Yellow River**	**23222.52**	**6566.62**	**1070.71**	**100.76**	**9.27**	**455.63**	**290.34**	**214.71**	**1568.48**
山　西	Shanxi	3262.90	613.33	202.04	9.61	1.99	134.13	15.74	40.58	719.22
内蒙古	Inner Mongolia	3748.78	918.01	186.01	0.44	1.19	61.98	122.40		65.85
山　东	Shandong	566.80	135.66	16.19	4.29	1.04	8.34	0.50	2.02	4.12
河　南	Henan	1172.30	670.43	37.35	4.86	0.95	20.54	0.22	10.78	20.28
陕　西	Shaanxi	6371.34	2224.70	371.37	29.56	2.49	131.65	104.88	102.79	368.18
甘　肃	Gansu	5448.07	1461.90	167.02	36.80	0.11	57.75	34.16	38.20	382.08
青　海	Qinghai	771.57	289.26	19.62	0.34		6.40	0.07	12.81	
宁　夏	Ningxia	1880.76	253.33	71.11	14.86	1.50	34.84	12.37	7.54	8.75
淮河区	**Huaihe River**	**6669.13**	**2690.03**	**162.85**	**26.19**	**6.42**	**57.50**	**6.46**	**66.28**	**55.85**
江　苏	Jiangsu	651.43	161.64	34.53	6.02	1.45	9.46	1.84	15.76	5.17
安　徽	Anhui	435.83	215.23	13.90	0.81	0.73	1.81	0.09	10.46	0.10
山　东	Shandong	3720.91	1190.44	71.49	12.03	2.14	34.93	3.03	19.36	31.27
河　南	Henan	1860.96	1122.72	42.93	7.33	2.10	11.30	1.50	20.70	19.31

5-4 续表 continued

地区	Region	水土流失治理面积 Controlled Eroded Area	#小流域治理面积 Improved Area of Small Watershed	水土流失治理面积 新增合计 Total Newly-Increased Improved Irrigated Area	水平梯田 Leveled Terraced Field	坝地 Gully Dammed Field	水保林 Water Conservation Forest	种草 Planted Grassland	其他 Others	水土流失治理面积减少 Reduction of Controlled Eroded Area
长江区	**Yangtze River**	**30307.77**	**14042.51**	**1294.40**	**86.01**	**14.41**	**394.53**	**36.94**	**762.50**	**459.35**
上　海	Shanghai									
江　苏	Jiangsu	355.69	155.30	15.75	0.33	0.30	14.21	0.24	0.67	0.49
浙　江	Zhejiang	51.29	13.69	3.73	0.10	0.20	0.41	0.14	2.88	0.81
安　徽	Anhui	1379.55	607.16	20.25	3.6	2.53	8.08	0.63	5.41	
江　西	Jiangxi	4135.50	988.74	200.94	2.87	1.63	51.25	6.20	138.98	33.85
河　南	Henan	867.70	461.36	64.46	4.10	0.23	15.63	0.89	43.61	6.10
湖　北	Hubei	4269.24	1615.14	99.24	13.20	0.87	45.15	4.86	35.16	57.27
湖　南	Hunan	2209.78	700.44	34.41	5.83	0.86	17.72	2.20	7.80	3.35
广　西	Guangxi	65.62	17.21	2.07			1.07		1.00	
重　庆	Chongqing	2143.31	1795.93	124.10	9.58	0.31	30.79	0.84	82.58	8.28
四　川	Sichuan	5878.21	3542.13	196.80	19.99	4.16	53.21	9.57	109.87	26.88
贵　州	Guizhou	2202.98	1810.35	49.38	2.28		9.31	2.24	35.55	
云　南	Yunnan	2385.28	1453.18	134.51	6.65	3.32	35.44	3.25	85.85	3.38
陕　西	Shaanxi	2731.52	671.22	309.81	11.68		107.32	5.09	185.72	263.00
甘　肃	Gansu	1631.24	209.82	38.95	5.80		4.94	0.79	27.42	55.94
青　海	Qinghai	0.86	0.84							
东南诸河区	**Rivers in Southeast**	**3913.10**	**1481.06**	**132.89**	**11.40**	**3.53**	**37.09**	**14.95**	**65.92**	**104.99**
浙　江	Zhejiang	2283.29	565.70	82.29	8.38	0.76	25.17	12.05	35.93	87.35
福　建	Fujian	243.81	67.46	7.61	0.47	0.30	2.09	0.51	4.24	
安　徽	Anhui	1386.00	847.90	42.99	2.55	2.47	9.83	2.39	25.75	17.64
珠江区	**Pearl River**	**5268.10**	**1981.24**	**190.25**	**5.74**	**1.90**	**83.67**	**4.76**	**94.19**	**26.59**
湖　南	Hunan	548.97	124.32	3.94	0.48	0.08	1.15	0.15	2.08	0.69
广　东	Guangdong	1342.10	535.33	9.84	0.22	0.78	3.27	1.26	4.31	0.72
广　西	Guangxi	1708.42	215.95	103.56	0.56	0.01	50.33	0.72	51.94	25.07
海　南	Hainan	31.14	0.42	0.18	0.15		0.03			
贵　州	Guizhou	659.86	559.04	27.43	0.76		11.84	1.98	12.85	
云　南	Yunnan	977.61	546.18	45.29	3.56	1.03	17.05	0.65	23.00	0.11
西南诸河区	**Rivers in Southwest**	**1584.73**	**690.72**	**67.51**	**6.53**	**0.29**	**23.33**	**1.14**	**36.22**	**3.86**
云　南	Yunnan	1569.14	688.47	67.51	6.53	0.29	23.33	1.14	36.22	3.86
西　藏	Tibet	15.59	2.25							
青　海	Qinghai									
西北诸河区	**Rivers in Northwest**	**1691.19**	**437.09**	**95.13**	**0.33**	**1.03**	**42.70**	**31.46**	**19.61**	**12.60**
内蒙古	Inner Mongolia	693.48	278.61	57.66		1.03	27.59	29.04		12.60
甘　肃	Gansu	604.47	15.47	1.50	0.33		0.23	0.39	0.55	
青　海	Qinghai	26.21	0.20							
新　疆	Xinjiang	367.03	142.81	35.97			14.88	2.03	19.06	

5-5 历年开发建设项目水土保持方案

Soil and Water Conservation Plan of Development and Construction Project by Years

年份 Year	水土保持方案审批数量 (项) Approved Soil and Water Conservation Plan (unit)	水土保持方案总投资 (万元) Total Investment of Soil and Water Conservation Plan (10^4 yuan)	防治责任范围 (千公顷) Responsible Scope of Erosion Control (10^3 hm^2)	减少土壤流失量 (吨) Reduction of Soil Loss (t)	水土保持设施验收数量 (个) Soil Conservation Works Checked and Accepted (unit)
2003	21537	822095	2532	941304	6559
2004	21049	1451349	782	272514	6298
2005	22517	2076362	901	151076	6259
2006	26783	2882328	784	192992	5023
2007	21720	3518973	899	121317	4332
2008	27389	3505679	789	117368	5648

注　2008 年数据未统计上海地区。

Note　Figures of 2008 don't include the data of Shanghai.

5-6 2008年开发建设项目水土保持方案（按地区分）

Soil and Water Conservation Plan of Development and Construction Project of 2008 (by Regions)

地 区	Region	水土保持方案审批数量(项) Approved Soil and Water Conservation Plan (unit)	水土保持方案总投资(万元) Total Investment of Soil and Water Conservation Plan (10^4 yuan)	防治责任范围(千公顷) Responsible Scope of Erosion Control (10^3 hm^2)	减少土壤流失量(吨) Reduction of Soil Loss (t)	水土保持设施验收数量(个) Soil Conservation Works Checked and Accepted (unit)
合 计	**Total**	**27389**	**3505679**	**789**	**117368**	**5648**
北 京	Beijing	82	20260	4	223	29
天 津	Tianjin	13	5066	1	8	2
河 北	Hebei	624	97430	17	5214	100
山 西	Shanxi	255	24963	10	8813	38
内蒙古	Inner Mongolia	555	61590	117	4170	187
辽 宁	Liaoning	833	138316	7	3493	200
吉 林	Jilin	440	15521	5	10766	134
黑龙江	Heilongjiang	161	50676	8	3800	17
上 海	Shanghai					
江 苏	Jiangsu	122	21531	4	832	9
浙 江	Zhejiang	1964	168823	26	617	235
安 徽	Anhui	263	75812	13	690	3
福 建	Fujian	622	179920	17	2499	179
江 西	Jiangxi	1600	108646	40	12023	938
山 东	Shandong	2327	103312	29	5445	665
河 南	Henan	507	26713	7	3256	98
湖 北	Hubei	888	100871	20	913	230
湖 南	Hunan	3113	206513	11	3315	16
广 东	Guangdong	1117	379381	35	8211	82
广 西	Guangxi	704	918371	24	11	91
海 南	Hainan	161	28594	1	477	0
重 庆	Chongqing	941	92389	3	1213	129
四 川	Sichuan	2591	162572	27	12191	979
贵 州	Guizhou	1173	122490	74	2200	143
云 南	Yunnan	4868	34124	49	203	441
西 藏	Tibet	5	19550	1	12441	2
陕 西	Shaanxi	683	137288	141	12520	142
甘 肃	Gansu	490	66985	12	740	534
青 海	Qinghai	62	34969	52	248	12
宁 夏	Ningxia	62	67428	6	835	5
新 疆	Xinjiang	163	35577	25		8

注 2008年数据未统计上海地区。

Note Figures of 2008 don't include the data of Shanghai.

主要统计指标解释

水土流失 是由于水力、重力、风力等外力引起的水土资源和土地生产力遭到破坏和损失的现象。造成水土流失的原因可分为自然原因和人类活动原因两类。遭到水土流失侵害和损失的农用地面积称水土流失面积。

水土流失治理面积（又称水土保持面积） 指在山丘地区水土流失面积上，按照综合治理的原则，采取各种治理措施，如：水平梯土（田）、淤地坝、谷坊、造林种草、封山育林育草等治理水土流失面积总和。

水平梯田 指在坡地上沿等高线修建的、断面呈阶梯状的田块。(注：在我国南方，旱作梯田称梯地或梯土，种植水稻的称梯田)

坝地 在沟道拦蓄工程上游因泥沙淤积形成的地面较平整的可耕作土地。

水保林 以防治水土流失为主要功能的人工林和天然林。根据其功能的不同，可分为坡面防护林、沟头防护林、沟底防护林、塬边防护林、护岸林、水库防护林、防风固沙林、海岸防护林等。

种草 在水土流失地区，为蓄水保土，改良土壤，发展畜牧，美化环境，促进畜牧业发展而进行的草本植物培育活动。

小流域治理面积 是以小流域为单元，根据流域内的自然条件，按照土壤侵蚀的类型特点和农业区划方向，在全面规划的基础上，合理安排农、林、牧、副各业用地，布置水土保持农业技术措施，林草措施与工程措施，相互协调、相互促进形成综合的水土流失防治体系。凡列入县级以上治理规划，并进行重点治理的，流域面积大于 5 平方千米，小于 50 平方千米的小流域治理面积均进行统计。

Explanatory Notes on Main Statistical Indicators

Soil erosion Damage or losses of water resources and land productivity caused by external forces, such as water power, gravity and wind etc. Soil erosion is usually caused by two reasons of nature or human activities. The damaged or lost cultivated land for agricultural purpose caused by soil erosion is termed as eroded area.

Controlled eroded area (also named soil and water conservation area) The sum of improved eroded areas in Mountainous or hilly areas, has implemented comprehensive control measures in line with the principle of integrated management, including terraced fields, silt retention dam, check dam, reforestation, grass plantation, ban of wood cutting and grazing.

Leveled Terraced field Cultivated land with a cascade section built along the contour lines on slope-land. (Note: In the south part of China, dry terraces are called terrace land or terrace earth and paddy terraces are called terraced fields).

Gully dammed field Relatively leveled cultivated land created by upstream silt arrested by silt retention works in the gully.

Water conservation forest Artificial forest and nature forest used mainly for control of soil and water loss. According to the functions, the names of slope protection forest, gully head protection forest, gully bottom protection forest, plateau edge protection forest, bank protection forest, reservoir protection forest, wind and sand protection forest and sea coast protection forest are given.

Planted grassland Activities of planting and cultivating grass in eroded area for conserving soil and water, soil improvement, pasture development, environment beatification and promoting development of animal husbandry.

Improved area of small watershed Taking small watershed as a unit, land use for agricultural, forestry, husbandry and agricultural by-product production are arranged based on natural conditions of watershed as well as type and feature of soil erosion, agricultural zoning and general planning, which integrated and inter-promoted with agricultural technology, forest-grass and structural measures, and forms a comprehensive soil and water erosion prevention and control system. If a watershed with an area larger than 5 square kilometers and smaller than 50 square kilometers, within the list of management plan at and above the county level as major project, it should be included in the statistics.

6 水利建设投资

Investments in Water Development

简 要 说 明

水利建设投资统计资料主要包括水利固定资产投资、项目、完成、工程量情况以及工程能力和效益等。

本部分资料主要按地区分组。历史资料汇总 1949 年至今数据。

Brief Introduction

Statistical data of investments in water development mainly includes investment of fixed asset, project, completion of investment, completed civil works, capacity and benefit of project etc.

The data is divided into groups based on river basins and regions. Historical data is collected from 1949 until present.

6-1 主 要 指 标

Key Indicators

单位：万元 | unit: 10^4 yuan

指标名称	Item	2004	2005	2006	2007	2008
中央水利建设计划投资	Investment Plan of Central Government in Water Projects	2788097	2715788	2987103	3088220	4254207
水利建设投资完成额	Completed Investment for Water Project Construction	7835450	7468483	7938444	9448538	10882012
按投资来源分：	Divided by Sources:					
（1）国家预算内拨款	National Budget Allocation	1258899	1330632	1931541	2700258	3903636
（2）国家预算内专项	Special Funds from National Budget	1922409	1793636	1847169	1956989	1604711
（3）国内贷款	Domestic Loan	1026356	941809	806606	833576	969469
（4）利用外资	Foreign Investment	122315	192643	143434	94756	105085
（5）自筹资金	Self-Raising Funds	2962934	2421951	2123367	2199399	2353630
（6）水利建设基金	Water Project Construction Funds	287902	302698	361223	677814	604949
（7）其他投资	Other Investment	254634	485115	725104	985746	1340535
按投资用途分：	Based on Investment Purposes:					
（1）防洪工程	Flood Control Projects	3669475	2928299	2881214	3184809	3700390
（2）水资源工程	Water Resources Projects	2183463	2231172	3176997	4050906	4678489
（3）水土保持及生态建设	Soil and Water Conservation and Ecological Restoration Projects	587101	391856	422184	603164	768749
（4）水电工程	Hydropower Development	715307	654724	573234	664919	773709
（5）行业能力建设	Capacity Building	174905	326570	201919	88527	106007
（6）其他	Others	505200	935862	682897	856212	854670

注 1. 从2003年开始，中央水利建设计划投资包括南水北调当年投资。
2. 2007年中央水利建设计划投资不包括当年中央财政转移支付地方水利专项资金32亿元。
3. 2008年中央水利建设计划投资不包括当年小型农田水利建设中央财政专项补助资金30亿元和第四季度新增投资200亿元（含南水北调20亿元）。

Note 1. Investment plans of central government for water project construction since 2003 include those for South-North Water Diversion Project.
2. In 2007, investment plans of central government for water project construction don't include 3.2 billion yuan of Central Government funds transferred to special funds of local governments.
3. In 2008, investment plans of central government for water project construction don't include 3 billion yuan to small on farm irrigation and drainage works from the Central Government Finance is added;a newly increase of 20 billion yuan is added in the 4th quarter of the year (including 2 billion yuan for South-North Water Diversion Project).

6-2 历年水利建设施工和投产项目个数

Number of Water Projects Under-Construction and Put-into-Operation by Years

单位：个 unit: unit

年份 Year	施工项目 Under-Construction	#新开工项目 Put-into-Construction	部分投产项目 Partially Put-into-Operation	全部投产项目 Fully Put-into-Operation
1989	1928	782		669
1990	1987	799		652
1991	2001	804		585
1992	2253	978		684
1993	2268	963		694
1994	2300	931		678
1995	2286	931		571
1996	2146	920		635
1997	2320	1091		753
1998	2932	1699		696
1999	2632	1033		722
2000	3456	1901		1106
2001	3446	1886	401	847
2002	4203	2171	827	1103
2003	5196	2834	1305	1376
2004	4307	1816	1313	1249
2005	4855	2095	1709	1407
2006	4614	2158	1596	1422
2007	4852	2203	1428	1584
2008	7529	4418	1380	2683

注 1. 1989～2000 年，未细分当年部分投产与全部投产，均为“全部投产项目”。

2. 本表只包括当年正式施工的水利工程设施项目和机构能力建设项目，不包括建设投资计划安排的水利前期、规划及专题研究等项目。

Note 1. The data in 1989-2000 do not separate into partially-operated and fully-operated projects, and merged into the number of projects putting into operation of the year.

2. The table only includes constructed water project and capacity building project, excluding projects of early-stage preparation, planning and special-subject studies.

6-3 2008年水利建设施工和投产项目个数（按地区分）

Number of Water Projects Under-Construction and Put-into-Operation of 2008 (by Regions)

单位：个 unit: unit

地区	Region	施工项目 Under-Construction	#新开工项目 Put-into-Construction	部分投产项目 Partially Put-into-Operation	全部投产项目 Fully Put-into-Operation
合　计	**Total**	**7529**	**4418**	**1380**	**2683**
北　京	Beijing	48	14	3	12
天　津	Tianjin	49	21	10	25
河　北	Hebei	108	44	39	30
山　西	Shanxi	167	83	34	38
内蒙古	Inner Mongolia	129	57	15	39
辽　宁	Liaoning	124	44	35	27
吉　林	Jilin	106	14	11	15
黑龙江	Heilongjiang	63	7	31	11
上　海	Shanghai	71	42	5	39
江　苏	Jiangsu	215	122	37	120
浙　江	Zhejiang	127	32	8	23
安　徽	Anhui	290	135	70	49
福　建	Fujian	55	17	14	8
江　西	Jiangxi	273	139	17	25
山　东	Shandong	315	186	80	154
河　南	Henan	308	199	20	25
湖　北	Hubei	626	315	151	242
湖　南	Hunan	146	95	137	2
广　东	Guangdong	339	94	26	39
广　西	Guangxi	432	342	33	58
海　南	Hainan	134	94	12	60
重　庆	Chongqing	783	603	65	440
四　川	Sichuan	522	386	102	298
贵　州	Guizhou	477	383	44	185
云　南	Yunnan	343	167	69	72
西　藏	Tibet	54	30	28	19
陕　西	Shaanxi	214	110	52	108
甘　肃	Gansu	342	177	99	160
青　海	Qinghai	194	148	4	151
宁　夏	Ningxia	86	65	11	34
新　疆	Xinjiang	389	253	118	175

注　本表只包括当年正式施工的水利工程设施项目和机构能力建设项目，不包括建设投资计划安排的水利前期、规划及专题研究等项目。

Note　The table only includes constructed water project and capacity building project, excluding projects of early-stage preparation, planning and special-subject studies.

6-4 历年水利建设投资规模和进展

Investment Scale and Progress of Water Project Construction by Years

单位：万元 unit: 10^4 yuan

年份 Year	在建项目实际需要总投资 Total Actually Needed Investment for Projects Under-Construction	累计完成投资 Accumulated Completed Investment	累计新增固定资产 Accumulated Newly-Increased Fixed Assets	#当年新增 Newly-Increased of the Year	未完工程累计完成投资 Completed Investment not to Fixed Assets
2004	57472646	33787604	22889594	4788389	10897896
2005	59195516	31451336	20427098	5741035	11016751
2006	61205439	32795254	22999308	5414850	9794480
2007	57498856	33186759	22947692	7255913	10236968
2008	66787193	38436646	25225183	8451275	13211463

注　本表只包括当年正式施工的水利工程设施项目和机构能力项目。

Note　The data only includes water infrastructures and capacity building projects formally initiated in 2008.

6-5 2008年水利建设投资规模和进展（按地区分）

Investment Scale and Progress of Water Project Construction of 2008 (by Regions)

单位：万元　　unit: 10^4 yuan

地区	Region	在建项目实际需要总投资 Total Actually Needed Investment of Project under Construction	累计完成投资 Accumulated Completed Investment	累计新增固定资产 Accumulated Newly-Increased Fixed Assets	#当年新增 Newly-Increased of the Year	未完工程累计完成投资 Completed Investment not to Fixed Assets
合　计	**Total**	**66787193**	**38436646**	**25225183**	**8451275**	**13211463**
北　京	Beijing	1315602	885987	701961	138249	184026
天　津	Tianjin	471447	247524	148238	67104	99285
河　北	Hebei	1979820	1322763	1271920	308402	50843
山　西	Shanxi	2267000	1524772	302919	85449	1221853
内蒙古	Inner Mongolia	2152941	883521	675722	264743	207798
辽　宁	Liaoning	2110947	1311691	881416	161169	430275
吉　林	Jilin	1604943	727603	98523	17577	629080
黑龙江	Heilongjiang	1528603	499467	438334	139732	61133
上　海	Shanghai	1083199	870882	427756	393215	443126
江　苏	Jiangsu	2383175	1846917	1592627	481937	254290
浙　江	Zhejiang	5090145	3414491	1457283	521270	1957208
安　徽	Anhui	2605081	2188404	1377552	725459	810851
福　建	Fujian	518597	282096	151978	51637	130118
江　西	Jiangxi	3131941	1074564	287969	174669	786595
山　东	Shandong	2797486	1555797	1343228	465613	212569
河　南	Henan	3339026	2139690	1694398	427439	445292
湖　北	Hubei	3203691	1659729	1457906	474687	201823
湖　南	Hunan	3635252	1867473	1867473	459672	
广　东	Guangdong	3673324	1876949	737502	152972	1139447
广　西	Guangxi	3569343	2527628	2322888	304958	204740
海　南	Hainan	505143	242432	242162	69830	270
重　庆	Chongqing	2718798	1643580	788296	612573	855284
四　川	Sichuan	1746853	719569	525067	205931	194503
贵　州	Guizhou	852109	347464	194416	97851	153047
云　南	Yunnan	2076761	868381	414614	198467	453767
西　藏	Tibet	455050	256440	256440	91976	
陕　西	Shaanxi	1429196	650781	484611	223214	166170
甘　肃	Gansu	1993218	1245268	727807	295447	517461
青　海	Qinghai	246724	156370	55649	31695	100721
宁　夏	Ningxia	1611110	664338	630553	112904	33785
新　疆	Xinjiang	4690667	2934078	1667973	695433	1266105

注　本表只包括当年正式施工的水利工程设施项目和机构能力项目。

Note　The data only includes water infrastructures and capacity building projects formally initiated in 2008.

6-6 历年水利建设投资完成额

Completed Investment for Water Project Construction by Years

单位：万元 unit: 10^4 yuan

年份 Year	完成投资合计 Total Completed Investment	中央投资 Central Government Investment	其他投资 Others
1950	9200		
1951	19500		
1952	32800		
1953	34000		
1954	23100		
1955	35800		
1956	74200		
1957	75900		
1958	213266		
1959	245190		
1960	333941		
1961	96041		
1962	77990		
1963	86760		
1964	100800		
1965	101600		
1966	161400		
1967	145800		
1968	88100		
1969	135700		
1970	170400		
1971	210000		
1972	227900		
1973	240900		
1974	236700		
1975	260600		
1976	291400		
1977	286600		
1978	353300		
1979	370400		
1980	270700		
1981	135700		
1982	174737		
1983	211296		
1984	206828		
1985	201580		
1986	228702		
1987	271012		
1988	306454		
1989	355508		
1990	487203		
1991	648677		
1992	971670		
1993	1249260		
1994	1687353		
1995	2063156		
1996	2385240		
1997	3154061		
1998	4676865		
1999	4991476		
2000	6129331	2954199	3175132
2001	5607065	2757822	2849243
2002	8192153	4149894	4042259
2003	7434176	3124746	4309430
2004	7835450	2925784	4909666
2005	7468483	2547065	4921418
2006	7938444	2987571	4950873
2007	9448538	3550444	5898094
2008	10882012	4169558	6712455

6-7 历年水利建设到位投资

Allocated Investment for Water Project Construction by Years

单位：万元　　unit: 10^4 yuan

年份 Year	计划投资 Planned Investment	到位投资 合计 Total Allocated Investment	中央投资 Central Government Investment	其他投资 Others
2000	6109753	5415598	2770183	2645415
2001	8158739	5820373	3063614	2756759
2002	7873236	6985271	3552762	3432509
2003	8137149	6794217	2926763	3867454
2004	7902719	6393526	2315087	4078439
2005	8273650	7122425	2439757	4682668
2006	9327119	8404460	3428579	4975881
2007	10264653	9208767	3403233	5805533
2008	16040746	14184747	6497568	7687178

6-8 2008年水利建设到位投资和投资完成额（按地区分）

Allocated and Completed Investment of Water Project Construction of 2008 (by Regions)

单位：万元

unit: 10^4 yuan

地区	Region	计划投资 Planned Investment	到位投资 合计 Total Allocated Investment	到位投资 #中央投资 Central Government Investment	到位投资 地方投资 Local Government Investment	完成投资 合计 Total Completed Investment	完成投资 #中央投资 Central Government Investment	完成投资 地方投资 Local Government Investment
合　计	**Total**	**16040746**	**14184747**	**6497568**	**5208763**	**10882012**	**4169558**	**4988317**
北　京	Beijing	194447	185431	77646	73598	196476	54338	83620
天　津	Tianjin	223543	203342	112014	61328	126403	63829	62321
河　北	Hebei	278877	253117	134499	108618	321530	205458	74012
山　西	Shanxi	458926	294563	103237	173312	236384	73371	141824
内蒙古	Inner Mongolia	268997	223120	97304	98202	215696	84964	95506
辽　宁	Liaoning	453790	293259	151448	76614	363456	118786	139899
吉　林	Jilin	115584	168871	122415	41709	143116	97610	40578
黑龙江	Heilongjiang	185839	173284	83660	81774	159556	74148	77558
上　海	Shanghai	563916	346444	2468	343976	482690	1607	481083
江　苏	Jiangsu	902689	756461	231104	470900	660176	117872	522380
浙　江	Zhejiang	946298	802801	65938	480817	862824	47596	527461
安　徽	Anhui	633907	523945	347396	176549	506696	223860	281186
福　建	Fujian	227942	186673	75635	90722	122462	27012	72729
江　西	Jiangxi	611161	438135	293576	95662	265061	133174	86915
山　东	Shandong	1147868	1076166	481671	374749	530930	252593	233994
河　南	Henan	1363588	1317421	734033	138191	473476	315001	111385
湖　北	Hubei	1273032	1122675	635667	257739	554462	329427	195586
湖　南	Hunan	709265	704391	396024	271057	425342	219720	162312
广　东	Guangdong	702970	552147	55430	428390	421424	32543	362510
广　西	Guangxi	614096	618360	279052	109644	423410	155586	97475
海　南	Hainan	157858	157858	109295	43822	70101	52888	15083
重　庆	Chongqing	753843	812935	246858	321298	777607	193802	343491
四　川	Sichuan	451245	389732	266075	102283	247018	156053	70953
贵　州	Guizhou	325586	284900	180517	87380	189485	111798	59418
云　南	Yunnan	498288	484882	252791	200391	371894	158750	177851
西　藏	Tibet	84005	76525	76525		91976	91976	
陕　西	Shaanxi	352996	334564	189467	77972	269246	134909	75794
甘　肃	Gansu	346927	324412	201936	40266	281099	152994	43300
青　海	Qinghai	70577	78083	59238	12740	77839	54868	16025
宁　夏	Ningxia	149983	121781	53553	25201	145772	63226	33043
新　疆	Xinjiang	972703	878469	381098	343858	868408	369799	303025

注　本年投资来源中只单列中央和地方政府投资，利用外资、企业和私人投资以及贷款等投资包含在合计项目中。

Note　Investment sources of the year only include central and local government investment, the use of foreign capital, enterprise and private investment, and loans are included in the total.

6-9 历年中央水利建设计划投资

Investment Plan of Central Government in Water Projects by Years

单位：万元 unit: 10^4 yuan

年份 Year	合计 Total	中央计划投资 合计 Total Investment Plan of Central Government	国家预算内拨款 National Budget Allocation	国家预算内专项资金 Special Funds from National Budget	银行贷款 Bank Loan	水利建设基金 Water Project Construction Funds	利用外资 Foreign Investment	自筹资金 Self-Raising Funds	其他 Others	地方配套 Local Counterpart Funds
1989	378421									
1990	538198									
1991	655166									
1992	1028934									
1993	1376411									
1994	1886707									
1995	2231891									
1996	2688028	1055600	439600		335000		185000	500	95500	1632428
1997	3384137	1368861	627800		345775	219590	166000	9696		2015276
1998	7101177	3623900	802700	2177900	326900	140000	156400	20000		3477277
1999	7035634	3376228	593800	2334410	105658	180000	149000	13360		3659406
2000	6109753	2641132	573750	1776382	15000	180000	66000	30000		3468621
2001	5731680	3799585	542912	2991024		180000	85649			1932095
2002	5731139	3210070	723500	2235070		140000	111500			2521069
2003	6562394	3272983	802500	2311472		110000	49011			3289411
2004	5239960	2788097	687420	1982876		110000	7801			2451863
2005	4955283	2715788	721895	1883644		110000	249			2239495
2006	6254734	2987103	1587945	1294158		105000				3267631
2007	6326569	3088220	1386312	1578908		120000	3000			3238349
2008	7575372	4254207	3494207			120000			640000	3321165

注 1. 从2003年开始，中央水利建设计划投资包括南水北调当年投资。

2. 2007年中央水利建设计划投资不包括当年中央财政转移支付地方水利专项资金32亿元。

3. 2008年中央水利建设计划投资不包括当年小型农田水利建设中央财政专项补助资金30亿元和第四季度新增投资200亿元（含南水北调20亿元）。

4. 2008年的“其他”是指中央财政专项补助资金。

Note 1. Investment plans of central government for water project construction since 2003 include those for South-North Water Diversion Project.

2. In 2007, investment plans of central government for water project construction don't include 3.2 billion yuan of Central Government funds transferred to special funds of local governments.

3. In 2008, investment plans of central government for water project construction don't include 3 billion yuan to small on-farm irrigation and drainage works from the Central Government Finance is added;a newly increase of 20 billion yuan is added in the 4th quarter of the year (including 2 billion yuan for South-North Water Diversion Project).

4. Others refers to the funds in 2008 for Central Government Finance.

6-10 2008年中央水利建设计划投资（按地区分）

Investment Plan of Central Government in Water Projects of 2008 (by Regions)

单位：万元 unit: 10^4 yuan

地区	Region	合计 Total	中央计划投资 合计 Total Investment Plan of Central Government	国家预算内拨款 National Budget Allocation	水利建设基金 Water Project Construction Funds	其他 Others	地方配套 Local Counterpart Funds
合　计	**Total**	**7575372**	**4254207**	**3494207**	**120000**	**640000**	**3321165**
北　京	Beijing	27936	2436	2436			25500
天　津	Tianjin	78311	31938	31938			46373
河　北	Hebei	150951	80063	71619		8444	70888
山　西	Shanxi	131410	64978	57364		7614	66432
内蒙古	Inner Mongolia	112591	80210	67236		12974	32381
辽　宁	Liaoning	260936	104832	104832			156104
吉　林	Jilin	109001	61990	48694		13296	47011
黑龙江	Heilongjiang	125321	70506	59569		10937	54815
上　海	Shanghai	450	150	150			300
江　苏	Jiangsu	249023	125262	125262			123761
浙　江	Zhejiang	201973	60160	60160			141813
安　徽	Anhui	308768	180180	161925		18255	128588
福　建	Fujian	109232	29171	29171			80061
江　西	Jiangxi	360608	199278	148935		50343	161330
山　东	Shandong	431619	191155	191155			240464
河　南	Henan	301630	170502	144178		26324	131128
湖　北	Hubei	483146	259236	212351		46885	223910
湖　南	Hunan	376177	217796	169195		48601	158381
广　东	Guangdong	103055	17627	17627			85428
广　西	Guangxi	229872	174240	124594		49646	55632
海　南	Hainan	84265	43716	31492		12224	40549
重　庆	Chongqing	159823	113817	70412		43405	46006
四　川	Sichuan	400723	318242	157481		160761	82481
贵　州	Guizhou	145225	98898	77989		20909	46327
云　南	Yunnan	207365	139540	91591		47949	67825
西　藏	Tibet	60766	55575	52144		3431	5191
陕　西	Shaanxi	199504	122559	104176		18383	76945
甘　肃	Gansu	253720	174594	163981		10613	79126
青　海	Qinghai	44365	30173	28350		1823	14192
宁　夏	Ningxia	51041	36937	27168	4300	5469	14104
新　疆	Xinjiang	405432	289700	267986		21714	115732
中央直属	Organizations Directly under the Central	1411133	708746	593046	115700		702387

注 1. 中央水利建设计划投资包括南水北调当年投资。

2. 2008年中央水利建设计划投资不包括小型农田水利建设中央财政专项补助资金30亿元和第四季度新增投资200亿元（含南水北调20亿元）。

3. 2008年的“其他”是指中央财政专项补助资金。

Note 1. Investment plans of central government for water project construction include those for South-North Water Diversion Project.

2. In 2008, investment plans of central government for water project construction don't include 3 billion yuan to small on-farm irrigation and drainage works from the Central Government Finance is added; a newly increase of 20 billion yuan is added in the 4th quarter of the year (including 2 billion yuan for South-North Water Diversion Project).

3. Others refers to the funds in 2008 for Central Government Finance.

6-11 2008年中央水利建设计划投资（按流域分）

Investment Plan of Central Government in Water Projects of 2008 (by River Basins)

单位：万元 unit: 10^4 yuan

直属单位	Institutions Directly under MWR	合计 Total	中央计划投资				地方配套
			合计 Total Investment Plan of Central Government	国家预算内拨款 National Budget Allocation	水利建设基金 Water Project Construction Funds	其他 Others	Local Counterpart Funds
合 计	**Total**	**7575372**	**4254207**	**3494207**	**120000**	**640000**	**3321165**
松辽委	Songliao River Water Resources Commission	470301	234940	210707		24233	235361
海 委	Haihe River Water Resources Commission	183601	104593	95051	1098	8444	79008
淮 委	Huaihe River Water Resources Commission	887950	523538	505283		18255	364412
黄 委	Yellow River Water Resources Commission	1159106	821428	613662	100402	107364	337678
长 委	Yangtze River Water Resources Commission	1732409	1111042	731707	5000	374335	621367
珠 委	Pearl River Water Resources Commission	375953	265065	157696		107369	110888
太湖局	Taihu Basin Authority	270535	101035	87535	13500		169500
部属其他	Other Ministerial Institutions	2495517	1092566	1092566			1402951

6-12 2008年中央水利建设计划投资（按项目类型分）
Investment Plan of Central Government in Water Projects of 2008 (by Types)

单位：万元 unit: 10^4 yuan

工程类别	Type of Project	合计 Total	中央计划投资 合计 Total Investment Plan of Central Government	国家预算内拨款 National Budget Allocation	水利建设基金 Water Project Construction Funds	其他 Others	地方配套 Local Counterpart Funds
合　计	**Total**	**7575372**	**4254207**	**3494207**	**120000**	**640000**	**3321165**
一、防洪工程	**Flood Control Projects**	**3002791**	**1953427**	**1197727**	**115700**	**640000**	**1049364**
1. 大江大河治理	Large River Harness	1050672	670075	554375	115700		380597
2. 控制性枢纽工程	Dam Project	133524	48062	48062			85462
3. 病险库加固	Reservoir Reinforcement	1648831	1140000	500000		640000	508831
4. 城市防洪堤	Urban Flood Control Embankment						
5. 行蓄洪区安全建设	Flood Retention Basin Construction	59481	32476	32476			27005
6. 重点海堤	Main Sea Dyke	51000	18000	18000			33000
7. 国际界河	International Boundary River	22500	18000	18000			4500
8. 防汛通信	Flood Control Information System						
9. 水文建设	Hydrology	36783	26814	26814			9969
10. 防汛机动抢险队	Mobile Flood Disaster Relief Team						
11. 平垸行洪退田还湖移民建镇	Town Ship Resettlement Area Built for Returning Polder Land to Lakes						
二、水土保持及生态环境工程	**Soil and Water Conservation and Ecological Recovery Projects**	**437625**	**302964**	**302964**			**134661**
1. 重点治理	Key Projects	248670	138000	138000			110670
2. 生态修复	Ecological Recovery	188955	164964	164964			23991
三、水资源工程	**Water Resources Projects**	**3537209**	**1672323**	**1668023**	**4300**		**1864886**
1. 节水灌溉工程	Water-Saving Irrigation	28325	15000	15000			13325
2. 人畜饮水	Human and Livestock Drinking Water	1392152	650000	650000			742152
3. 大型灌区建设	Large-Scale Irrigation District Construction	432450	290000	290000			142450
4. 重点水源工程	Main Water Source Project	1684282	717323	713023	4300		966959
四、专项工程	**Special Projects**	**597747**	**325493**	**325493**			**272254**
1. 基础设施建设	Basic Infrastructures	19856	19856	19856			
2. 科研教育	Research and Education	9351	9351	9351			
3. 前期工作	Early-Stage Work	43186	43186	43186			
4. 小水电及农村电气化工程	Small Hydropower Development & Rural Electrification	229255	40000	40000			189255
5. 其他	Others	296099	213100	213100			82999

6-13 历年分资金来源中央政府水利建设投资完成额

Completed Investment of Central Government for Basic Water Project Construction by Financial Resources and Years

单位：万元　　unit: 10^4 yuan

年份 Year	投资完成合计 Total Completed Investment	国家预算内拨款 National Budget Allocation	国家预算内专项资金 Special Funds from National Budget	国内贷款 Domestic Loan	债券 Bonds	水利建设基金 Water Project Construction Funds	利用外资 Foreign Investment	自筹资金 Self-Raising Funds	其他 Others
2000	2954199	494184	2111404	40520	10122	134169	136323	14711	12766
2001	2757822	562460	1933136	15028		91391	131171	17807	6829
2002	4149894	656938	3191917	49200	6690	112367	114273	8692	9817
2003	3124746	537661	2319549	75825	2080	116441	24625	6890	41674
2004	2925784	845984	1891397	46866		75751	38935	8831	18020
2005	2547065	659224	1769155			90406		3499	24782
2006	2987571	1160369	1728516			70474		3389	24824
2007	3550444	1694283	1737805			83395		16833	18128
2008	4169558	2499243	1326835			215404		2660	125415

6-14 2008年分资金来源中央政府水利建设投资完成额（按地区分）

Completed Investment of Central Government for Basic Water Project Construction by Financial Resources of 2008 (by Regions)

单位：万元 unit: 10^4yuan

地区	Region	完成投资 合计 Total Completed Investment	国家预算内拨款 National Budget Allocation	国家预算内专项资金 Special Funds from National Budget	水利建设基金 Water Project Construction Funds	自筹资金 Self-Raising Funds	其他 Others
合 计	**Total**	**4169558**	**2499243**	**1326835**	**215404**	**2660**	**125415**
北 京	Beijing	54338	39962	13608	768		
天 津	Tianjin	63829	61744	2085			
河 北	Hebei	205458	39195	56450	109813		
山 西	Shanxi	73371	33674	34142	2512		3043
内蒙古	Inner Mongolia	84964	32486	52478			
辽 宁	Liaoning	118786	89650	29137			
吉 林	Jilin	97610	67422	29952	236		
黑龙江	Heilongjiang	74148	16874	57274			
上 海	Shanghai	1607	1607				
江 苏	Jiangsu	117872	86363	29639	1870		
浙 江	Zhejiang	47596	31221	16375			
安 徽	Anhui	223860	130735	88256	50		4819
福 建	Fujian	27012	24767	1477	100		668
江 西	Jiangxi	133174	69915	60644	197	2418	
山 东	Shandong	252593	154215	62216	36162		
河 南	Henan	315001	197970	54505	62314	211	
湖 北	Hubei	329427	261212	26770		15	41430
湖 南	Hunan	219720	102443	68677			48600
广 东	Guangdong	32543	18833	13693		16	
广 西	Guangxi	155586	143027	12559			
海 南	Hainan	52888	29904	22884	100		
重 庆	Chongqing	193802	115823	77009			970
四 川	Sichuan	156053	82099	73908			45
贵 州	Guizhou	111798	54439	56535	824		
云 南	Yunnan	158750	90758	67992			
西 藏	Tibet	91976	610	91366			
陕 西	Shaanxi	134909	70457	58713	358		5381
甘 肃	Gansu	152994	102811	45601			4583
青 海	Qinghai	54868	39335	15534			
宁 夏	Ningxia	63226	46155	16969	101		
新 疆	Xinjiang	369799	263539	90385			15876

6-15 历年分资金来源地方政府水利建设投资完成额

Completed Investment of Local Government Funding for Water Project Construction by Financial Resources and Years

单位：万元　　　　unit: 10^4 yuan

年份 Year	完成投资								
	合计 Total Completed Investment	国家预算内拨款 National Budget Allocation	国家预算内专项资金 Special Funds from National Budget	国内贷款 Domestic Loan	债券 Bonds	水利建设基金 Water Project Construction Funds	利用外资 Foreign Investment	自筹资金 Self-Raising Funds	其他 Others
2000	3175132	228710	40862	437885	20233	188800	96164	1885598	276880
2001	2849243	328967		310452	12744	118488	144344	1724053	210195
2002	4042259	472630		502878	5045	163528	88225	2478586	331367
2003	4309430	520660	26544	838338		178465	78795	2464967	201661
2004	4909666	412915	31012	979490		212152	83381	2954103	236614
2005	3153043	671408	24481			212292		1911277	333585
2006	3328865	771171	118653			290750		1781509	366782
2007	4323681	1005975	219184			594419		2182566	321537
2008	4988317	1404392	277876			389544		2350969	565535

注　本表的国家预算内专项资金是通过其他渠道下达的中央转贷地方国债资金。

Note　The special funds from national budget in this table are sourced from national bonds from the Central Government to local government.

6-16　2008年分资金来源地方政府水利建设投资完成额（按地区分）

Completed Investment of Local Government Funding for Water Project Construction by Financial Resources of 2008 (by Regions)

单位：万元　　unit: 10^4 yuan

地区	Region	完成投资 合计 Total Completed Investment	国家预算内拨款 National Budget Allocation	国家预算内专项资金 Special Funds from National Budget	水利建设基金 Water Project Construction Funds	自筹资金 Self-Raising Funds	其他 Others
合　计	**Total**	**4988317**	**1404392**	**277876**	**389544**	**2350969**	**565535**
北　京	Beijing	83620		26366	55896		1358
天　津	Tianjin	62321	24024	2087	6269	29941	
河　北	Hebei	74012	1886		6691	65434	
山　西	Shanxi	141824	9207		27816	35754	69047
内蒙古	Inner Mongolia	95506	35425		24696	23623	11762
辽　宁	Liaoning	139899	27261	1616	1425	24179	85417
吉　林	Jilin	40578	8952	26	12156	15798	3646
黑龙江	Heilongjiang	77558	18224		5771	53263	300
上　海	Shanghai	481083	333505			147578	
江　苏	Jiangsu	522380	335945	38494	29219	86841	31881
浙　江	Zhejiang	527461	36689	2300	67514	392894	28064
安　徽	Anhui	281186	27738	12955	39295	130610	70587
福　建	Fujian	72729	16521	1303	5997	46830	2079
江　西	Jiangxi	86915	1544	5003	6890	30901	42577
山　东	Shandong	233994	16545	47039		159673	10738
河　南	Henan	111385	38031	749	13989	49384	9233
湖　北	Hubei	195586	23730	41875	6576	112401	11005
湖　南	Hunan	162312	22064		4000	136248	
广　东	Guangdong	362510	187343		13418	156011	5738
广　西	Guangxi	97475	9782	2460	27320	57894	19
海　南	Hainan	15083	8329	200	3826	2438	290
重　庆	Chongqing	343491	12663	4929	9197	277138	39564
四　川	Sichuan	70953	14747	2058	400	49089	4659
贵　州	Guizhou	59418	26390	3189	4331	23979	1530
云　南	Yunnan	177851	13245	80913	1530	50258	31906
西　藏	Tibet						
陕　西	Shaanxi	75794	2605	3452	3985	3076	62676
甘　肃	Gansu	43300	18929		11336	426	12609
青　海	Qinghai	16025	10797			775	4453
宁　夏	Ningxia	33043	8128	506		6344	18065
新　疆	Xinjiang	303025	114147	357		182189	6333

注　本表的国家预算内专项资金是通过其他渠道下达的中央转贷地方国债资金。

Note　The special funds from national budget are sourced from the national bonds of Central Government to local governments.

6-17 历年分中央和地方项目水利建设投资完成额

Completed Investment for Water Project Construction by Central and Local Governments and Years

单位：万元　　　　unit: 10^4 yuan

年份 Year	完成投资合计 Total Completed Investment	中央项目 完成投资 Completed Investment of Central Government Projects	#国家预算内投资 Investment from National Budget	#国家预算内专项资金 Special Funds from National Budget	地方项目 完成投资 Completed Investment of Local Government Projects	#国家预算内投资 Investment from National Budget	#国家预算内专项资金 Special Funds from National Budget
2000	6129331						
2001	5607065						
2002	8192153	1250858	893363	509424	6941295	3427941	2682493
2003	7434176	964952	643859	339213	6469224	2760555	2006880
2004	7835450	1429738	566833	408592	6405712	692066	1513817
2005	7468483	1227628	988583	457260	6240855	2438382	1336376
2006	7938444	1610784	650071	457745	6327660	510299	1270771
2007	9448538	1544575	1380809	284705	7903963	3954252	1672284
2008	10882012	1092053	845889	111390	9789959	5267405	1493320

注　国家预算内投资包括预算内拨款（指财政预算内经营性或非经营性资金支出）、预算内专项资金和水利建设基金。

Note　National budget includes allocation from budget (here refers to business and non-business expenditure from national budget), and special funds from budget and water project construction funds.

6-18 2008年分中央和地方项目水利建设投资完成额（按地区分）

Completed Investment for Water Project Construction by Central and Local Governments of 2008 (by Regions)

单位：万元 unit: 10^4 yuan

地区	Region	完成投资合计 Total Completed Investment	中央项目完成投资 Completed Investment of Central Government Projects	#国家预算内投资 Investment from National Budget	#国家预算内专项资金 Special Funds from National Budget	地方项目完成投资 Completed Investment of Local Government Projects	#国家预算内投资 Investment from National Budget	#国家预算内专项资金 Special Funds from National Budget
合　计	**Total**	**10882012**	**1092053**	**845889**	**111390**	**9789959**	**5267405**	**1493320**
北　京	Beijing	196476	86310	54310	13608	110166	82290	26366
天　津	Tianjin	126403	28907	28654	1458	97496	67555	2714
河　北	Hebei	321530	175243	143243	9112	146286	70792	47338
山　西	Shanxi	236384	12916	7181		223468	100170	34142
内蒙古	Inner Mongolia	215696	57326	48455	3263	158370	96630	49215
辽　宁	Liaoning	363456				363456	149089	30753
吉　林	Jilin	143116	4667	4311		138449	114433	29978
黑龙江	Heilongjiang	159556	392	392		159164	97751	57274
上　海	Shanghai	482690	1607	1607		481083	333505	
江　苏	Jiangsu	660176	32086	32086	6576	628091	489444	61557
浙　江	Zhejiang	862824	1090	1090		861734	153009	18675
安　徽	Anhui	506696	81720	46470	6183	424977	252560	95029
福　建	Fujian	122462				122462	50164	2781
江　西	Jiangxi	265061				265061	144193	65647
山　东	Shandong	530930	214916	169173	24702	316014	147003	84553
河　南	Henan	473476	209718	172262	4571	263758	195296	50684
湖　北	Hubei	554462	61333	59341	26770	493129	300821	41875
湖　南	Hunan	425342	36489	23189	5500	388853	173995	63177
广　东	Guangdong	421424	8898	8882		412526	224406	13693
广　西	Guangxi	423410	9793	1008		413617	194140	15019
海　南	Hainan	70101				70101	65243	23084
重　庆	Chongqing	777607	5104	3328		772503	216293	81938
四　川	Sichuan	247018	233	193		246785	173019	75966
贵　州	Guizhou	189485	1655	981		187830	144727	59724
云　南	Yunnan	371894	2718	2134		369176	252304	148905
西　藏	Tibet	91976				91976	91976	91366
陕　西	Shaanxi	269246	14854	11350		254392	128220	62165
甘　肃	Gansu	281099	22856	12545	7276	258243	166132	38325
青　海	Qinghai	77839	9290	7428	332	68549	58238	15202
宁　夏	Ningxia	145772	6896	2741		138876	69119	17475
新　疆	Xinjiang	868408	5038	3538	2040	863370	464889	88702

注　国家预算内投资包括预算内拨款（指财政预算内经营性或非经营性资金支出）、预算内专项资金和水利建设基金。

Note　National budget includes allocation from budget (here refers to business and non-business expenditure from national budget), and special funds from budget and water project construction funds.

6-19 历年分资金来源水利建设投资完成额

Completed Investment for Basic Water Project Construction by Financial Sources and Years

单位：万元 unit: 10^4 yuan

年份 Year	完成投资 合计 Total Completed Investment	国家投资 National Investment	国内贷款 Domestic Loan	债券 Bonds	水利建设基金 Water Project Investment Funds	企业私人投资 Company and Private Investment	利用外资 Foreign Investment	自筹投资 Self-Raising Funds	以工代赈 Labor for Funds	其他 Others
1989	355508	227082	14537				11131	86035		16723
1990	487203	278314	20532				22100	135075		31182
1991	648677	339331	48209				59562	172800		28775
1992	1092231	365583	90528				54233	302079	120561	159247
1993	1352846	388237	234441				60343	376303	112057	181465
1994	1687140	421409	389491				148003	500900		227337
1995	2062088	529962	476092				247177	564120		244737
1996	2432539	668533	527637	595			246354	728528	47301	213591
1997	3154061	860940	456094	5040	199311		330697	1010467		291512

年份 Year	完成投资 合计 Total Completed Investment	国家预算内拨款 National Budget Allocation	国家预算内专项资金 Special Funds from National Budget	国内贷款 Domestic Loan	债券 Bonds	水利建设基金 Water Project Investment Funds	企业私人投资 Company and Private Investment	利用外资 Foreign Investment	自筹投资 Self-Raising Funds	以工代赈 Labor for Funds	其他 Others
1998	4676865	995338	1107358	562135		180526		209127	1302536		319845
1999	4991476	857574	1398239	369829	219563	236018		203968	1409224		297061
2000	6129331	722894	2152266	478405	30355	322969		232487	1900309		289646
2001	5607065	891427	1933136	325480	12744	209879		275515	1741860		217024
2002	8192153	1129568	3191917	552078	11735	275895		202498	2487278		341184
2003	7434176	1058321	2346093	914163	2080	294907		103420	2471857		243335
2004	7835450	1258899	1922409	1026356		287902		122315	2962934		254634
2005	7468483	1330632	1793636	941809		302698	507175	192643	1914776		485114
2006	7938444	1931541	1847169	806606		361223	338470	143434	1784897		725104
2007	9448538	2700258	1956989	833576	400	677814	383498	94756	2199398		601848
2008	10882012	3903636	1604711	969469		604949	358735	105085	2353630		981800

6-20 2008 年分资金来源水利建设投资完成额（按地区分）（一）

Completed Investment for Water Project Construction by Financial Sources of 2008 (by Regions) (1)

单位：万元 unit: 10^4 yuan

地区	Region	完成投资								
		合计 Total Completed Investment	国家预算内拨款 National Budget Allocation	国家预算内专项资金 Special Funds from National Budget	国内贷款 Domestic Loan	水利建设基金 Water Project Investment Funds	企业和私人投资 Company and Private Investment	利用外资 Foreign Investment	自筹投资 Self-Raising Funds	其他 Others
合 计	**Total**	**10882012**	**3903636**	**1604711**	**969469**	**604949**	**358735**	**105085**	**2353630**	**981800**
北 京	Beijing	196476	39962	39974	32000	56664		26518		1358
天 津	Tianjin	126403	85768	4172		6269		253	29941	
河 北	Hebei	321530	41081	56450	42000	116504			65434	60
山 西	Shanxi	236384	42881	34142	9711	30328	3960		35754	79608
内蒙古	Inner Mongolia	215696	67911	52478	883	24696	30053	4290	23623	11762
辽 宁	Liaoning	363456	116911	30753	98134	1425	1	223	24179	91831
吉 林	Jilin	143116	76374	29978		12392	237	4691	15798	3646
黑龙江	Heilongjiang	159556	35098	57274	7700	5771	150		53263	300
上 海	Shanghai	482690	335112						147578	
江 苏	Jiangsu	660176	422307	68133	17921	31089	225		86841	33660
浙 江	Zhejiang	862824	67910	18675	174426	67514	63538		392894	77867
安 徽	Anhui	506696	158473	101211	1650	39345			130610	75406
福 建	Fujian	122462	41287	2781	18445	6097	4274		46830	2749
江 西	Jiangxi	265061	71460	65647	25178	7087	5741		33319	56629
山 东	Shandong	530930	170759	109255	44343	36162			159673	10738
河 南	Henan	473476	236001	55254	28935	76303	1098	1361	49595	24929
湖 北	Hubei	554462	284941	68645	11987	6576	1339	2076	112416	66482
湖 南	Hunan	425342	124507	68677	18500	4000	24810		136248	48600
广 东	Guangdong	421424	206176	13693	21655	13418	4716		156027	5738
广 西	Guangxi	423410	152809	15019	149854	27320	20495		57894	19
海 南	Hainan	70101	38233	23084	950	3926	1080		2438	390
重 庆	Chongqing	777607	128486	81938	70550	9197	63629	39562	277138	107107
四 川	Sichuan	247018	96845	75966	7780	400			49089	16937
贵 州	Guizhou	189485	80829	59724		5155	4940	10993	23979	3865
云 南	Yunnan	371894	104003	148905	14607	1530	2680	584	50258	49328
西 藏	Tibet	91976	610	91366						
陕 西	Shaanxi	269246	73062	62165	10750	4343	22353		3076	93496
甘 肃	Gansu	281099	121740	45601	9725	11336	30150	2896	426	59225
青 海	Qinghai	77839	50132	15534					775	11399
宁 夏	Ningxia	145772	54283	17475	13082	101	31250		6344	23236
新 疆	Xinjiang	868408	377685	90742	138702		42017	11638	182189	25435

6-21 2008年分资金来源水利建设投资完成额（按地区分）（二）

Completed Investment for Water Project Construction by Financial Sources of 2008 (by Regions) (2)

单位：万元 unit: 10^4 yuan

地区	Region	完成投资合计 Total Completed Investment	政府投资 Government Investment	中央 Central	地方 Local	国内贷款 Domestic Loan	企业和私人投资 Company and Private Investment	利用外资 Foreign Investment	其他 Others
合　计	**Total**	**10882012**	**9157875**	**4169558**	**4988317**	**969469**	**358735**	**105085**	**290849**
北　京	Beijing	196476	137958	54338	83620	32000		26518	
天　津	Tianjin	126403	126150	63829	62321			253	
河　北	Hebei	321530	279470	205458	74012	42000			60
山　西	Shanxi	236384	215195	73371	141824	9711	3960		7518
内蒙古	Inner Mongolia	215696	180470	84964	95506	883	30053	4290	
辽　宁	Liaoning	363456	258685	118786	139899	98134	1	223	6414
吉　林	Jilin	143116	138188	97610	40578		237	4691	
黑龙江	Heilongjiang	159556	151706	74148	77558	7700	150		
上　海	Shanghai	482690	482690	1607	481083				
江　苏	Jiangsu	660176	640252	117872	522380	17921	225		1779
浙　江	Zhejiang	862824	575057	47596	527461	174426	63538		49803
安　徽	Anhui	506696	505046	223860	281186	1650			
福　建	Fujian	122462	99741	27012	72729	18445	4274		2
江　西	Jiangxi	265061	220089	133174	86915	25178	5741		14052
山　东	Shandong	530930	486587	252593	233994	44343			
河　南	Henan	473476	426386	315001	111385	28935	1098	1361	15696
湖　北	Hubei	554462	525013	329427	195586	11987	1339	2076	14047
湖　南	Hunan	425342	382032	219720	162312	18500	24810		
广　东	Guangdong	421424	395053	32543	362510	21655	4716		
广　西	Guangxi	423410	253061	155586	97475	149854	20495		
海　南	Hainan	70101	67971	52888	15083	950	1080		100
重　庆	Chongqing	777607	537293	193802	343491	70550	63629	39562	66573
四　川	Sichuan	247018	227005	156053	70953	7780			12232
贵　州	Guizhou	189485	171216	111798	59418		4940	10993	2335
云　南	Yunnan	371894	336601	158750	177851	14607	2680	584	17422
西　藏	Tibet	91976	91976	91976					
陕　西	Shaanxi	269246	210703	134909	75794	10750	22353		25439
甘　肃	Gansu	281099	196294	152994	43300	9725	30150	2896	42033
青　海	Qinghai	77839	70893	54868	16025				6946
宁　夏	Ningxia	145772	96269	63226	33043	13082	31250		5171
新　疆	Xinjiang	868408	672825	369799	303025	138702	42017	11638	3226

注　政府投资指中央及地方各级政府完成的水利建设的各项财政资金（包括预算内非经营性基金、国债专项资金和水利建设基金等）和政府部门自筹投资等。

Note　Government investment refers to all sorts of financial funds from Central Government and local governments at all levels (including non-business funds from budget, special funds and bonds and water project construction funds) and self-raising funds of governmental departments.

6-22 历年分用途水利建设投资完成额

Completed Investment for Water Project Construction by Purposes and Years

单位：万元　　　　　　　　　　　　　　　　　　　　　　　　　　　　unit: 10^4 yuan

年份 Year	完成投资 合计 Total Completed Investment	水库 Reservoir	防洪 Flood Control	灌溉 Irrigation	除涝 Drainage	供水 Water Supply	水电 Hydropower	水保及生态 Soil Conservation and Ecological Restoration	机构能力建设 Capacity Building	前期工作 Early-Stage Work	其他 Others
1958	213266	86489	25338	65115	19993						16331
1959	245190	148925	6622	63854	5634						20155
1960	333941	171127	10196	117441	7804						27373
1961	96041	60217	2629	16339	3161						13696
1962	77990	40899	2966	9586	5773						18766
1963	86760	43349	9735	10915	15006						7755
1979	370400	99352	36856	96545	44911						92736
1980	270700	91673	29628	61211	27240						60948
1981	135700	52191	20783	23579	7469						31678
1982	174737	51607	8641	28606	8323						77560
1983	211296	56110	20271	36301	10250						88364
1984	206828	56174	23682	42147	13752						71073
1985	201580	53477	32567	43146	14887						57503
1986	228702	53937	43456	46689	12542	12272					59806
1987	271012	75211	58208	51691	17169	5222					63511
1988	306454	82400	71690	59632	17501	2533					72698
1989	355508	105133	72675	73017	20855	3674					80154
1990	487203	135140	102015	105913	21430	35619					87086
1991	648677	139023	138463	123888	28583	55188	98356				65176
1992	971670	198994	221794	161717	50616	95338	154145				89066
1993	1249260	308558	236551	176821	39098	119747	243324				125161
1994	1687353	436379	242735	162911	57023	237327	393176				157802
1995	2063156	589771	318514	182524	68919	139079	581660				182689
1996	2385240	919545	362152	231447	73659	143625	486151				168661
1997	3154061	1001367	510191	307183	65073	284668	791548				194031
1998	4676865	1131204	1570617	591833	91479	277736	704240				309756
1999	4991576	1122989	2266682	280571	109693	287314	473833	120034			995237
2000	6129331	960273	3049937	537250	110118	410900	563284	182927			314642
2001	5607065		3083006	703721	112183	806205	301137	176624	192108	88888	143538
2002	8192153		4407481	1000174	103544	1515592	466745	319977	169155	68250	141236
2003	7434176		3350814	1045892	88164	1206149	622774	519068	161628	93008	346678
2004	7835450		3579295	875545	90180	1307918	715307	587101	71699	103206	505200
2005	7468483		2781555	1065966	146744	1165206	654724	391856	224008	102562	935862
2006	7938444		2787116	1094704	94098	2082293	573234	422184	65560	136359	682897
2007	9448538		2985677	1039159	199132	3011747	664919	603164	88527	116046	740166
2008	10882012		3465187	1165918	235203	3512571	773709	768749	106007	160441	694229

注 1998年前未细分出水保及生态，均放于“其他”中；2001年以后，水库投资已按用途分摊到有关工程类型中。

Note Soil and water conservation and ecological recovery projects are put into other projects before the year of 1998. After the year of 2001, the investment of reservoir has been spread into other types of projects in accordance with usage.

6-23 2008年分用途水利建设投资完成额（按地区分）

Completed Investment for Water Project Construction by Purposes of 2008 (by Regions)

单位：万元 unit: 10^4 yuan

地区	Region	完成投资 合计 Total Completed Investment	防洪 Flood Control	灌溉 Irrigation	除涝 Drainage	供水 Water Supply	水电 Hydropower	水保及生态 Soil Conservation and Ecological Restoration	机构能力建设 Capacity Building	前期工作 Early-Stage Work	其他 Others
合　计	**Total**	**10882012**	**3465187**	**1165918**	**235203**	**3512571**	**773709**	**768749**	**106007**	**160441**	**694229**
北　京	Beijing	196476	45587	8676		86626		16538	25014	12343	1692
天　津	Tianjin	126403	50689	2500	1567	62000		1254	3880	2740	1773
河　北	Hebei	321530	32296	6927		240143	20094	20386	550	170	963
山　西	Shanxi	236384	32720	31350	180	101718	17262	38108	2429	6893	5723
内蒙古	Inner Mongolia	215696	54886	20788		76063	7229	15852	1111	45	39722
辽　宁	Liaoning	363456	48903	8828		292680	1968	3098	1687	787	5506
吉　林	Jilin	143116	56213	18395		58098	1500	2025	5267	1618	
黑龙江	Heilongjiang	159556	60792	20808		69489	1009	3260	4198		
上　海	Shanghai	482690	300277	9044				54367	82	1525	117395
江　苏	Jiangsu	660176	292583	26567	69451	194415		35025	6186	16905	19046
浙　江	Zhejiang	862824	217974	6095	11545	311001	35408	2552	1000	7493	269756
安　徽	Anhui	506696	270544	19111	32814	124742	125	29263	1475	22619	6003
福　建	Fujian	122462	61317	8531	500	27906	17480	3523		379	2826
江　西	Jiangxi	265061	107632	31387	6665	61906	28773	10563	521	2056	15557
山　东	Shandong	530930	195985	56055	22897	229732		11046	2056	8958	4202
河　南	Henan	473476	147814	32172	695	178350	10957	26333	8035	5464	63656
湖　北	Hubei	554462	192701	48124	68641	105996	54189	54855	19150	7730	3075
湖　南	Hunan	425342	170964	26596	10600	59538	73059	42799	2000	500	39286
广　东	Guangdong	421424	322531	11517	3727	58013	14791	549	5721	3177	1398
广　西	Guangxi	423410	131679	13259		69833	167929	2358	3493	15087	19772
海　南	Hainan	70101	18889	25170		10473	310	1990		3447	9821
重　庆	Chongqing	777607	260849	96888		293013	73540	30314	1762	3025	18216
四　川	Sichuan	247018	77628	35486		109047	6191	13711	81	2993	1880
贵　州	Guizhou	189485	22352	37546	3745	83198	16208	21837	1623	1599	1378
云　南	Yunnan	371894	115095	114539	273	79584	7942	14211	473	5765	34013
西　藏	Tibet	91976	14826	38186		20604	18360				
陕　西	Shaanxi	269246	33033	13445		91061	24308	103958	2142	673	625
甘　肃	Gansu	281099	28875	61774		113845	36330	35807	1898	273	2297
青　海	Qinghai	77839	6523	27192		25675	3499	9345	557	5049	
宁　夏	Ningxia	145772	17046	28064	1704	69204		25000	405	1260	3089
新　疆	Xinjiang	868408	75986	280898	198	208618	135248	138822	3213	19867	5559

6-24 历年各水资源分区水利建设投资完成额

Completed Investment for Water Project Construction by Water Resources Regions and Years

单位：亿元 unit: 10^8 yuan

年份 Year	完成投资合计 Total Completed Investment	松花江区 Songhua River	辽河区 Liaohe River	海河区 Haihe River	黄河区 Yellow River	淮河区 Huaihe River	长江区 Yangtze River	珠江区 Pearl River	东南诸河区 Rivers in Southeast	西南诸河区 Rivers in Southwest	西北诸河区 Rivers in Northwest
1975	26.06			2.73	4.75	3.66	6.99				
1980	27.07	1.15	0.53	2.73	4.47	2.79	7.12	1.41			
1985	20.16	0.73	0.41	2.55	4.20	1.81	5.25	1.52			
1990	48.72	2.25	3.01	4.06	8.86	3.92	14.75	4.66			
1991	64.87	2.39	3.00	3.88	11.08	5.99	18.84	9.51			
1992	97.17	4.71	3.62	6.40	16.35	9.37	32.11	12.26			
1993	124.93	3.77	6.20	11.62	24.26	7.74	39.27	13.49			
1994	168.74	6.13	5.21	12.38	33.36	12.08	51.47	21.04			
1995	206.32	5.38	6.96	14.00	52.51	16.15	59.88	17.38			
1996	238.52	4.08	3.63	20.34	68.03	17.17	58.17	21.95			
1997	315.41	5.01	2.81	20.91	92.58	18.25	72.32	38.39			
1998	467.56	13.47	3.54	31.28	116.17	29.78	125.73	50.36			
1999	499.16	6.29	26.40	21.44	104.67	33.85	157.97	43.47			
2000	612.93	9.42	24.23	47.21	95.84	38.25	218.37	62.45			
2001	560.71	16.49	7.47	33.54	100.03	32.83	186.58	50.86			
2002	819.22	38.95	12.43	62.20	108.50	46.20	283.38	77.17			
2003	743.42	41.54	10.19	61.83	86.86	51.32	210.65	66.39			
2004	783.55	32.63	11.54	55.43	108.92	84.52	207.31	69.22			
2005	746.85	30.89	21.77	51.60	95.04	80.70	210.76	81.38	91.17	16.83	66.69
2006	793.84	31.44	23.88	112.82	78.46	87.15	219.32	76.83	73.69	16.48	73.80
2007	944.85	33.13	28.55	101.84	111.53	130.89	290.87	75.21	75.59	21.85	75.40
2008	1088.20	38.20	40.88	81.91	123.09	118.48	375.07	100.30	88.54	25.79	95.95

注 2005年以前，本表按照流域统计当年投资完成额，其中东南诸河区、西南诸河区、西北诸河区未作细分。

Note Before the year of 2005, the completed investment of the year are not calculated based on river basins, among which rivers in southeast, rivers in southwest, rivers in northwest, have not been subdivided.

6-25　2008年各水资源分区水利建设投资完成额（按地区分）

Completed Investment for Water Project Construction by Water Resources Regions of 2008 (by Regions)

单位：万元　　unit: 10^4 yuan

地区	Region	完成投资 合计 Total Completed Investment	松花江区 Songhua River	辽河区 Liaohe River	海河区 Haihe River	黄河区 Yellow River	淮河区 Huaihe River	长江区 Yangtze River	东南诸河区 Rivers in Southeast	珠江区 Pearl River	西南诸河区 Rivers in Southwest	西北诸河区 Rivers in Northwest
合　计	**Total**	**10882012**	**381983**	**408823**	**819074**	**1230881**	**1184784**	**3750711**	**885433**	**1002974**	**257862**	**959487**
北　京	Beijing	196476			196476							
天　津	Tianjin	126403			126403							
河　北	Hebei	321530			321530							
山　西	Shanxi	236384			62446	173938						
内蒙古	Inner Mongolia	215696	88123	36555	689	83706						6623
辽　宁	Liaoning	363456		363456								
吉　林	Jilin	143116	134304	8812								
黑龙江	Heilongjiang	159556	159556									
上　海	Shanghai	482690						482690				
江　苏	Jiangsu	660176					422776	237400				
浙　江	Zhejiang	862824						107341	755483			
安　徽	Anhui	506696					316155	183053	7489			
福　建	Fujian	122462							122462			
江　西	Jiangxi	265061						265061				
山　东	Shandong	530930			88875	201007	241049					
河　南	Henan	473476			22656	237509	204805	8506				
湖　北	Hubei	554462						554462				
湖　南	Hunan	425342						423112		2230		
广　东	Guangdong	421424								421424		
广　西	Guangxi	423410								423410		
海　南	Hainan	70101								70101		
重　庆	Chongqing	777607						777607				
四　川	Sichuan	247018				233		246785				
贵　州	Guizhou	189485						163206		26279		
云　南	Yunnan	371894						147535		59531	164828	
西　藏	Tibet	91976									91976	
陕　西	Shaanxi	269246				134055		135191				
甘　肃	Gansu	281099				184267		16492				80339
青　海	Qinghai	77839				70395		2270			1058	4116
宁　夏	Ningxia	145772				145772						
新　疆	Xinjiang	868408										868408

6-26 历年分隶属关系水利建设投资完成额

Completed Investment for Water Project Construction by Administrative Levels and Years

单位：万元 unit: 10^4 yuan

年份 Year	完成投资合计 Total Completed Investment	中央属 Central Government	省属 Provincial Governments	地市属 Prefectures and Cities	县属 Counties	其他 Others
1999	4991576	1275512	1626012	1216724	764316	109012
2000	6129331	1385363	2465371	1187976	974035	116586
2001	5607065	1219487	2237784	1070939	976605	102250
2002	8192153	1250858	3454247	1818716	1668332	
2003	7434176	964952	3239531	1458719	1699661	71313
2004	7835450	1429738	2900010	1642748	1518628	343126
2005	7468483	1227628	2548527	1882009	1579786	230533
2006	7938444	1610784	2260775	2010232	1825458	231196
2007	9448538	1544575	2891368	2389052	2266202	357341
2008	10882012	1092053	3193009	2675569	3667281	254100

6-27 2008年分隶属关系水利建设投资完成额（按地区分）

Completed Investment for Water Project Construction by Administrative Levels of 2008 (by Regions)

单位：万元 unit: 10^4 yuan

地区	Region	完成投资 合计 Total Completed Investment	中央属 Central Government	省属 Provincial Governments	地市属 Prefectures and Cities	县属 Counties	其他 Others
合 计	**Total**	**10882012**	**1092053**	**3193009**	**2675569**	**3667281**	**254100**
北 京	Beijing	196476	86310	110166			
天 津	Tianjin	126403	28907	62548	16882	18066	
河 北	Hebei	321530	175243	41350	86484	18452	
山 西	Shanxi	236384	12916	148897	43995	30106	470
内蒙古	Inner Mongolia	215696	57326	51125	9828	59889	37528
辽 宁	Liaoning	363456		255591	56167	51698	
吉 林	Jilin	143116	4667	36893	41996	58372	1188
黑龙江	Heilongjiang	159556	392	14864	29313	109992	4995
上 海	Shanghai	482690	1607	481083			
江 苏	Jiangsu	660176	32086	216325	280942	100402	30421
浙 江	Zhejiang	862824	1090	58397	338193	423258	41886
安 徽	Anhui	506696	81720	145945	195959	81909	1164
福 建	Fujian	122462		33244	74069	15149	
江 西	Jiangxi	265061		20550	132813	103056	8641
山 东	Shandong	530930	214916	110287	112989	89150	3589
河 南	Henan	473476	209718	33348	123494	106480	436
湖 北	Hubei	554462	61333	66937	50240	367647	8305
湖 南	Hunan	425342	36489	231191	27398	127649	2615
广 东	Guangdong	421424	8898	33734	131044	225289	22459
广 西	Guangxi	423410	9793	176524	106572	130521	
海 南	Hainan	70101		16513	17821	35767	
重 庆	Chongqing	777607	5104	167181	28045	545675	31603
四 川	Sichuan	247018	233	14234	64195	162138	6217
贵 州	Guizhou	189485	1655	14159	105469	67199	1003
云 南	Yunnan	371894	2718	14466	142760	210950	1000
西 藏	Tibet	91976		31697	30081	30198	
陕 西	Shaanxi	269246	14854	29255	64924	129401	30811
甘 肃	Gansu	281099	22856	52919	56105	149220	
青 海	Qinghai	77839	9290	20280	14430	33180	659
宁 夏	Ningxia	145772	6896	76167	14373	48336	
新 疆	Xinjiang	868408	5038	427139	278987	138133	19111

6-28 历年分建设性质水利建设投资完成额

Completed Investment of Water Projects by Types of Construction and Years

单位：万元 unit: 10^4 yuan

年份 Year	完成投资 合计 Total Completed Investment	新建 Newly-Constructed	扩建 Expansion	改建 Rehabilitation	建造生活设施 Domestic Facilities	迁建 Relocation Construction	恢复 Restoration	单纯购置 Procurement	前期工作 Early-Stage Work
2000	6129331	3118348	945106	1922485	5471	30586	98502	8833	
2001	5607065	3142493	798182	1555439	1419	3808	98859	5453	
2002	8192153	4370052	985730	2583175	4554	16425	225996	6221	
2003	7434176	4612389	748559	1922749	855	16889	125502	7234	
2004	7835450	5232176	787089	1648118	1697	552	160443	5376	
2005	7468483	5169892	913465	1254193	5989	435	116656	7852	
2006	7938444	5836456	679318	1243188		13730	58633	5082	102036
2007	9448538	6622152	809702	1855168		1888	78782	10328	70518
2008	10882012	6937057	809372	2881669	12990	14725	148107	8967	69126

6-29 2008年分建设性质水利建设投资完成额（按地区分）

Completed Investment of Water Projects by Types of Construction of 2008 (by Regions)

单位：万元 unit: 10^4 yuan

地区	Region	完成投资合计 Total Completed Investment	新建 Newly-Constructed	扩建 Expansion	改建 Rehabilitation	建造生活设施 Domestic Facilities	迁建 Relocation	恢复 Restoration	单纯购置 Procurement	前期工作 Early-Stage Work
合　计	**Total**	**10882012**	**6937057**	**809372**	**2881669**	**12990**	**14725**	**148107**	**8967**	**69126**
北　京	Beijing	196476	104254	47379	30555				100	14187
天　津	Tianjin	126403	107924	2007	13252				480	2740
河　北	Hebei	321530	295498		25842				20	170
山　西	Shanxi	236384	171985	30880	32235			750		534
内蒙古	Inner Mongolia	215696	160362	700	54634					
辽　宁	Liaoning	363456	323000	3107	37350					
吉　林	Jilin	143116	78726	2836	59911				25	1618
黑龙江	Heilongjiang	159556	99794	19344	40418					
上　海	Shanghai	482690	218636	6579	255868				82	1525
江　苏	Jiangsu	660176	189807	302789	162479			1098	3565	440
浙　江	Zhejiang	862824	803969	13795	45060					
安　徽	Anhui	506696	286812	39183	157164	12169	4266	3603	820	2680
福　建	Fujian	122462	83486	11243	26153			1580		
江　西	Jiangxi	265061	121053	1564	142444					
山　东	Shandong	530930	327086	73105	129391	707				641
河　南	Henan	473476	296569	740	163738		6748		1556	4125
湖　北	Hubei	554462	196189	11414	332770		288	6546	244	7011
湖　南	Hunan	425342	147870		275872				1600	
广　东	Guangdong	421424	140614	93862	181531	114	2050		75	3177
广　西	Guangxi	423410	215285	63234	144891					
海　南	Hainan	70101	33482	6100	27652			2847		20
重　庆	Chongqing	777607	596135	46797	73179		1018	58864	25	1589
四　川	Sichuan	247018	161762	6288	53982		355	22400		2230
贵　州	Guizhou	189485	143510	4822	25028			14549	375	1200
云　南	Yunnan	371894	237015	8904	113550			11035		1390
西　藏	Tibet	91976	90151		1825					
陕　西	Shaanxi	269246	223841	664	28902			15382		457
甘　肃	Gansu	281099	223667	420	49438			7305		268
青　海	Qinghai	77839	68425		3053			1312		5049
宁　夏	Ningxia	145772	119295	10696	15781					
新　疆	Xinjiang	868408	670857	920	177720			836		18076

6-30 历年分建设阶段水利建设投资完成额

Completed Investment of Water Projects by Construction Stages and Years

单位：万元 unit: 10^4 yuan

年份 Year	完成投资 合计 Total Completed Investment	筹建 Preparation	当年正式施工 Formally Initiated of the Year	当年收尾 Completed of the Year	全部停缓建 Suspend or Cancel	单纯购置 Procurement	前期工作 Early-Stage Work
2000	6129331	3460	6066009	49828	303	9731	
2001	5607065	116523	5272460	208304	650	6080	
2002	8192153	164376	7780740	240816		6221	
2003	7434176	45986	7206884	170562	3510	7234	
2004	7835450	141607	7406704	273994	7763	5384	
2005	7468483		7394937	56826	8867	7852	
2006	7938444	40716	7651806	132829	14226	5082	93784
2007	9448538	61830	9017110	259879	11690	8836	89193
2008	10882012	82697	10607800	80926	11540	8967	90082

6-31 2008年分建设阶段水利建设投资完成额（按地区分）

Completed Investment of Water Projects by Construction Stages of 2008 (by Regions)

单位：万元 unit: 10^4 yuan

地区	Region	完成投资合计 Total Completed Investment	筹建 Preparation	当年正式施工 Formally Initiated of the Year	当年收尾 Completed of the Year	全部停缓建 Suspend or Cancel	单纯购置 Procurement	前期工作 Early-Stage Work
合 计	**Total**	**10882012**	**82697**	**10607800**	**80926**	**11540**	**8967**	**90082**
北 京	Beijing	196476		180913	275		100	15188
天 津	Tianjin	126403		123183			480	2740
河 北	Hebei	321530		321340			20	170
山 西	Shanxi	236384	4046	229975	1439	390		534
内蒙古	Inner Mongolia	215696		174859	40837			
辽 宁	Liaoning	363456	106	363350				
吉 林	Jilin	143116	1648	139362	463		25	1618
黑龙江	Heilongjiang	159556		159556				
上 海	Shanghai	482690		481083			82	1525
江 苏	Jiangsu	660176	8459	647475			3565	678
浙 江	Zhejiang	862824	6045	849286				7493
安 徽	Anhui	506696	9383	487361	6302		820	2830
福 建	Fujian	122462	4721	114051	2937			753
江 西	Jiangxi	265061	3064	247764	11502	2731		
山 东	Shandong	530930		528722	1562			646
河 南	Henan	473476	6685	460740	370		1556	4125
湖 北	Hubei	554462	484	543516		3106	244	7111
湖 南	Hunan	425342	5104	416588		2000	1600	50
广 东	Guangdong	421424	11307	391850		3273	75	14919
广 西	Guangxi	423410		423180				230
海 南	Hainan	70101	878	69203				20
重 庆	Chongqing	777607		775773			25	1809
四 川	Sichuan	247018	2028	243911	152			927
贵 州	Guizhou	189485	552	183030	4061	40	375	1427
云 南	Yunnan	371894		368502	2002			1390
西 藏	Tibet	91976		91103	873			
陕 西	Shaanxi	269246	18187	249405	1148			507
甘 肃	Gansu	281099		280316	514			268
青 海	Qinghai	77839		72790				5049
宁 夏	Ningxia	145772		139281	6491			
新 疆	Xinjiang	868408		850332				18076

6-32 历年分规模水利建设投资完成额

Completed Investment of Water Projects by Size of Project and Years

单位：万元 unit: 10^4 yuan

年份 Year	完成投资 合计 Total Completed Investment	大中型 Large and Medium	小型 Small	其他 Others
2000	6129331	3683398	2445343	
2001	5607065	3384402	2207202	15461
2002	8192153	3035528	5088159	68465
2003	7434176	2343713	4815522	274940
2004	7835450	2259955	5365376	210120
2005	7468483	3263029	3766332	439121
2006	7938444	2961707	4451579	525158
2007	9448538	3183673	5485744	779121
2008	10882012	2539432	8179610	162970

6-33 2008年分规模水利建设投资完成额（按地区分）

Completed Investment of Water Projects by Size of Project of 2008 (by Regions)

单位：万元 unit: 10^4 yuan

地区	Region	完成投资 合计 Total Completed Investment	大中型 Large and Medium	小型 Small	其他 Others
合　计	**Total**	**10882012**	**2539432**	**8179610**	**162970**
北　京	Beijing	196476	83715	74962	37799
天　津	Tianjin	126403	60691	55383	10329
河　北	Hebei	321530	173782	139347	8400
山　西	Shanxi	236384	33359	200342	2682
内蒙古	Inner Mongolia	215696	65379	149669	648
辽　宁	Liaoning	363456	254160	109296	
吉　林	Jilin	143116	32212	107597	3307
黑龙江	Heilongjiang	159556	27071	128254	4231
上　海	Shanghai	482690	17686	463397	1607
江　苏	Jiangsu	660176	110807	545366	4004
浙　江	Zhejiang	862824	83250	779574	
安　徽	Anhui	506696	104074	398805	3818
福　建	Fujian	122462	16426	106036	
江　西	Jiangxi	265061	41891	223170	
山　东	Shandong	530930	273022	254971	2938
河　南	Henan	473476	225039	239963	8475
湖　北	Hubei	554462	60096	469052	25314
湖　南	Hunan	425342	114369	308173	2800
广　东	Guangdong	421424	45732	366794	8898
广　西	Guangxi	423410	14746	407426	1238
海　南	Hainan	70101	11159	58942	
重　庆	Chongqing	777607	125957	650846	804
四　川	Sichuan	247018	28817	217253	947
贵　州	Guizhou	189485	1655	185091	2739
云　南	Yunnan	371894	42158	328346	1390
西　藏	Tibet	91976	15793	76183	
陕　西	Shaanxi	269246	30682	236276	2287
甘　肃	Gansu	281099	70041	209827	1230
青　海	Qinghai	77839	18305	53929	5606
宁　夏	Ningxia	145772	18052	127315	405
新　疆	Xinjiang	868408	339306	508028	21074

6-34 历年分构成水利建设投资完成额

Completed Investment of Water Projects by Project Content and Years

单位：万元 unit: 10^4 yuan

年份 Year	完成投资 合计 Total Completed Investment	建筑工程 Construction Project	安装工程 Installation	设备工器具购置 Procurement of Machinery and Equipment	其他 Others
2000	6129331	4534545	268650	367051	959085
2001	5607065	4052065	197296	227128	1130576
2002	8192153	6064058	274537	416958	1436599
2003	7434176	5670323	289401	352728	1121724
2004	7835450	5526833	276530	436531	1595556
2005	7468483	5306556	269855	398472	1493600
2006	7938444	5837364	318550	384313	1398217
2007	9448538	6725242	465282	568467	1689547
2008	10882012	7815009	674188	599969	1792847

6-35 2008 年分构成水利建设投资完成额（按地区分）

Completed Investment of Water Projects by Project Content of 2008 (by Regions)

单位：万元 unit: 10^4 yuan

地区	Region	完成投资合计 Total Completed Investment	建筑工程 Construction Project	安装工程 Installation	设备工器具购置 Procurement of Machinery and Equipment	其他 Others
合 计	**Total**	**10882012**	**7815009**	**674188**	**599969**	**1792847**
北 京	Beijing	196476	110638	2662	9113	74063
天 津	Tianjin	126403	75078	15200	9294	26831
河 北	Hebei	321530	270909	21711	20034	8875
山 西	Shanxi	236384	165836	3102	24439	43007
内蒙古	Inner Mongolia	215696	123883	13621	22297	55896
辽 宁	Liaoning	363456	267135	7968	17620	70733
吉 林	Jilin	143116	126421	7766	848	8081
黑龙江	Heilongjiang	159556	98174	7580	45112	8690
上 海	Shanghai	482690	452566	1154	1223	27747
江 苏	Jiangsu	660176	462253	44986	17608	135329
浙 江	Zhejiang	862824	632339	27617	4760	198109
安 徽	Anhui	506696	334352	19187	27426	125731
福 建	Fujian	122462	100929	5707	2562	13264
江 西	Jiangxi	265061	193094	16538	15279	40149
山 东	Shandong	530930	396576	30772	25184	78398
河 南	Henan	473476	252545	24544	19387	177000
湖 北	Hubei	554462	403375	40806	48213	62067
湖 南	Hunan	425342	292664	31710	38206	62762
广 东	Guangdong	421424	300683	34392	13923	72426
广 西	Guangxi	423410	315843	15021	28577	63969
海 南	Hainan	70101	54054	5879	1827	8340
重 庆	Chongqing	777607	531622	83149	45770	117066
四 川	Sichuan	247018	182951	22460	21220	20387
贵 州	Guizhou	189485	113414	44774	17120	14177
云 南	Yunnan	371894	260429	37460	4608	69397
西 藏	Tibet	91976	91976			
陕 西	Shaanxi	269246	242123	6894	4946	15282
甘 肃	Gansu	281099	199892	30128	31054	20025
青 海	Qinghai	77839	63310	2930	1001	10597
宁 夏	Ningxia	145772	116539	5429	6722	17082
新 疆	Xinjiang	868408	583405	63042	74594	147367

6-36 历年水利建设当年完成工程量

Completed Civil Works by Years

单位：万立方米　　unit: $10^4 m^3$

年份 Year	土方 Earth	石方 Rock	混凝土 Concrete
1953	11327	179	33
1954	17831	170	15
1955	28301	289	46
1956	56870	861	46
1957	59618	1084	125
1960	177946	15165	475
1961	19735	1809	116
1962	25287	1711	77
1963	27438	1679	104
1964	37869	2270	145
1965	64193	2881	186
1971	51085	1478	143
1972	125853	11652	370
1973	111397	13464	469
1974	115695	10671	417
1975	125712	13821	502
1976	163160	26423	712
1977	139104	15147	638
1978	139800	19600	808
1979	206100	16300	746
1980	55000	5400	506
1981	20800	2500	231
1982	19500	2100	245
1983	24300	2000	283
1984	26500	2300	268
1985	25200	2000	244
1986	24100	2000	225
1987	31000	2600	276
1988	29300	2300	298
1989	31650	2886	328
1990	33209	2712	437
1991	40143	3124	512
1992	54862	5054	583
1993	46099	5710	630
1994	41177	5127	707
1995	34955	6126	824
1996	34883	7865	807
1997	42755	5630	988
1998	101393	15023	1322
1999	104684	14022	1613
2000	129432	14456	2084
2001	92777	14716	1855
2002	139036	18178	2581
2003	94079	14677	2710
2004	132007	24057	2514
2005	138665	20718	2168
2006	201603	39847	1971
2007	140567	25099	2050
2008	170705	26686	2651

6-37　2008年水利建设当年完成工程量（按地区分）
Completed Civil Works of 2008 (by Regions)

单位：万立方米　　unit: $10^4 m^3$

地区	Region	当年计划 Planned of the Year			当年完成 Completed of the Year		
		土方 Earth	石方 Rock	混凝土 Concrete	土方 Earth	石方 Rock	混凝土 Concrete
合　计	**Total**	**175385**	**29535**	**3087**	**170705**	**26686**	**2651**
北　京	Beijing	396	4	71	390	4	71
天　津	Tianjin	1229	28	17	672	7	12
河　北	Hebei	5444	164	93	3922	87	64
山　西	Shanxi	3365	290	57	4736	287	36
内蒙古	Inner Mongolia	4708	572	45	5011	566	47
辽　宁	Liaoning	6397	2949	57	6137	2990	61
吉　林	Jilin	2041	259	21	1783	243	19
黑龙江	Heilongjiang	1091	125	32	1091	125	32
上　海	Shanghai	10866	218	120	10431	184	106
江　苏	Jiangsu	6609	129	76	9694	124	76
浙　江	Zhejiang	3082	3285	95	3048	3390	123
安　徽	Anhui	3093	330	134	3624	192	176
福　建	Fujian	607	508	15	435	432	13
江　西	Jiangxi	4118	7500	107	7781	7707	88
山　东	Shandong	15546	1968	99	10542	504	59
河　南	Henan	5076	425	117	4374	378	71
湖　北	Hubei	6612	1192	250	5419	907	176
湖　南	Hunan	2563	319	197	1205	212	92
广　东	Guangdong	4583	599	169	3554	593	159
广　西	Guangxi	1139	677	148	1026	624	103
海　南	Hainan	517	90	35	441	76	25
重　庆	Chongqing	4857	2038	342	4251	2063	344
四　川	Sichuan	2156	930	155	1809	866	132
贵　州	Guizhou	2026	644	124	1561	467	99
云　南	Yunnan	3506	894	110	2744	766	94
西　藏	Tibet	859	226	42	838	214	37
陕　西	Shaanxi	6369	1668	38	7024	1337	32
甘　肃	Gansu	6614	562	142	7084	561	145
青　海	Qinghai	1626	72	8	1639	56	11
宁　夏	Ningxia	4014	141	25	4804	138	27
新　疆	Xinjiang	54276	729	145	53633	584	120

6-38 历年水利建设累计完成工程量

Accumulated Completed Civil Works in Water Project Construction by Years

单位：万立方米 unit: $10^4 m^3$

年份 Year	全部计划 Total Planned			累计完成 Total Completed		
	土方 Earth	石方 Rock	混凝土 Concrete	土方 Earth	石方 Rock	混凝土 Concrete
2000	746010	87963	31746	437914	52230	10192
2001	711388	119858	13089	427458	61541	6685
2002	651588	86461	12960	485593	57858	7886
2003	664041	87724	12965	462941	59674	8617
2004	6422138	1320016	108489	3837466	603405	68102
2005	3211069	660008	54245	1918733	301703	34051
2006	1077148	198978	17349	672085	110836	11386
2007	1083946	222242	17523	601617	91505	10944
2008	1049975	238789	19372	645032	99363	11721

6-39　2008年水利建设累计完成工程量（按地区分）

Accumulated Completed Civil Works in Water Project Construction of 2008 (by Regions)

单位：万立方米　　unit: 10^4m^3

地区	Region	全部计划 Total Planned			累计完成 Total Completed		
		土方 Earth	石方 Rock	混凝土 Concrete	土方 Earth	石方 Rock	混凝土 Concrete
合　计	**Total**	**1049975**	**238789**	**19372**	**645032**	**99363**	**11721**
北　京	Beijing	5475	13	132	4952	13	143
天　津	Tianjin	4270	70	40	2223	44	32
河　北	Hebei	31936	1091	587	22206	500	438
山　西	Shanxi	22147	2626	501	16990	1408	284
内蒙古	Inner Mongolia	74052	5972	1736	31018	2676	1071
辽　宁	Liaoning	42339	17037	677	16650	4215	243
吉　林	Jilin	33140	2689	342	19943	1779	158
黑龙江	Heilongjiang	32097	1299	282	7541	638	103
上　海	Shanghai	20884	353	167	20039	294	146
江　苏	Jiangsu	34290	83836	340	28198	15269	272
浙　江	Zhejiang	21519	17817	1343	14534	12136	921
安　徽	Anhui	43686	2495	624	37023	1473	530
福　建	Fujian	2482	1172	62	835	594	22
江　西	Jiangxi	116396	31533	975	60916	10434	429
山　东	Shandong	61586	3494	353	45917	5454	218
河　南	Henan	63334	3708	682	37895	2756	400
湖　北	Hubei	90507	5601	1086	32705	2030	457
湖　南	Hunan	30928	5788	839	23861	4799	547
广　东	Guangdong	37131	5464	1647	20547	2559	827
广　西	Guangxi	8919	4523	1154	6087	3581	870
海　南	Hainan	3308	675	176	1368	315	75
重　庆	Chongqing	16290	9063	1120	9045	5708	685
四　川	Sichuan	6880	4049	474	5080	2925	307
贵　州	Guizhou	4714	2154	519	2199	1132	230
云　南	Yunnan	14218	5430	479	8345	2858	275
西　藏	Tibet	1454	396	62	1098	297	48
陕　西	Shaanxi	30557	3468	361	19225	2141	127
甘　肃	Gansu	34348	4500	1056	26676	2916	761
青　海	Qinghai	5032	290	78	2952	127	23
宁　夏	Ningxia	18689	711	238	15804	590	176
新　疆	Xinjiang	137367	11469	1241	103163	7700	907

6-40 历年水利建设房屋建筑面积和竣工房屋价值

Areas and Value of Houses in Water Project Construction by Years

年份 Year	施工房屋面积（平方米）Area of Houses Constructed (m^2)	#住宅 Living House	竣工房屋面积（平方米）Completed Area of House Construction (m^2)	#住宅 Living House	竣工房屋价值（万元）Value of Completed Houses (10^4 yuan)	#住宅 Living House
1975	1342800	537000	904200	355000	6961	2343
1976	1200400	455100	785600	294000	6131	1970
1977	1587200	626800	876200	329000	7096	2402
1978	1802100	714100	1258700	517000	10702	4033
1979	2554800	1164400	1588700	714000	14142	5783
1980			1597000	852000	17407	9202
1981	2017000	1355000	1284000	874000	17035	
1982	2438358	1704214	1357962	994664	15533	
1983	2026442	1378578	1238982	849588	21637	
1984	1868746	1018127	1155026	643856	17836	
1985	600456	338616	1130000	730000		
1986	824363	372849	990000	618000	18909	10815
1987	834363	444384	1088000	593000		
1988	1764111	728056	746000	416000	17083	8570
1989	1544608	683320	782916	364246	26149	9365
1990	1549120	772450	804328	457422	26221	13934
1991	1857321	937048	941511	420812	30718	14388
1992	2224053	1179727	942008	443237	34764	15383
1993	2540254	1353939	1251295	691426	58823	28309
1994	2039010	1099433	923290	497640	58086	24627
1995	1909074	987599	942177	511795	88221	32738
1996	1637962	842640	750128	366766	63237	28696
1997	1661510	889611	696040	348033	65615	26740
1998	2206108	1350879	1127242	702967	97326	55954
1999	1322318	691618	721906	433053	86482	53599
2000			582635	251512	75403	29191
2001	1069177	516367	611465	280038	51789	24037
2002	1039532	320273	549871	230001	65574	35568
2003	1059248	482288	548892	196774	58799	20132
2004	555608	182444	186899	66943	19250	10427
2005	1522939	898884	1063651	733026	124465	55880
2006	1021542	374901	664862	257512	130937	52332
2007	1107854	481058	797327	293081	174412	58260
2008	641966	79279	501095	61961	65124	6233

6-41 2008年水利建设房屋建筑面积和竣工房屋价值（按地区分）

Areas and Value of Houses in Water Project Construction of 2008 (by Regions)

地区	Region	施工房屋面积（平方米）Area of Houses Constructed (m^2)	#住宅 Living House	竣工房屋面积（平方米）Completed Area of House Constrction (m^2)	#住宅 Living House	竣工房屋价值（万元）Value of Completed Houses (10^4 yuan)	#住宅 Living House
合　计	**Total**	**641966**	**79279**	**501095**	**61961**	**65124**	**6233**
北　京	Beijing	9889		7800		1157	
天　津	Tianjin	23388	840	20788		2366	
河　北	Hebei	3761	137	2642		465	
山　西	Shanxi	19698	652	18743	652	2550	79
内蒙古	Inner Mongolia	17674		14812		1122	
辽　宁	Liaoning	7307	200	6551	200	1476	25
吉　林	Jilin	1184		1184		1184	
黑龙江	Heilongjiang						
上　海	Shanghai	835		755		146	
江　苏	Jiangsu	12370		3369		674	
浙　江	Zhejiang	27548	6619	17617	1400	7220	210
安　徽	Anhui	5054	1233	5054	1233	126	
福　建	Fujian	4625	780	1727	100	151	
江　西	Jiangxi	5709	1268	2691	655	398	240
山　东	Shandong	31119		18297		1836	
河　南	Henan	66074	1836	36584	1836	5775	168
湖　北	Hubei	71727	19138	62712	14855	11324	1964
湖　南	Hunan						
广　东	Guangdong	18657	3200	2710	600	62	
广　西	Guangxi	123448	17358	119729	17208	13573	1298
海　南	Hainan	587		587		62	
重　庆	Chongqing	21212	3258	16482	2408	1284	154
四　川	Sichuan	21995	4831	20382	4125	769	274
贵　州	Guizhou	59365	1220	57508	310	2233	12
云　南	Yunnan	12340	1771	11246	1441	973	195
西　藏	Tibet						
陕　西	Shaanxi	19978	580	17967	580	3456	46
甘　肃	Gansu	7025	422	6916	422	452	25
青　海	Qinghai	1672		1010		325	
宁　夏	Ningxia	6899	1100	1999	1100	460	150
新　疆	Xinjiang	40826	12837	23233	12837	3504	1394

6-42 历年水利建设施工规模

Completion of Water Project Construction by Years

年份 Year	水库总库容（亿立方米）Total Storage Capacity of Reservoirs (10^8m^3)	农田有效灌溉面积（千公顷）Effective Irrigated Area (10^3hm^2)	除涝面积（千公顷）Drainage Area (10^3hm^2)	发电装机容量（千千瓦）Installed Capacity of Power Generation (10^3kW)	排灌装机容量（千千瓦）Installed Capacity of Irrigation and Drainage Works (10^3kW)	供水能力（万吨每日）Capacity of Water Supply ($10^4t/d$)
1989	118.95	998.69	593.27	888.80	225.50	
1990	129.09	1109.13	862.62	1170.40	329.30	
1991	125.04	1041.40	645.19	1922.60	244.90	
1992	120.41	1215.23	836.43	2443.30	200.90	
1993	152.69	1105.52	772.57	3038.20	151.20	
1994	312.91	1171.57	963.29	5294.70	231.60	
1995	342.12	1334.10	853.54	6661.80	286.00	
1996	321.66	1182.93	805.55	6523.40	250.00	860.36
1997	348.99	1056.73	1066.81	7117.20	235.30	1811.81
1998	348.65	1364.77	1095.81	5200.60	471.10	2283.35
1999	310.27	1014.89	133.59	4620.50	215.10	965.60
2000	359.15	798.07	89.79	4090.10	271.60	3961.42
2001	113.48	572.73	173.03	2080.80	114.90	5891.73
2002	250.95	485.93	183.69	1672.30	240.10	2044.47
2003	386.26	820.14	105.09	2708.90	575.50	2478.45
2004	263.05	603.68	165.83	2388.20	64.60	2345.35
2005	317.93	543.64	157.93	2292.60	63.90	1246.36
2006	411.13	556.21	143.41	2133.15	54.87	1851.47
2007	209.42	1261.63	322.64	1532.84	79.45	1734.38
2008	162.59	1189.33	577.59	1846.30	119.66	1283.14

6-42 续表 continued

年份 Year	改善灌溉面积 （千公顷） Improved Irrigated Area (10^3hm^2)	改善除涝面积 （千公顷） Drained Area (10^3hm^2)	新建及加固堤防 （千米） Newly-Built & Strengthened Embankment (km)	水保治理面积 （千公顷） Controlled Eroded Area (10^3hm^2)	解决饮水困难人口 （万人） Population Access to Drinking Water (10^4 persons)	饮水安全达标人口 （万人） Population with Safe Drinking Water (10^4 persons)	节水灌溉面积 （千公顷） Water-Saving Irrigated Area (10^3hm^2)
1989							
1990	681.85	413.85					
1991	566.79	672.69					
1992	678.60	680.71					
1993	425.63	594.44					
1994	517.28	313.48					
1995							
1996							
1997	699.65	699.18					
1998	1575.13	757.59					
1999	1142.98	762.37					
2000	1720.41	578.18					
2001	2077.57	781.91	8478.08	1925.58	648.90		108.18
2002	2565.22	1381.42	8437.96	1675.12	2139.88		195.79
2003	1437.79	583.71	4695.94	1301.93	2406.42		351.48
2004	1715.70	745.15	5667.73	2579.56	1226.59		262.53
2005	1249.72	463.22	3653.70	1762.34	933.37		250.84
2006	2244.32	678.08	5111.99	854.20		1562.82	488.97
2007	1927.16	599.29	4895.22	783.51		2758.50	368.72
2008	1849.77	1334.84	4273.42	1613.73		4088.10	254.76

6-43 2008 年水利建设
Completion of Water Project

地区	Region	水库总库容（亿立方米）Total Storage Capacity of Reservoirs (10^8m^3)	农田有效灌溉面积（千公顷）Effective Irrigated Area (10^3hm^2)	除涝面积（千公顷）Drained Area (10^3hm^2)	发电装机容量（千千瓦）Installed Capacity of Power Generation (10^3kW)	排灌装机容量（千千瓦）Installed Capacity of Irrigation and Drainage Works (10^3kW)	供水能力（万吨每日）Capacity of Water Supply ($10^4t/d$)
合　计	**Total**	**162.59**	**1189.33**	**577.59**	**1846.30**	**119.66**	**1283.14**
北　京	Beijing						
天　津	Tianjin					2.80	15.00
河　北	Hebei	4.14	4.22		28.00		
山　西	Shanxi	1.49	1.99		15.82		13.25
内蒙古	Inner Mongolia	13.15	8.79		0.99		60.68
辽　宁	Liaoning	1.16	14.00	6.67	1.73		32.22
吉　林	Jilin	4.39			15.00		10.31
黑龙江	Heilongjiang	5.57	532.51		55.60		
上　海	Shanghai						
江　苏	Jiangsu	0.20	64.40	14.87		2.73	3.20
浙　江	Zhejiang	13.58		261.29	252.20		446.29
安　徽	Anhui	0.76	22.70	65.36		1.79	
福　建	Fujian	1.15			15.00		10.80
江　西	Jiangxi	8.38	7.15		75.65	14.11	3.45
山　东	Shandong	5.54	139.61	23.00			13.34
河　南	Henan	9.64	28.21		2.17		3.72
湖　北	Hubei	18.02	36.41	155.19	162.23	79.26	9.96
湖　南	Hunan	5.15			189.00		
广　东	Guangdong	11.81	59.10	5.17	225.76	6.71	255.65
广　西	Guangxi	1.56	19.59	25.15	241.18		128.13
海　南	Hainan	0.22	2.37		0.32		
重　庆	Chongqing	10.90	53.33		247.68	0.34	132.70
四　川	Sichuan	1.70	19.68		23.38		9.15
贵　州	Guizhou	1.07	6.53	2.79	49.84		10.32
云　南	Yunnan	9.92	86.13	5.11			37.41
西　藏	Tibet	0.12	17.92		7.48		
陕　西	Shaanxi	1.34	1.55		26.02		35.78
甘　肃	Gansu	0.01	5.15		147.47		5.16
青　海	Qinghai		20.00		7.15		
宁　夏	Ningxia	2.89	6.21				21.12
新　疆	Xinjiang	28.71	31.80	12.00	56.65	11.93	25.50

施工规模（按地区分）

Construction of 2008 (by Regions)

改善灌溉面积 （千公顷） Improved Irrigated Area (10^3hm^2)	改善除涝面积 （千公顷） Drained Area (10^3hm^2)	新建及加固堤防 （千米） Newly-Built & Strengthened Embankment (km)	水保治理面积 （千公顷） Controlled Eroded Area (10^3hm^2)	饮水安全达标人口 （万人） Population with Safe Drinking Water (10^4 persons)	节水灌溉面积 （千公顷） Water-Saving Irrigated Area (10^3hm^2)
1849.77	**1334.84**	**4273.42**	**1613.73**	**4088.10**	**254.76**
6.67	0.43			3.89	
		5.73		76.30	3.37
17.64		6.46	77.23	206.10	8.81
47.10			72.83	83.08	0.50
177.48		211.51	74.98	85.40	24.33
13.90	4.67	68.08	11.80	100.97	1.75
6.40		234.06	2.32	2.57	
		58.83	63.76	142.03	0.83
17.33	1.60				1.13
127.41	579.95	180.32	2.01	145.17	0.40
144.12	108.43	28.54	19.20	151.73	18.88
51.40	302.95	532.00	3.17	77.16	0.19
		33.11	3.33		12.00
7.94	6.87	269.65		129.52	2.00
121.99	43.47	400.75	38.10	178.63	5.32
38.15	1.00	155.56	76.09	296.61	4.83
288.26	156.99	130.77	142.78	195.26	7.11
16.00			1.33	211.00	
105.61	81.93	1442.04	7.35	389.13	0.57
38.50	25.65	26.48	21.21	116.75	0.03
10.78	10.89	5.15	2.20	39.85	0.07
61.31	1.55	183.12	96.03	330.24	1.81
17.50	2.07	11.39	75.81	256.51	1.56
5.17	1.02	5.45	87.64	206.74	2.81
53.09	3.69	20.29	72.99	129.58	20.04
8.36		43.06		28.93	
4.49		21.76	483.74	221.28	4.07
29.58		66.45	111.41	132.18	11.43
17.00		1.10	30.05	34.37	3.83
48.38		40.90	27.42	30.23	3.79
368.20	1.67	90.88	8.95	86.88	113.32

6-44 历年水利建

Newly-Increased Benefits of Water

年份 Year	水库总库容（亿立方米）Total Storage Capacity of Reservoirs (10^8m^3)	农田有效灌溉面积（千公顷）Effective Irrigated Area (10^3hm^2)	除涝面积（千公顷）Drained Area (10^3hm^2)	发电装机容量（千千瓦）Installed Capacity of Power Generation (10^3kW)	排灌装机容量（千千瓦）Installed Capacity of Irrigation and Drainage Works (10^3kW)	供水能力（万吨每日）Capacity of Water Supply ($10^4t/d$)
1989	22.79	94.09	64.29	124.10	31.40	
1990	29.64	121.17	62.21	164.30	99.50	
1991	23.34	101.25	43.77	311.10	84.10	
1992	19.13	90.53	116.67	391.00	67.40	
1993	11.48	78.48	133.89	182.50	42.90	
1994	7.61	94.09	77.23	392.90	23.80	
1995	42.23	174.89	28.30	388.20	66.80	
1996	14.95	158.03	29.43	355.30	90.60	450.44
1997	11.86	94.61	89.65	719.80	28.10	145.12
1998	28.15	187.01	57.67	749.00	102.30	456.57
1999	46.61	198.23	42.83	885.60	19.40	82.84
2000	183.62	126.86	49.69	2139.10	21.90	529.80
2001	31.96	191.41	28.51	1317.40	34.80	2939.65
2002	29.19	156.47	171.29	543.10	89.20	281.64
2003	5.83	146.99	11.67	368.60	544.00	871.31
2004	12.86	252.11	71.99	725.80	20.80	530.81
2005	112.64	98.65	74.62	794.40	47.30	398.36
2006	267.39	139.45	55.46	1146.16	28.46	349.78
2007	55.71	314.09	206.89	754.18	59.78	488.23
2008	44.37	275.44	223.66	701.04	79.39	333.69

设新增效益

Project Construction by Years

改善灌溉面积（千公顷）Improved Irrigated Area (10^3hm^2)	改善除涝面积（千公顷）Drained Area (10^3hm^2)	新建及加固堤防（千米）Newly-Built & Strengthened Embankment (km)	水保治理面积（千公顷）Controlled Eroded Area (10^3hm^2)	解决饮水困难人口（万人）Population Access to Drinking Water (10^4 persons)	饮水安全达标人口（万人）Population with Safe Drinking Water (10^4 persons)	节水灌溉面积（千公顷）Water-Saving Irrigated Area (10^3hm^2)
204.49	208.73					
141.90	526.79					
341.81	226.40					
219.92	419.77					
187.43	86.12					
251.04	309.10					
330.28	161.89					
283.51	140.24					
839.09	1279.70					
956.97	163.28	4545.91	1699.45	470.38		76.49
1484.52	529.17	5772.04	1118.41	1950.07		132.73
927.62	463.75	2693.61	1011.98	1245.44		245.81
1232.00	494.73	2918.24	1681.30	985.68		155.79
467.11	129.29	2246.61	1717.64	700.92		178.87
889.95	284.08	2726.91	635.29		1321.43	287.75
1121.20	383.39	2370.23	517.35		2478.28	310.37
1055.83	1015.16	1968.95	1261.41		2967.62	175.60

6-45 2008年水利建设

Newly-Increased Benefits of Water

地区	Region	水库总库容（亿立方米）Total Storage Capacity of Reservoirs (10^8m^3)	农田有效灌溉面积（千公顷）Effective Irrigated Area (10^3hm^2)	除涝面积（千公顷）Drained Area (10^3hm^2)	发电装机容量（千千瓦）Installed Capacity of Power Generation (10^3kW)	排灌装机容量（千千瓦）Installed Capacity of Irrigation and Drainage Works (10^3kW)	供水能力（万吨每日）Capacity of Water Supply ($10^4t/d$)
合 计	**Total**	**44.37**	**275.44**	**223.66**	**701.04**	**79.39**	**333.69**
北 京	Beijing						
天 津	Tianjin						
河 北	Hebei	0.03	2.95		15.00		
山 西	Shanxi	1.45			11.23		12.88
内蒙古	Inner Mongolia	0.93					18.42
辽 宁	Liaoning	0.20	12.67	6.67			2.45
吉 林	Jilin	1.70					10.31
黑龙江	Heilongjiang				2.10		
上 海	Shanghai						
江 苏	Jiangsu	0.20	59.53	10.00		2.67	3.20
浙 江	Zhejiang	2.52			105.40		34.23
安 徽	Anhui	0.20	3.42	24.64		1.41	
福 建	Fujian	0.10			15.00		10.80
江 西	Jiangxi	4.40			66.75	6.90	2.98
山 东	Shandong	4.69	89.88	23.00			13.34
河 南	Henan	9.31	13.61		0.66		3.72
湖 北	Hubei	9.27	17.32	143.34	63.63	56.14	9.96
湖 南	Hunan				120.00		
广 东	Guangdong	0.02	0.93		2.39		0.25
广 西	Guangxi		3.13		101.70		104.13
海 南	Hainan	0.22	2.37		0.32		
重 庆	Chongqing	0.31	11.37		38.22	0.34	43.19
四 川	Sichuan	1.09	6.17		22.58		8.96
贵 州	Guizhou	0.41	0.26	2.59	24.80		0.90
云 南	Yunnan	2.86	4.76	0.43			8.22
西 藏	Tibet	0.12	17.19		4.48		
陕 西	Shaanxi	0.77	1.55		10.52		14.78
甘 肃	Gansu		5.01		74.45		5.12
青 海	Qinghai						
宁 夏	Ningxia	0.84	6.21				5.42
新 疆	Xinjiang	2.75	17.11	12.00	21.80	11.93	20.42

新增效益（按地区分）

Project Construction of 2008 (by Regions)

改善灌溉面积（千公顷）Improved Irrigated Area (10^3hm^2)	改善除涝面积（千公顷）Drained Area (10^3hm^2)	新建及加固堤防（千米）Newly-Built & Strengthened Embankment (km)	水保治理面积（千公顷）Controlled Eroded Area (10^3hm^2)	饮水安全达标人口（万人）Population with Safe Drinking Water $(10^4$ persons)	节水灌溉面积（千公顷）Water-Saving Irrigated Area (10^3hm^2)
1055.83	**1015.16**	**1968.95**	**1261.41**	**2967.62**	**175.60**
6.67					
		3.08		73.92	2.02
15.03		1.20	62.56	172.17	8.41
22.57			42.64	83.08	0.37
26.67		30.80	20.26	85.40	9.26
13.90	4.67	51.08	11.80	97.06	0.41
		229.11		2.57	
		55.00	63.76	59.23	0.83
17.33					0.13
102.77	530.39	144.57	2.01	120.43	0.40
1.47		19.64	3.84	23.93	0.97
46.66	292.62	506.90	0.13	56.16	0.01
		25.23			10.00
3.20	6.67	5.10		90.75	0.13
109.13	43.47	153.00	36.46	166.49	4.65
26.18	0.67	123.55	61.56	276.61	2.70
269.42	125.51	107.32	130.99	160.20	7.11
6.03			1.00	211.00	
0.24	0.44	108.41		25.31	0.14
15.42	0.50	13.60	21.21	109.95	0.03
4.70	4.76	5.15	2.20	20.96	0.07
40.44	1.33	120.79	61.15	272.12	0.78
15.37	2.07	10.14	66.89	195.69	1.50
4.73	0.01	2.06	55.96	73.41	0.95
17.90	0.39	16.25	33.69	103.15	7.61
8.36		43.06		28.93	
3.83		12.92	447.52	197.21	3.53
27.85		66.45	90.01	123.75	10.97
2.45		1.10	18.17	23.69	1.66
25.98		40.90	21.49	30.23	3.79
221.52	1.67	72.56	6.12	84.21	97.16

主要统计指标解释

水利建设投资 指水利系统固定资产投资。主要包括水利系统基本建设投资、部分更新改造投资等，防洪岁修、小农水等财政投资未包括在内。

建设项目 指按照以总体设计进行施工，由一个或若干个具有内在联系的工程组成的总体。基本建设项目指经批准在一个总体设计或初步设计范围内进行建设，经济上实行统一核算，行政上有独立的组织形式，实行统一管理的基本建设单位。

基本建设项目按规模分为大中型项目和小型项目，水利上基本建设项目大中型项目划分标准是：①水库，库容1亿立方米以上（包括1亿立方米，下同）；②灌溉面积，灌溉面积50万亩以上；③水电工程，发电装机5万千瓦以上；④其他水利工程，除国家指定外均不作为大中型项目。

建设阶段 指建设项目报告期所处的建设阶段。分为以下几个阶段。

（1）筹建项目：指正在进行前期工作尚未正式施工的项目。

（2）施工项目：指报告期内进行过建筑或安装施工活动的项目。

（3）本年正式施工项目：指本年正式进行过建筑或安装活动的建设项目。

（4）本年新开工项目：指报告期内新开工的建设项目。

（5）本年续建项目：指本年以前已经正式开工，跨入本年继续进行建筑安装和购置活动的建设项目。

（6）建成投产项目：指报告期内按设计文件规定建成主体工程和相应配套的辅助设施，形成生产能力或工程效益，经过验收合格，并且已正式投入生产或交付使用的建设项目。

（7）本年收尾项目：是指以前年度已经全部建成投入生产或交付使用，但尚有少量不影响正常生产和使用的辅助工程或生产性工程在报告期继续施工的项目。

（8）停缓建项目：指根据国民经济宏观调控及其他原因，经有关部门批准停止建设或近期内不再建设的项目。停缓建项目分为全部停缓建项目和部分停缓建项目。

1）全部停缓建项目是指经有关部门批准不再建设或短期内整个项目停止建设的项目。

2）部分停缓建项目是指建设项目仍在施工，但其中的部分单项工程经有关部门批准停止或近期内不再建设并已停止施工的项目。报告期部分停缓建项目仍应作为施工项目统计。

（9）全部竣工项目：指整个建设项目按设计文件规定的主体工程和辅助、附属工程全部建成，并已正式验收移交生产或使用部门的项目。

建设性质 基本建设项目的建设性质根据整个建设项目的情况确定，分为以下几种。

（1）新建：一般是指从无到有、“平地起家”开始建设的企业、事业和行政单位或独立的工程。现有企业、事业、行政单位一般不属于新建。但如有的单位原有基础很小，经过建设后新增的资产价值超过该企业、事业、行政单位原有固定资产价值（原值）3倍以上的也应作为新建。

（2）扩建：指在厂内或其他地点，为扩大原有产品的生产能力（或效益）或增加新的产品生产能力，而增建主要的生产车间（或主要工程）、分厂、独立的生产线的企业、事业单位。行政、事业单位在原单位增建业务用房（如学校增建教学用房、医院增建门诊部、病房等）也作为扩建。

现有企业、事业单位为扩大原有主要产品生产能力或增加新的产品生产能力，增建一个或几个主要生产车间（或主要工程）、分厂，同时进行一些更新改造工程的，也应作为扩建。

（3）改建：指对原有设施进行技术改造或更新（包括相应配套的辅助性生产、生活福利设施），没有增建主要生产车间、分厂等的企业、事业单位。

（4）单纯建造生活设施：指在不扩建、改建生产性工程和业务用房的情况下，单纯建造职工住宅、托儿所、子弟学校、医务室、浴室、食堂等生活福利设施的企业、事业及行政单位。

（5）迁建：指为改变生产力布局或由于城市环境保护和安全生产的需要等原因而搬迁到另地建设的企业、事业单位。

（6）恢复：指自然灾害、战争等原因，使原有的固定资产全部或部分报废，以后又投资恢复建设的单位。

（7）单纯购置：指现有企业、事业、行政单位单纯购置不需要安装的设备、工具、器具，而不进行工程建设的单位。

隶属关系 基本建设项目按建设单位直属或主管上级机关确定。

隶属关系分为中央、省（自治区、直辖市）、地区（州、盟、省辖市）、县（旗、县级市）和其他五大类。

（1）中央：指中共中央、人大常委会和国务院各部、委、局、总公司以及直属机构直接领导和管理的基本建设项目和企业、事业、行政单位。这些单位的固定资产投资计划由国务院各部门直接编制和下达，建设中所需要的统配物资和主要设备以及建设中的问题都由中央有关部门安排和解决。

（2）省（自治区、直辖市）：由省（自治区、直辖市）政府及业务主管部门直接领导和管理的基本建设项目和企业、事业、行政单位。

（3）地区（州、盟、省辖市）：由地区、自治州、盟、省辖市直接领导和管理的基本建设项目和企业、事业、行政单位。

（4）县（旗、县级市）：由县、自治旗、县级市直接领导和管理的基本建设项目和企业、事业、行政单位。

（5）其他：不隶属以上各级政府及主管部门的建设项目和企业、事业单位，如外商投资企业和无主管部门的企业等。

Explanatory Notes on Main Statistical Indicators

Water project construction investment Investment of fixed assets in the water sector, mainly covers the investment of basic water infrastructures and some rehabilitation projects, but excluding annual maintenance of flood control works and financial allocation to small irrigation, drainage and rural water supply schemes.

Construction project A project encloses one or more interdependent schemes and is implemented in accordance with overall design. Capital construction project refers to a construction unit that approved to be constructed under overall design or the scope of preliminary design, which is under one accounting system and unified management, with independent organization.

Capital construction project can be divided into large or medium project and small project according to its scale. The criteria of identifying large and medium water projects are:① reservoir, installed capacity is over 100 million m^3 (including 100 million m^3, hereinafter the same); ② irrigated area, irrigated area is over 500 thousand mu; ③ hydropower project, installed capacity is over 50,000kW; ④ other water projects, specially designated by the state.

Construction phrase The phase of project construction during the period of report. The project construction phases are divided as following:

(1) Preparation project: the project that is conducting preparatory work and has not formally been constructed.

(2) Construction project: the project that is under construction or installation during the report period.

(3) Construction project of the year: the project that has formally started construction or installation in the statistical year.

(4) Newly started project of the year: the construction project that is newly initiated in the statistical year.

(5) Continued project of the year: the project that has formally started and continued construction, installation and purchase activities in the statistical year.

(6) Completed investment project: key parts of the project and supporting facilities have passed check and acceptance and been formally put into operation or service in the statistical period.

(7) Nearly-completed project of the year: the project has completed construction and placed into operation, but several supporting facilities that do not affect the normal production and utilization continue to be constructed in the statistical period.

(8) Suspend or cancel project: the project is required to stop or suspended after the approval of relevant department, due to national macroeconomic regulation and control or other reasons. The stopped or suspended projects can be divided into completely stopped or suspended project and partially stopped or suspended project.

1) Complete stopped or suspended project refers to the project that no longer constructed or will not be constructed in a short period of time, according to the approved of the relevant department.

2) Partial stopped or suspended project refers to the project that still under construction, but part of the project is no longer constructed or will not be constructed in a short period of time, according to the approval of the relevant department. Stopped or suspended project in the statistical period is still listed as construction projects in statistics.

(9) Totally-completed project: the project that has completed the key parts and supporting facilities of the project according to the design, and has passed check and acceptance and transferred to production or user for operation.

Construction type The types of infrastructures are identified based on the feature of entire constructed project, and are divided into:

(1) Newly-constructed project: refers to enterprise, non-governmental organization and governmental department or independent project that starts from nothing. The currently existed enterprise, non-governmental organization or governmental department does not belong to newly-constructed project. However, if the original scope of unit is rather small and the newly-added assets exceeds three times of the original assets of the enterprise, non-governmental organization and governmental department after construction, it is also regarded as new-constructed project.

(2) Expanded construction: refers to enterprises and non-governmental organizations that have new-built workshop (or key project), branch or independent production line within the plant or other places, in order to expand the existing production capacity (or benefit) or increase production capacity of new product. The construction of office building of non-governmental organization and governmental department (for example newly-constructed teaching building of college, university or school, newly-built clinics and wards of hospitals) is also regarded as expanded construction.

Enterprises and non-governmental organizations construct one or more key workshops (or key project) or branches, in order to increase the original production capacity or add production capacity of new product, together with rehabilitation project are also listed as expanded construction projects.

(3) Rehabilitation project: Enterprises and non-governmental organizations conduct technical rehabilitation or re-modernization (including production support facilities or living and welfare facilities), but without expansion of main workshop or branch.

(4) Sole construction of living facilities: enterprise, non-governmental organization and governmental department build living and welfare facilities only, such as apartment building of employee, kindergarten, school for children of employee, clinic, bathroom, and canteen without expansion or rehabilitation of buildings for production or office buildings.

(5) Relocated construction: relocation of enterprise or non-governmental organizations to other places due to the change of production pattern, requirement of urban environment protection or safe production.

(6) Recovery construction: a unit with investment for recovery construction because of natural disaster or war that completely or partially destroys its fixed assets.

(7) Sole procurement: Enterprise, non-governmental organization or governmental department purchases equipment, tool or instrument only, without installation or construction.

Relationship of administrative subordination Capital construction project is defined on the basis of managerial authorities that construction unit is directly under its jurisdiction or higher competent authority in-charge.

Relationship of administrative subordination is divided into five categories: Central Government, province (autonomous region, municipality directly under the central government), prefecture (autonomous district, municipality directly under the provincial government), county (autonomous county, county-level municipality) and others.

(1) Central Government: Capital construction project, enterprise, non-governmental organization or governmental department that is directly under administration or management of the Central Committee of Chinese Communist Party, Standing Committee of Chinese People's Congress, or ministries, commissions, bureaus under the State Council and parent companies. Investment plan of fixed assets of these entities are directly worked out and transmitted by the relevant departments under the State Council; allocated materials or equipment for construction are arranged by the relevant Central Government departments.

(2) Province (autonomous region, municipality directly under the central government): Capital construction project, enterprise, non-governmental organization or governmental department is directly under administration and management of provincial governments (autonomous region, municipality directly under the central government) or competent department directly in charge.

(3) Prefecture (autonomous district, municipality directly under the provincial government): Capital construction project, enterprise, non-governmental organization or governmental department is directly under administration and management of government of prefecture, autonomous district or municipality directly under the provincial government.

(4) County (autonomous county, county-level municipality): Capital construction project, enterprise, non-governmental organization or governmental department is directly under administration and management of government of county, autonomous county or county-level city.

(5) Others: Capital construction project, enterprise, non-governmental organization or governmental department is not under administration and management of government agencies at each level, such as foreign investment enterprise or enterprise without supervised agency.

7 农村水电

Rural Hydropower Development

简要说明

农村水电统计资料主要包括小水电电站和设备建设情况、水力发电设备容量和发电容量、农村水电电网、输变配电设备、电气化县建设情况等。主要按地区分组汇总。

2008年农村水电由以往水利系统水电变更为装机5万及5万千瓦以下水电。

2008年以前水利系统水电统计包括水利系统综合利用枢纽电站数据等，1000千瓦以下水电站均打捆上报。

Brief Introduction

Statistical data of rural hydropower development mainly includes construction of small hydropower stations and utilities, installed capacity and output of hydropower generating units, electricity network of rural hydropower, electricity transmission and distribution facilities, construction of electrification counties, etc. The data is divided into groups according to regions.

The data of rural hydropower development in 2008 is collected on the basis of installed capacity of hydropower at 50,000kW and below 50,000kW.

The data collected before 2008 includes multi-purpose dam projects, and the grouped data of small hydropower stations under 1,000kW are used.

7-1 历年农村水电发电设备装机容量
Installed Capacity of Rural Hydropower by Years

年份 Year	农村水电新增发电设备装机容量 （千瓦） Newly-Increased Installed Capacity of Rural Hydropower (kW)	年末农村水电发电设备装机容量 （千瓦） Installed Capacity of Rural Hydropower by the End of the Year (kW)	发电设备平均利用小时 （小时） Average Utilization Hour of Power Generation Equipment (h)
1949		3634	1414
1950	60	3696	1435
1951	1435	5125	1438
1952	399	5524	1428
1953	84	5608	1441
1954	895	6503	1384
1955	465	6968	1499
1956	3571	10539	1581
1957	9615	20153	1512
1958	57187	77340	1498
1959	72942	150282	1503
1960	101168	251450	1572
1961		216182	1561
1962	11238	227420	1560
1963	27538	254958	1600
1964	30040	285000	1560
1965	45000	330000	1515
1966	50000	380000	1578
1967	60000	440000	1591
1968	60000	500000	1600
1969	229522	729522	1600
1970	339440	1018963	1600
1971	567270	1536231	1935
1972	350000	1830855	1830
1973	414530	2200762	1840
1974	442740	2593500	1877
1975	539700	3083200	2169
1976	568200	3601400	1983
1977	763800	4315200	1971
1978	1001300	5266500	1893
1979	1112900	6329400	1883
1980	696100	6929500	1938
1981	748100	7573600	2006
1982	606100	8079700	2237
1983	525000	8504700	2450
1984	928400	9066400	2467
1985	644900	9521000	2650
1986	313100	10095300	2536
1987	1111200	11106300	2744
1988	784400	11792100	2820
1989	683043	12356000	2917
1990		13180300	2913
1991		13853400	2803
1992		14419100	3019
1993	800164	15167235	3255
1994	547493	10539760	
1995	948314	16646083	3475
1996	1191742	19200752	3385
1997	1413352	20519603	3512
1998	1651781	22024180	3430
1999	1588535	23480690	3231
2000	1506127	24851721	3372

7-2 历年农村水电发电量

Amount of Electricity Generation of Rural Hydropower by Years

年份 Year	农村水电年发电量 （万千瓦时） Annual Electricity Generation of Rural Hydropower (10^4 kWh)	比上年增长 （%） Increase Comparing to the Year Before (%)
1949	523	
1950	531	1.5
1951	738	39.0
1952	795	7.7
1953	808	1.6
1954	936	15.8
1955	1045	11.6
1956	1581	51.3
1957	3023	91.2
1958	11601	283.8
1959	22542	94.3
1960	39542	75.4
1961	33742	-14.7
1962	35478	5.1
1963	39773	12.1
1964	44460	11.8
1965	52800	18.8
1966	60800	15.2
1967	70400	15.8
1968	80000	13.6
1969	116742	45.9
1970	163034	39.7
1971	296000	81.6
1972	335000	13.2
1973	405000	20.9
1974	486800	20.2
1975	668600	37.3
1976	714200	6.8
1977	850700	19.1
1978	997300	17.2
1979	1192000	19.5
1980	1271900	6.7
1981	1444000	13.5
1982	1722300	19.3
1983	1992900	15.7
1984	2083600	4.6
1985	2413400	15.8
1986	2442400	1.2
1987	2790200	14.2
1988	3158000	13.2
1989	3524900	11.6
1990	3928300	11.4
1991	3732700	-5.0
1992	4420100	18.4
1993	4764661	7.8
1994	3204091	-32.8
1995	5537593	72.8
1996	6196009	11.9
1997	6834036	10.3
1998	7133922	4.4
1999	7200704	0.9
2000	7998249	11.1

7-3 历年农村水电装机容量及年发电量

Installed Capacity and Annual Generation of Rural Hydropower by Years

年份 Year	农村水电装机容量（千瓦） Installed Capacity of Rural Hydropower (kW)	农村水电年发电量（万千瓦时） Annual Electricity Generation of Rural Hydropower (10^4 kWh)	农村水电新增装机容量（千瓦） Newly-Increased Installed Capacity (kW)
2001	26262406	8714102	1419454
2002	28489286	9472446	1883648
2003	30832992	9791633	2618834
2004	34661348	9779541	3591322
2005	38534445	12090340	4127272
2006	43183551	13612942	5459520
2007	47388997	14370080	4593193
2008	51274371	16275901	4194106

7-4 2008年农村水电装机容量及年发电量（按地区分）

Installed Capacity and Annual Generation of Rural Hydropower of 2008 (by Regions)

地 区	Region	农村水电装机容量（千瓦）Installed Capacity of Rural Hydropower (kW)	农村水电年发电量（万千瓦时）Annual Electricity Generation of Rural Hydropower (10^4 kWh)	农村水电新增装机容量（千瓦）Newly-Increased Installed Capacity (kW)
合 计	**Total**	51274371	16275901	4194106
北 京	Beijing	42920	3641	
天 津	Tianjin	5000	1400	
河 北	Hebei	365458	38428	7195
山 西	Shanxi	162160	29370	6130
内蒙古	Inner Mongolia	53460	8248	
辽 宁	Liaoning	294984	79376	7820
吉 林	Jilin	374519	104473	24440
黑龙江	Heilongjiang	235105	30614	740
江 苏	Jiangsu	68739	9986	1650
浙 江	Zhejiang	3423712	773671	159485
安 徽	Anhui	716514	154441	49915
福 建	Fujian	6695774	2071339	382570
江 西	Jiangxi	2392454	630967	142360
山 东	Shandong	72543	10685	6190
河 南	Henan	342137	65710	8130
湖 北	Hubei	2524722	735062	152380
湖 南	Hunan	4687920	1406835	482315
广 东	Guangdong	6145803	1843769	272705
广 西	Guangxi	3311718	1053833	203572
海 南	Hainan	284679	94015	14470
重 庆	Chongqing	1253678	454400	90057
四 川	Sichuan	6196926	2271948	477017
贵 州	Guizhou	1814493	682685	242120
云 南	Yunnan	6232274	2444966	1056410
西 藏	Tibet	102560	24997	
陕 西	Shaanxi	727701	220161	64400
甘 肃	Gansu	1276607	467325	216140
青 海	Qinghai	495190	216302	79135
宁 夏	Ningxia	3200	800	
新 疆	Xinjiang	620436	214959	18350
新疆生产建设兵团	Xinjiang Production and Construction Corps	245685	89158	28410
部直属	Organization Directly under the Ministry	105300	42338	

7-5 历年年末输变配电设备

Installed Power Transmission Equipment at the End of the Year by Years

年份 Year	变电所总容量（千伏安）Total Storage Capacity of Switchyard (kVA)	变压器总容量（千伏安）Total Storage Capacity of Transformer (kVA)	高压线路（千米）High-Pressure Transmission Line (km)	低压线路（千米）Low-Pressure Transmission Line (km)
2002	50779480	58628453	1020018	2158102
2003	54580398	61844457	1082549	2334065
2004	63583050	67770640	1110746	2470468
2005	70161609	71325744	1119668	2490911
2006	30403474	29645661	476642	965547
2007	41942477	39162242	609663	1321037
2008	42121613	37266114	563907	1260067

7-6 2008年年末输变配电设备（按地区分）

Installed Power Transmission Equipment at the End of the Year of 2008 (by Regions)

地区	Region	变电所总容量（千伏安）Total Storage Capacity of Switchyard (kVA)	变压器总容量（千伏安）Total Storage Capacity of Transformer (kVA)	高压线路（千米）High-Pressure Transmission Line (km)	低压线路（千米）Low-Pressure Transmission Line (km)
合　计	**Total**	**42121613**	**37266114**	**563907**	**1260067**
北　京	Beijing		20075	89	34
天　津	Tianjin				
河　北	Hebei				
山　西	Shanxi	101545	93035	2992	2332
内蒙古	Inner Mongolia	63050	5045	122	47
辽　宁	Liaoning				
吉　林	Jilin	487760	497591	6329	4538
黑龙江	Heilongjiang				
江　苏	Jiangsu				
浙　江	Zhejiang	417300	1182019	2663	4617
安　徽	Anhui	326975	256244	6104	20410
福　建	Fujian				
江　西	Jiangxi				
山　东	Shandong		3290	4	
河　南	Henan	114600	192255	6380	12270
湖　北	Hubei				
湖　南	Hunan	5153030	5680896	79009	247191
广　东	Guangdong				
广　西	Guangxi	6634445	5929266	86068	124139
海　南	Hainan				
重　庆	Chongqing				
四　川	Sichuan	14193955	11897661	174300	631172
贵　州	Guizhou	3313730	1841346	49340	75798
云　南	Yunnan	5696755	3867565	62990	61490
西　藏	Tibet	27464	123885	6782	2861
陕　西	Shaanxi	297280	177152	3427	4403
甘　肃	Gansu	2398739	2417559	49200	52442
青　海	Qinghai	15170	54000	1988	982
宁　夏	Ningxia				
新　疆	Xinjiang	225980	325532	4926	5070
新疆生产建设兵团	Xinjiang Production and Construction Corps	2396535	1789588	20991	10200
部直属	Organization Directly under the Ministry	257300	912110	202	70

7-7 历年新增输变配电设备

Newly-Increased Power Transmission and Distribution Equipment by Years

年份 Year	变电所总容量（千伏安） Total Storage Capacity of Switchyard (kVA)	变压器总容量（千伏安） Total Storage Capacity of Transformer (kVA)	高压线路（千米） High-Pressure Transmission Line (km)	低压线路（千米） Low-Pressure Transmission Line (km)
2002	5642849	5362828	75801	260248
2003	6623092	5821911	80241	178433
2004	9819672	7682270	57380	312806
2005	8327685	6294266	43492	58650
2006	3875365	4193753	19872	77041
2007	5227365	3199561	23204	69539
2008	6051940	2195958	21749	116773

7-8　2008 年新增输变配电设备（按地区分）

Newly-Increased Power Transmission and Distribution Equipment of 2008 (by Regions)

地区	Region	变电所总容量（千伏安）Total Storage Capacity of Switchyard (kVA)	变压器总容量（千伏安）Total Storage Capacity of Transformer (kVA)	高压线路（千米）High-Pressure Transmission Line (km)	低压线路（千米）Low-Pressure Transmission Line (km)
合　计	**Total**	**6051940**	**2195958**	**21749**	**116773**
北　京	Beijing				
天　津	Tianjin				
河　北	Hebei				
山　西	Shanxi	2745	10280	5	8
内蒙古	Inner Mongolia	2000	852	10	
辽　宁	Liaoning				
吉　林	Jilin	16700	18775	5	29
黑龙江	Heilongjiang				
江　苏	Jiangsu				
浙　江	Zhejiang	60000	21785	192	192
安　徽	Anhui	11300	2680	201	539
福　建	Fujian				
江　西	Jiangxi				
山　东	Shandong		3290	4	
河　南	Henan				
湖　北	Hubei				
湖　南	Hunan	604400	448727	2891	92982
广　东	Guangdong				
广　西	Guangxi	1086320	438630	1883	2081
海　南	Hainan				
重　庆	Chongqing				
四　川	Sichuan	793080	246857	5132	10671
贵　州	Guizhou	953400	340924	2109	3461
云　南	Yunnan	1578850	195105	3092	2632
西　藏	Tibet				
陕　西	Shaanxi	135550	35190	1711	1269
甘　肃	Gansu	168030	219905	1064	413
青　海	Qinghai	800	5490	498	406
宁　夏	Ningxia				
新　疆	Xinjiang	4715	8815	80	126
新疆生产建设兵团	Xinjiang Production and Construction Corps	634050	195993	2872	1962
部直属	Organization Directly under the Ministry		2660		

7-9 历年农村水电电网供电情况

Electricity Supply by Rural Hydropower Network by Years

年份 Year	网内发电设备容量 (千瓦) Storage Capacity of Generation Equipment (kW)	网内发电量 (万千瓦时) Power Generation (10^4 kWh)	厂用电量 (万千瓦时) Electricity Used by Power Plant (10^4 kWh)	售电量 (万千瓦时) Electricity Sale (10^4 kWh)	购入网外电量 (万千瓦时) Out-Network Procurement of Electricity (10^4 kWh)	#购国网电量 Procurement of Electricity from State Grid	输出网外电量 (万千瓦时) Electricity Sale to Other Grids (10^4 kWh)
2001	16914548	6079212	146751	8758899	3734698	2746055	1584868
2002	22524654	7759396	171622	10434233	4405732	3489543	2025865
2003	19665229	7018970	170814	10725979	5150140	3596009	1980698
2004	21427078	7318308	197545	12011519	6011657	3886072	2023133
2005	19179004	6988869	151286	10662175	4865026	3062158	2024130
2006	14510485	5235694	104777	8152497	3776703	2043762	1707433
2007	16851722	5917131	105143	9334458	4323730	2094811	2122614
2008	9482546	5898658	109533	9437153	3735951	1994049	1321324

7-10　2008年农村水电电网供电情况（按地区分）

Electricity Supply by Rural Hydropower Network of 2008 (by Regions)

地区	Region	网内发电设备容量（千瓦）Storage Capacity of Generation Equipment (kW)	网内发电量（万千瓦时）Power Generation (10^4 kWh)	厂用电量（万千瓦时）Electricity Used by Power Plant (10^4 kWh)	售电量（万千瓦时）Electricity Sale (10^4 kWh)	购入网外电量（万千瓦时）Out-Network Procurement of Electricity (10^4 kWh)	#购国网电量 Procurement of Electricity from State Grid	输出网外电量（万千瓦时）Electricity Sale to Other Grids (10^4 kWh)
合　计	**Total**	9482546	5898658	109533	9437153	3735951	1994049	1321324
北　京	Beijing							
天　津	Tianjin							
河　北	Hebei							
山　西	Shanxi	88370	18827	245	19778	2397	2397	6175
内蒙古	Inner Mongolia							
辽　宁	Liaoning							
吉　林	Jilin	115710	69389	616	138668	50738	50738	35912
黑龙江	Heilongjiang							
江　苏	Jiangsu							
浙　江	Zhejiang	1700	567	8	129575	141714		
安　徽	Anhui	128633	22298	202	50113	30405	29557	8435
福　建	Fujian							
江　西	Jiangxi							
山　东	Shandong							
河　南	Henan							
湖　北	Hubei							
湖　南	Hunan	2471437	486677	6371	895847	415475	187791	45226
广　东	Guangdong							
广　西	Guangxi	1695466	451059	5366	1142130	672411	378693	11211
海　南	Hainan							
重　庆	Chongqing							
四　川	Sichuan	1080587	2308919	38908	2906463	725554	500244	423534
贵　州	Guizhou	160035	535285	6728	1401198	796303	533408	248017
云　南	Yunnan	2916503	1617415	9516	2336363	791081	239445	542561
西　藏	Tibet							
陕　西	Shaanxi							
甘　肃	Gansu							
青　海	Qinghai	31230	10543	323	9665			
宁　夏	Ningxia							
新　疆	Xinjiang	52615	15116	382	13682	998	998	
新疆生产建设兵团	Xinjiang Production and Construction Corps	740260	362561	40868	393670	108875	70777	252
部直属	Organization Directly under the Ministry							

7-11 历年有农村水电的县通电情况

Electricity Use of Counties with Hydropower Generation by Years

年份 Year	乡（镇）Township (town)		居民 Residents		
	行政区划数（个）Administrative Regions (unit)	农村水电网联网乡（镇）（个）Townships Connected with Rural Electrification Network (unit)	总户数（户）Total Household (household)	户通电率（%）Percentage of Electricity Access (%)	无电人口（人）Population without Electricity (person)
2002	28630	43	192906050	97.53	10150642
2003	26704	10141	182856700	98.44	8171995
2004	25886	10269	187390297	98.85	6572018
2005	25201	8488	188151249	99.14	5356596
2006	24343		194455879	99.30	
2007	23936		198154188	99.48	
2008	24269	5793	207980548	99.60	3080048

7-12　2008年有农村水电的县通电情况（按地区分）

Electricity Use of Counties with Hydropower Generation of 2008 (by Regions)

地区	Region	乡（镇）Township（town）		居民 Residents	
		行政区划数（个）Administrative Regions (unit)	农村水电网联网乡（镇）（个）Townships Connected with Rural Electrification Network (unit)	总户数（户）Total Household (household)	户通电率（%）Percentage of Electricity Access (%)
合　计	**Total**	**24269**	**5793**	**207980548**	**99.60**
北　京	Beijing	107		1270000	100.00
天　津	Tianjin				
河　北	Hebei	697		5381927	100.00
山　西	Shanxi	447	32	2852969	99.97
内蒙古	Inner Mongolia	83		824594	99.95
辽　宁	Liaoning	424		3720763	100.00
吉　林	Jilin	277	58	3441918	100.00
黑龙江	Heilongjiang	376		3097124	100.00
江　苏	Jiangsu	67		1029746	100.00
浙　江	Zhejiang	1192	60	12325281	100.00
安　徽	Anhui	476	39	4442483	100.00
福　建	Fujian	886		7311508	99.98
江　西	Jiangxi	1421		11486297	99.95
山　东	Shandong	542		9146503	100.00
河　南	Henan	1077		12426951	99.45
湖　北	Hubei	759		10615757	99.90
湖　南	Hunan	2063	475	16289090	99.92
广　东	Guangdong	1252		16921789	99.98
广　西	Guangxi	1088	547	12598650	99.55
海　南	Hainan	203		2170254	99.77
重　庆	Chongqing	767		9951591	99.76
四　川	Sichuan	4288	3415	23639996	99.34
贵　州	Guizhou	1412	647	9218080	99.65
云　南	Yunnan	1314	384	11642577	97.80
西　藏	Tibet				
陕　西	Shaanxi	1156		6227780	99.89
甘　肃	Gansu	849		3821457	99.45
青　海	Qinghai	307	58	1270429	98.62
宁　夏	Ningxia				
新　疆	Xinjiang	737	76	4308494	96.62
新疆生产建设兵团	Xinjiang Production and Construction Corps	2	2	546540	100.00

7-13 各时期农村电气化县建成数（按地区分）

Number of Preliminary Electrification Counties in Rural Areas by Periods (by Regions)

单位：个 unit: unit

地区	Region	农村水电初级电气化县 Number of Preliminary Electrification County in Rural Areas			"十五"期间水电农村电气化县 10th Five-Year Plan Period
		"七五"时期 7th Five-Year Plan Period	"八五"时期 8th Five-Year Plan Period	"九五"时期 9th Five-Year Plan Period	
合　计	**Total**	**109**	**209**	**335**	**409**
北　京	Beijing				
天　津	Tianjin				
河　北	Hebei		1	1	4
山　西	Shanxi	1	1	4	
内蒙古	Inner Mongolia	1	1	2	4
辽　宁	Liaoning	1	2	6	9
吉　林	Jilin	3	6	3	7
黑龙江	Heilongjiang	1	2	1	5
上　海	Shanghai				
江　苏	Jiangsu				
浙　江	Zhejiang	11	15		21
安　徽	Anhui	1	2	8	7
福　建	Fujian	11	22	20	21
江　西	Jiangxi	9	16	20	10
山　东	Shandong				
河　南	Henan		1	11	14
湖　北	Hubei	7	15	5	25
湖　南	Hunan	11	20	13	40
广　东	Guangdong	10	10	13	22
广　西	Guangxi	9	22	18	26
海　南	Hainan		1		
重　庆	Chongqing			15	19
四　川	Sichuan	15	27	68	65
贵　州	Guizhou	4	7	10	13
云　南	Yunnan	9	19	48	30
西　藏	Tibet				
陕　西	Shaanxi	1	5	25	14
甘　肃	Gansu	1	5	22	23
青　海	Qinghai	1	3	6	6
宁　夏	Ningxia				
新　疆	Xinjiang	2	5	14	19
新疆生产建设兵团	Xinjiang Production and Construction Corps		1	2	5

7-14 历年农村水电电气化县指标

Indicators of Rural Hydro-Electrification Counties by Years

年份 Year	人均年用电量（千瓦时每人） Average Annual Electricity Consumption per Capita (kWh/persons)	户均年生活用电量（千瓦时每户） Average Annual Electricity Consumption per Household (kWh/household)	乡通电率（%） Percentage of Electricity Access (%)	村通电率（%） Village Access to Electricity (%)	户通电率（%） Household Access to Electricity (%)
2000	351	316	99.30	98.40	96.30
2001	368	331	99.37	98.75	97.85
2002	380	340	99.42	99.35	98.22
2003	443	379	99.83	99.66	98.76
2004	623	499	99.88	99.80	99.14
2005	700	547	99.88	99.84	99.13

主要统计指标解释

农村水电 农村水电是以小水电站为主体，直接为农村经济社会发展服务的水电站及供电网络。

发电量 指电厂（发电机组）在报告期内生产的电能量。

售电量 指电力企业出售给用户或其他电力企业的用于消费或生产的电量。

Explanatory Notes on Main Statistical Indicators

Rural hydropower Hydropower stations and supply network, taking small hydropower station as its main part, provide services to rural areas for social and economic development.

Annual Electricity generation Electricity produced by power generating plants (electricity generating units) in the report period.

Electricity sale The quantity of electricity sold by electricity enterprises to the users or other electricity enterprises for consumption.

Explanatory Notes on Main Statistical Indicators

8 水文站网

Hydrological Network

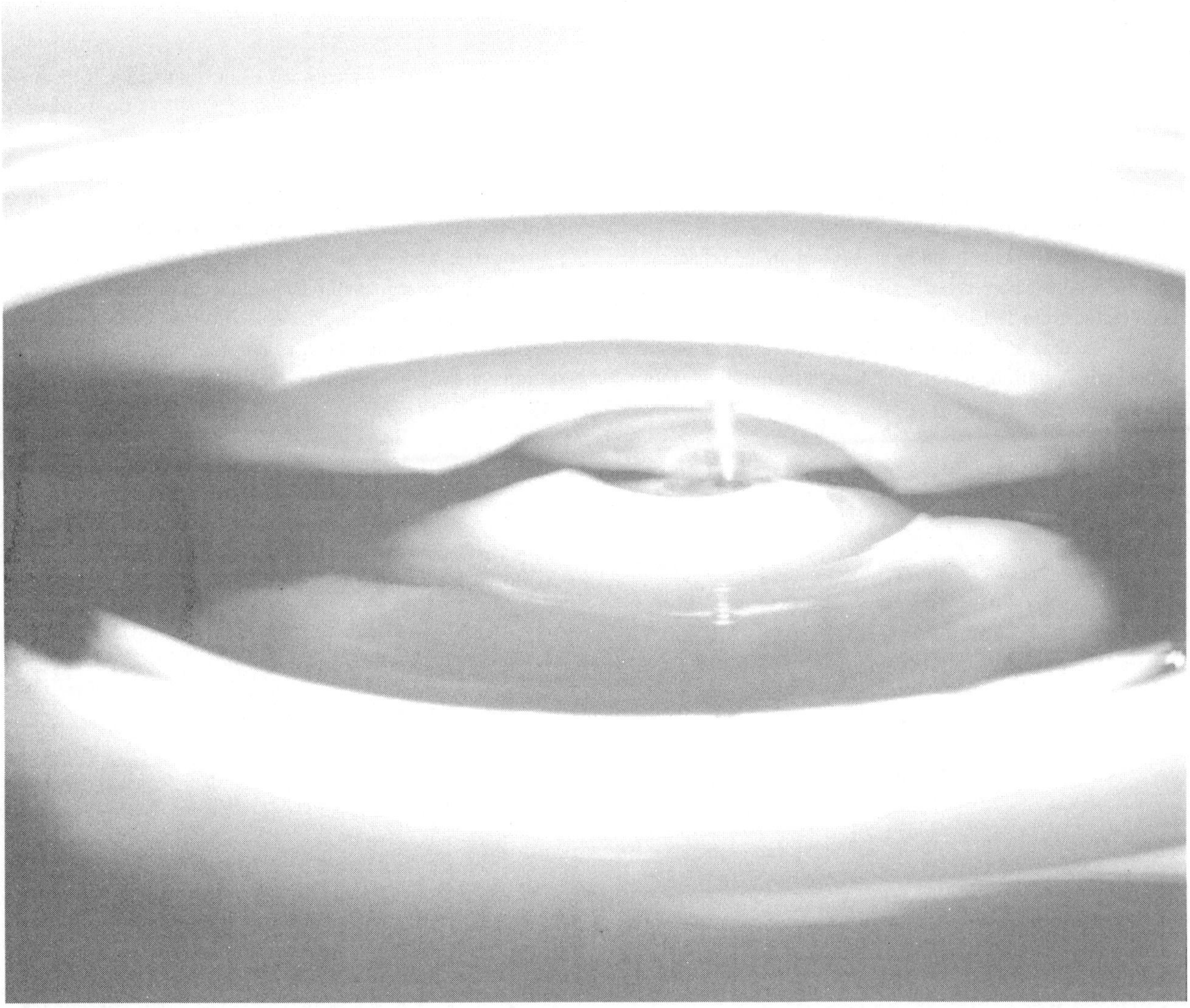

简 要 说 明

水文站网统计资料主要包括水文站、水位站、雨量站、水质站、地下水监测站等水文测站的数量及其按测站类别、观测项目、测验方法分类的数据，以及从业人员和经费等。

本部分资料按流域所属机构和地区分组。历史资料汇总 1949 年至今数据。

1. “水文测站”资料包括水文站、水位站、雨量站、水质站、地下水监测站、实验站、拍报水情站、发布预报站和固定洪调点等。

2. “观测项目”包括流量、水位、水质、泥沙、水温、冰情、比降、地下水、蒸发、降水、水文调查等。

3. “测验方法”包括常年驻测、汛期驻测、全年巡测、委托、桥测、站队结合等。

Brief Introduction

Statistical data of hydrological network mainly includes number of hydrological station, gauging station, precipitation station, water quality station, groundwater monitoring station etc, and data sorted according to the types of monitoring stations, observation items and methods, as well as working staff and expenses.

The data is divided into groups based on the organization and the region where river basin belongs to. Historical data is collected from 1949 until present.

1. The data of hydrological observation stations includes hydrological station, gauging station, precipitation station, water quality station, groundwater monitoring station, experiment station, perennial hydrologic reporting station, forecast report station, and fixed flood regulation point, etc.

2. Observation items include flow, water level, water quality, sediment, water temperature, ice condition, gradient, groundwater, evaporation, precipitation and hydrologic investigation and so on.

3. Measuring methods include perennial stationary gauging, stationary gauging in flood season, full-year tour gauging, contracting, bridge gauging, measured by both stations and mobile teams.

8-1 历年水文站网、职工人数和经费

Hydrological Network, Employees and Expenses by Years

年份 Year	水文站网（处）Hydrological Network（unit）						报汛站（处）Hydrometric Station（unit）	职工人数（人）Number of employee (person)	经费（万元）Expenses (10^4 yuan)	
	水文站 Hydrological Station	水位站 Gauging Station	雨量站 Precipitation Station	地下水 Groundwater Monitoring Station	水质站 Water Quality Station	实验站 Experiment Station			事业费 Operating Expenses	基建费 Capital Investment
1949	148	203	2					756	1.9	
1950	419	425	234			1	386	1892	68.9	
1951	796	701	1145			8	685	4208	388.7	
1952	933	831	1554			3	875	5811	550.6	
1953	1059	1006	1754			8	1173	7292	813.8	
1954	1229	1132	1973			9	1652	8589	1134.5	
1955	1396	1205	2337			11	1962	10312	1581.1	
1956	1769	1449	3371			24	2251	13952	2156.8	
1957	2023	1500	3695			41	2778	14167	2304.8	
1958	2766	1308	5494			132	3548	13806	2174.6	
1959	2995	1338	5487			282	4922	16861	2322.0	
1960	3611	1404	5684			318	6013	16867	2470.3	
1961	3492	1252	5587			149	5102	17266	1740.1	
1962	2842	1199	5980			104	5049	15524	1909.4	
1963	2664	1096	6178			96	5051	16862	1881.0	
1964	2692	1116	7252			90	5058	19424	2064.7	
1965	2751	1129	7909			88		19520	2022.0	
1966	2883	1155	10280			49	4838	18369	3174.8	470.4
1967	2681	1127	9477			82	6133	18272	2881.5	269.0
1968	2559	1048	9500			67	5403	18405	2638.3	221.7
1969	2579	1101	10173			32	5390	17661	2846.8	194.9
1970	2663	1144	10154			37	5501	16866	2874.0	229.7
1971	2727	1191	10486			38	6294	17038	2837.7	343.8
1972	2674	1071	10356			62	5576	17516	3200.0	443.1
1973	2690	1329	10447	1322	134	52	6629	17902	2824.2	671.5
1974	2578	1349	11416	3702	80	31	6110	18170	2886.0	812.3
1975	2840	1196	10738	7681	520	24	6949	19180	3193.9	869.3
1976	2882	1336	11855	6858	663	29	8563	19981	3432.3	1215.0
1977	2917	1326	12817		609	26	8369	20886	3661.5	1118.5
1978	2922	1320	13309	11326	758	33	9010	21571	4293.7	1413.4
1979	3034	1202	14424	12992	681	45	8265	22856	7432.3	1889.1
1980	3294	1320	15732	16112	747	53	8731	24374	7562.1	1701.7
1981	3341	1317	15969	13343	848	57	8646	26240	7805.1	1085.2
1982	3401	1373	16437	33504	1209	60	8369	27076	8182.9	1374.2
1983	3418	1413	16545	12487	1024	60	8401	27744	8621.0	1677.7

8-1 续表 continued

年份 Year	水文站网（处）Hydrological Network（unit）						报汛站（处）Hydrometric Station（unit）	职工人数（人）Number of employee (person)	经费（万元）Expenses (10^4 yuan)	
	水文站 Hydrological Station	水位站 Gauging Station	雨量站 Precipitation Station	地下水 Groundwater Monitoring Station	水质站 Water Quality Station	实验站 Experiment Station			事业费 Operating Expenses	基建费 Capital Investment
1984	3396	1425	16734	12134	977	63	8418	28316	9942.0	1669.0
1985	3384	1420	16406	12188	1011	63	8381	28426	10910.9	1959.9
1986	3400	1380	16697	11893	1648	59	8583	28549	12581.9	2405.7
1987	3397	1316	16448	11880	1946	56	8539	28793	12863.8	2447.5
1988	3450	1263	16273	13648	1846	64	8843	28516	14201.0	2715.3
1989	225	1258	15605			58	8617	28257	15583.4	2645.6
1990	209	1178	15602			61	8604	28065	17233.2	4189.7
1991	3238	1201	15356	13523	2113	60	8482	28211	21285.0	5378.4
1992	167	1149	15368	11400	2327	56	8525	28202	22725.8	6476
1993										
1994	3090	1148	14202	11807	1613	66	7055	27278	34160.9	7729.7
1995	3039	1158	14613	11518	1839	69	7165	26404	35347.0	11312
1996	3006	1107	14158	11179	2401	61	6987	26555	36321.0	12744.7
1997	3040	1093	14191	10874	498	128	7296	26118	40386.3	14049.7
1998	3863	1084	13910	11509	2694	129	7484	25929	64311.5	15372.1
1999	3657	1079	13855	11528	2753	125	7584	25238	63628.5	15115.7
2000	3124	1093	14242	11768	2861	81	7559	25146	78514.3	24346.4
2001	3146	1084	14337	11786	3025	75	7836	25180	90125.6	30209
2002	3130	1073	14454	11620	3228	74	7893	25436	114414.0	31307
2003	3158	1135	14196	12116	3695	80	7648	25640	139392.0	26230
2004	3182	1134	14108	11757	3946	70	7595	25906	133830.0	31515
2005	3191	1160	14373	12313	4557	69	7815	26133	152446.0	22673
2006	3183	1180	13866	12598	5140	78	8220	26654	170812.0	45421
2007	3162	1221	14211	12551	5468	90	8561	26237	199286.0	43031
2008	3171	1244	14602	12683	5668	51	9678	26480	237430.0	56371

注 1. 表中 1949～1965 年间经费统计为事业费和基建费之和。
2. 1958～1964 年实验站数的统计中均包括了部分径流站。
3. 1960 年水文站数为年报统计数，偏大。经查核，水文年鉴刊布有流量资料的为 3365 站，年报数仅供参考。
4. 1957～1965 年测站数中包括水利（电）勘测部门的站。
5. 1959～1965 年水文职工数中包括水利（电）勘测部门的水文工作人员。

Note 1. No separate statistical data of operating expenses and capital investment are given for the data in 1949-1965.
2. The statistics of experiment stations in 1958-1964 includes parts of runoff stations.
3. Hydrological stations in 1960 is based on Annual Report; After recheck, the stations with runoff data in the Hydrology Year-Book are 3365,and the data of Annual Report is for reference only.
4. Observation stations in 1957-1965 include station under the institutions of water (power) reconnaissance and design .
5. Employee of hydrological stations in 1959-1965 include hydrological engineers and workers working for water (power) reconnaissance and design institutions.

8-2　2008年水文站网（按地区分）

Hydrological Network of 2008 (by Regions)

单位：处　　　　unit: unit

地区	Region	水文站合计 Total Hydrological Station	河道 River Course	水库 Reservoir	湖泊 Lake	潮流量 Tide Flow	水位站合计 Total Gauging Station	河道 River Course	水库 Reservoir	湖泊 Lake	潮水 Tide
合　计	**Total**	**2951**	**2645**	**235**	**31**	**40**	**1244**	**740**	**190**	**112**	**202**
北　京	Beijing	11	11								
天　津	Tianjin	23	23				2	2			
河　北	Hebei	135	114	19	2		15	4	4	7	
山　西	Shanxi	66	59	7							
内蒙古	Inner Mongolia	139	137	2			9	4	3	2	
辽　宁	Liaoning	96	95	1			8	6			2
吉　林	Jilin	107	99	8			14	14			
黑龙江	Heilongjiang	123	115	8			45	43	2		
上　海	Shanghai	13				13	46				46
江　苏	Jiangsu	155	149	6			135	96	6	17	16
浙　江	Zhejiang	89	75	11		3	129	95			34
安　徽	Anhui	115	70	43		2	93	48	27	16	2
福　建	Fujian	55	54	1			43	32			11
江　西	Jiangxi	106	106				58	58			
山　东	Shandong	134	96	37	1		17	9		5	3
河　南	Henan	120	100	20			25	20	5		
湖　北	Hubei	92	79	7	6		43	12	19	12	
湖　南	Hunan	112	111	1			10	10			
广　东	Guangdong	77	69	5		3	88	38			50
广　西	Guangxi	13	11	2			8	5			3
海　南	Hainan	116	113	2		1	20	17			3
重　庆	Chongqing	133	133				32	31		1	
四　川	Sichuan	21	21				23	23			
贵　州	Guizhou	86	86				3	3			
云　南	Yunnan	149	142	3	4		8	4		4	
西　藏	Tibet	30	30				4	2		2	
陕　西	Shaanxi	77	77				5	5			
甘　肃	Gansu	93	81	12							
青　海	Qinghai	38	38				1			1	
宁　夏	Ningxia	28	28				8	8			
新　疆	Xinjiang	131	130		1		1			1	
新疆生产建设兵团	Xinjiang Production and Construction Corps	14	6	8							
长江委	Yangtze River Water Resources Commission	106	66	21	17	2	272	108	114	42	8
黄　委	Yellow River Water Resources Commission	117	109	8			72	42	10	2	18
珠　委	Pearl River Water Resources Commission	15				15	6				6
海　委	Haihe River Water Resources Commission	10	7	3			1	1			
松辽委	Songliao River Water Resources Commission	3	3								
淮　委	Huaihe River Water Resources Commission										
太湖局	Taihu Basin Authority	3	2			1					

8-2 续表 continued

地区	Region	雨量站合计 Total Precipitation Station			水质站 Water Quality Station	蒸发站 Evaporation Station	地下水监测站 Groundwater Monitoring Station
			常年 Perennial	汛期 Flood Season			
合　计	**Total**	**14602**	**12081**	**2521**	**5668**	**17**	**12683**
北　京	Beijing	121	54	67	537		527
天　津	Tianjin	28	11	17	53		444
河　北	Hebei	838	605	233	233	1	900
山　西	Shanxi	799	696	103	129		780
内蒙古	Inner Mongolia	638	537	101	45		958
辽　宁	Liaoning	435	265	170	61	2	636
吉　林	Jilin	285	236	49	113	1	1285
黑龙江	Heilongjiang	638	410	228	50	1	1290
上　海	Shanghai	10	10		346		3
江　苏	Jiangsu	238	230	8	606		1087
浙　江	Zhejiang	494	494		472		10
安　徽	Anhui	603	568	35	151	1	183
福　建	Fujian	397	397		128	2	21
江　西	Jiangxi	1326	693	633	269		15
山　东	Shandong	663	346	317	176		2670
河　南	Henan	747	463	284	120		1305
湖　北	Hubei	543	539	4	116		33
湖　南	Hunan	456	456		79		
广　东	Guangdong	783	781	2	297	6	
广　西	Guangxi	175	175		10		
海　南	Hainan	525	525		128		2
重　庆	Chongqing	531	518	13	280		59
四　川	Sichuan	144	144		107		
贵　州	Guizhou	557	557		76		
云　南	Yunnan	867	867		187		
西　藏	Tibet	37	37		42		21
陕　西	Shaanxi	556	423	133	29		
甘　肃	Gansu	242	242		66		177
青　海	Qinghai	85	79	6	97		32
宁　夏	Ningxia	155	125	30	40		230
新　疆	Xinjiang	10	10		215		
新疆生产建设兵团	Xinjiang Production and Construction Corps				16		1
长江委	Yangtze River Water Resources Commission	24	24		107	2	2
黄　委	Yellow River Water Resources Commission	651	563	88	50	1	6
珠　委	Pearl River Water Resources Commission	1	1		103		
海　委	Haihe River Water Resources Commission				1		1
松辽委	Songliao River Water Resources Commission				3		
淮　委	Huaihe River Water Resources Commission						5
太湖局	Taihu Basin Authority				130		

8-2 续表 continued

地区	Region	试验站合计 Total Experiment Station	径流 Runoff	蒸发 Evaporation	测验方法 Experiment Method	水库 Reservoir	地下水 Groundwater	兼水文站 Used as Hydro-logical Station Despite of Other Usage
合 计	**Total**	**51**	**21**	**15**	**2**	**2**	**11**	**11**
北 京	Beijing							
天 津	Tianjin							
河 北	Hebei	2	1	1				
山 西	Shanxi	2					2	
内蒙古	Inner Mongolia							
辽 宁	Liaoning	3	2	1				
吉 林	Jilin	7	3	4				
黑龙江	Heilongjiang	1		1				
上 海	Shanghai							
江 苏	Jiangsu	1	1					
浙 江	Zhejiang	1	1					
安 徽	Anhui	5	4	1				3
福 建	Fujian	1		1				
江 西	Jiangxi							
山 东	Shandong							
河 南	Henan							
湖 北	Hubei							
湖 南	Hunan							
广 东	Guangdong	1		1				
广 西	Guangxi							
海 南	Hainan							
重 庆	Chongqing							
四 川	Sichuan	5	4		1			4
贵 州	Guizhou							
云 南	Yunnan	1	1					1
西 藏	Tibet	3	1	2				2
陕 西	Shaanxi							
甘 肃	Gansu	1		1				
青 海	Qinghai							
宁 夏	Ningxia							
新 疆	Xinjiang	2	1				1	
新疆生产建设兵团	Xinjiang Production and Construction Corps							
长江委	Yangtze River Water Resources Commission	3		1			2	
黄 委	Yellow River Water Resources Commission	10	1	1		2	6	1
珠 委	Pearl River Water Resources Commission							
海 委	Haihe River Water Resources Commission							
松辽委	Songliao River Water Resources Commission							
淮 委	Huaihe River Water Resources Commission	1	1					1
太湖局	Taihu Basin Authority	1			1			1

8-2 续表 continued

地区	Region	拍报水情测站合计 Total Hydrologic Reporting Station	水文站 Hydrological Station	水位站 Gauging Station	雨量站 Precipitation Station	发布预报测站 Forecast Report Station	辅助断面 Supplementary Cross Section	固定洪调点 Fixed Flood Regulation Point	水文部门专用水文站 Hydrological Stations Only Managed by Hydrological Department	其他部门管理的水文站 Hydrological Stations Managed by Other Department
合　计	**Total**	**9678**	**2856**	**1033**	**5789**	**1146**	**1697**	**349**	**177**	**220**
北　京	Beijing	155	81		74	21			1	30
天　津	Tianjin	41	37	2	2					5
河　北	Hebei	478	135	7	336	50	116		21	5
山　西	Shanxi	300	70		230	2			5	13
内蒙古	Inner Mongolia	241	131		110					
辽　宁	Liaoning	356	96	8	252	30		35	6	20
吉　林	Jilin	231	90	10	131	53				
黑龙江	Heilongjiang	606	92	40	474	81				
上　海	Shanghai	57	12	35	10	4				
江　苏	Jiangsu	468	320	77	71	7	23	12	2	
浙　江	Zhejiang	290	66	78	146	18	81		21	12
安　徽	Anhui	500	107	198	195	45	48		4	7
福　建	Fujian	209	43	47	119	47				2
江　西	Jiangxi	368	91	34	243	79	9		5	14
山　东	Shandong	477	122	11	344	60	181		15	
河　南	Henan	442	108	139	195	43	130	50		2
湖　北	Hubei	279	82	34	163	33	11		3	14
湖　南	Hunan	402	112	10	280	60	18	12	1	2
广　东	Guangdong	1246	77	88	1081	162	28		3	3
广　西	Guangxi	21	13	8		7	12			
海　南	Hainan	437	103	34	300	39	7		6	34
重　庆	Chongqing	415	120	35	260	35			4	12
四　川	Sichuan	113	17	9	87	9	3			
贵　州	Guizhou	237	86	3	148	10	2			
云　南	Yunnan	119	102		17	17	36			
西　藏	Tibet	26	20	2	4	12				
陕　西	Shaanxi	258	80	10	168	36			3	3
甘　肃	Gansu	87	80		7	25	22	207		22
青　海	Qinghai	35	32	1	2	14	14	33	1	
宁　夏	Ningxia	44	14		30	7			1	10
新　疆	Xinjiang	102	101	1		67			24	10
新疆生产建设兵团	Xinjiang Production and Construction Corps	12	12				9		6	
长江委	Yangtze River Water Resources Commission	195	86	85	24	57			10	
黄　委	Yellow River Water Resources Commission	411	100	25	286	12	833		17	
珠　委	Pearl River Water Resources Commission	3	3				29			
海　委	Haihe River Water Resources Commission	11	10	1		3	8		18	
松辽委	Songliao River Water Resources Commission	3	3							
淮　委	Huaihe River Water Resources Commission									
太湖局	Taihu Basin Authority	3	2	1		1	77			

8-2 续表 continued

地区	Region	观测项目类别 Observation Items						
		流量 Flow	水位 Water Level	水质 Water Quality	泥沙 Sediment			
					悬移质 Suspended Load	推移质 Bed Load	河床质 Bedsand	颗粒分析 Particle Analysis
合　计	**Total**	**3644**	**4876**	**5668**	**1386**	**20**	**148**	**409**
北　京	Beijing	42	42	537	16			11
天　津	Tianjin	44	71	53	19			8
河　北	Hebei	222	240	233	110			68
山　西	Shanxi	66	66	129	64			34
内蒙古	Inner Mongolia	139	162	45	86			4
辽　宁	Liaoning	96	104	61	77			34
吉　林	Jilin	130	121	113	46			
黑龙江	Heilongjiang	123	168	50	21			7
上　海	Shanghai	13	60	346	4			
江　苏	Jiangsu	201	354	606	20			
浙　江	Zhejiang	217	214	472	15			
安　徽	Anhui	135	266	151	29	1		1
福　建	Fujian	55	98	128	28			
江　西	Jiangxi	115	164	269	30			14
山　东	Shandong	138	155	176	45			3
河　南	Henan	160	276	120	38			
湖　北	Hubei	129	198	116	18			5
湖　南	Hunan	112	122	79	29			11
广　东	Guangdong	80	165	297	22			5
广　西	Guangxi	25	21	10	5			
海　南	Hainan	116	136	128	34			
重　庆	Chongqing	137	169	280	59			16
四　川	Sichuan	21	44	107	11			
贵　州	Guizhou	86	89	76	30			
云　南	Yunnan	149	157	187	56			
西　藏	Tibet	30	34	42	12			
陕　西	Shaanxi	92	96	29	65			19
甘　肃	Gansu	93	151	66	63			
青　海	Qinghai	51	43	97	31			1
宁　夏	Ningxia	44	36	40				
新　疆	Xinjiang	161	161	215	82			
新疆生产建设兵团	Xinjiang Production and Construction Corps	20	23	16	14	2	2	2
长江委	Yangtze River Water Resources Commission	116	388	107	71	17	24	54
黄　委	Yellow River Water Resources Commission	134	189	50	78		78	66
珠　委	Pearl River Water Resources Commission	44	50	103	44		44	44
海　委	Haihe River Water Resources Commission	27	35	1	11			
松辽委	Songliao River Water Resources Commission	3	3	3	3			2
淮　委	Huaihe River Water Resources Commission	1						
太湖局	Taihu Basin Authority	77	5	130				

8-2 续表 continued

地区	Region	观测项目类别 Observation Items							
		水温 Water Temperature	冰情 Ice Condition	比降 Gradient	地下水 Groundwater	蒸发 Evaporation	降水 Precipitation	水文调查 Hydrological Investigation	辅助气象项目 Assistant Metrological Project
合　计	**Total**	**1262**	**931**	**1204**	**12683**	**1480**	**17711**	**1805**	**509**
北　京	Beijing	25	32	15	527	26	121	42	14
天　津	Tianjin	12	23		444	7	49	16	11
河　北	Hebei	73	107	11	900	44	969		11
山　西	Shanxi	52	22	59	780	17	799		
内蒙古	Inner Mongolia	76	101	100	958	79	638	109	109
辽　宁	Liaoning	50	27	74	636	38	539	101	
吉　林	Jilin	73	79	62	1285	27	400	74	35
黑龙江	Heilongjiang	97	110	70	1290	65	739	105	88
上　海	Shanghai	14			3	16	57	10	6
江　苏	Jiangsu	7		1	1087	36	440		
浙　江	Zhejiang	33		12	10	74	621	4	3
安　徽	Anhui	1		30	183	38	787		4
福　建	Fujian	21		41	21	26	493		1
江　西	Jiangxi	22		44	15	48	1490	41	
山　东	Shandong	2	89	40	2670	48	803	107	
河　南	Henan	33	19	45	1305	46	890	130	46
湖　北	Hubei	18		40	33	40	664	611	
湖　南	Hunan	26		67		46	568		2
广　东	Guangdong			37		35	938	60	15
广　西	Guangxi	5		9		6	196	8	1
海　南	Hainan	43		67	2	71	657		22
重　庆	Chongqing	21	3	41	59	72	695		7
四　川	Sichuan			2		12	188		
贵　州	Guizhou	43				68	557		
云　南	Yunnan	41				136	1021		
西　藏	Tibet	30	30		21	23	70		11
陕　西	Shaanxi	21	6	80		53	638	34	
甘　肃	Gansu	40	30	43	177	73	330	169	34
青　海	Qinghai	17	34	23	32	37	121	33	1
宁　夏	Ningxia	5	16	15	230	15	175	71	20
新　疆	Xinjiang	105	92	64		88	104		21
新疆生产建设兵团	Xinjiang Production and Construction Corps	20	19		1	6	8	2	5
长江委	Yangtze River Water Resources Commission	39	4	1	2	16	165		3
黄　委	Yellow River Water Resources Commission	57	77	104	6	37	763	75	26
珠　委	Pearl River Water Resources Commission						1		
海　委	Haihe River Water Resources Commission	7	8	4	1	6	10	3	3
松辽委	Songliao River Water Resources Commission	3	3	3		2	2		2
淮　委	Huaihe River Water Resources Commission				5	2	3		4
太湖局	Taihu Basin Authority	130				1	2		4

8-2 续表 continued

地区	Region	水文站测验方法 Observation Methods of Hydrological Stations					
		常年驻测 Perennial Stationary Gauging	汛期驻测 Stationary Gauging in Flood Season	全年巡测 Full-Year Tour Gauging	委托 Contracting	桥测 Bridge Gauging	站队结合 Measurement by both Stations and Mobile Teams
合 计	**Total**	**2327**	**390**	**501**	**64**	**330**	**1069**
北 京	Beijing	35	3	2	2	4	
天 津	Tianjin	23		5			
河 北	Hebei	112	19	1	3	27	83
山 西	Shanxi	64	2		3	2	
内蒙古	Inner Mongolia	115	21	1	2	26	13
辽 宁	Liaoning	69	3	8		27	72
吉 林	Jilin	54	30	23		13	107
黑龙江	Heilongjiang	76	6	28		13	
上 海	Shanghai	13					
江 苏	Jiangsu	137	16	2	2	19	9
浙 江	Zhejiang	86		3	12	6	
安 徽	Anhui	131	15	21	8	8	88
福 建	Fujian	54					
江 西	Jiangxi	90	2	13	1	9	62
山 东	Shandong	23	70	54	2	33	77
河 南	Henan	94		23	11	20	56
湖 北	Hubei	58	56	22	4	13	56
湖 南	Hunan	70	3	38	2		68
广 东	Guangdong	72	5			1	64
广 西	Guangxi	12	1			2	
海 南	Hainan	101	2	5	1	3	3
重 庆	Chongqing	60	58	13	4		
四 川	Sichuan	21					
贵 州	Guizhou	86					
云 南	Yunnan	135		12	2		80
西 藏	Tibet	24	6		1	2	3
陕 西	Shaanxi	55	22		1	3	43
甘 肃	Gansu	91			2	4	
青 海	Qinghai	32	2	4		3	
宁 夏	Ningxia	15	4	3			22
新 疆	Xinjiang	120	3	9	1	3	4
新疆生产建设兵团	Xinjiang Production and Construction Corps	20				12	2
长江委	Yangtze River Water Resources Commission	65	1	50			94
黄 委	Yellow River Water Resources Commission	90	40	6			46
珠 委	Pearl River Water Resources Commission	1		14			14
海 委	Haihe River Water Resources Commission	20		11			
松辽委	Songliao River Water Resources Commission						3
淮 委	Huaihe River Water Resources Commission						
太湖局	Taihu Basin Authority	3		130		77	

8-2 续表 continued

地区	Region	水位站测验方法 Observation Methods of Hydrological Stations				雨量站测验方法 Observation Methods of Precipitation Stations			
		委托 Contracted	普通自记 Self-Recording	固态存储 Solid-State Storage	自动测报 Automatic Reporting	委托 Contracted	普通自记 Self-Recording	固态存储 Solid-State Storage	自动测报 Automatic Reporting
合　计	**Total**	**722**	**873**	**775**	**1265**	**14351**	**5345**	**6547**	**5425**
北　京	Beijing					79	41	121	121
天　津	Tianjin	2				28		28	
河　北	Hebei	15	2	3	7	838	410	290	315
山　西	Shanxi					730	232	429	
内蒙古	Inner Mongolia	2				537	143	80	
辽　宁	Liaoning	6	2			435	369	250	250
吉　林	Jilin	14	14			285	245	40	
黑龙江	Heilongjiang	24	45	38	38	638	23	601	471
上　海	Shanghai	7	23	36	58	2	24	31	57
江　苏	Jiangsu	77	90	4	190	232	128	94	105
浙　江	Zhejiang	84	76	50	99	518	341	202	351
安　徽	Anhui	107	109	1	150	670	392	13	423
福　建	Fujian	29	26			397	202	195	
江　西	Jiangxi	26	109	115	115	1326	486	807	782
山　东	Shandong	13		1		663	175	124	253
河　南	Henan	14	33	143	143	747	360	218	218
湖　北	Hubei	36	5	35	16	530	95	360	140
湖　南	Hunan		31	1	120	456	205	351	160
广　东	Guangdong	8	14	88	61	783	29	747	746
广　西	Guangxi		8			175	93	57	
海　南	Hainan	6	136	45	34	525	513	341	480
重　庆	Chongqing	18	8			531	79	108	
四　川	Sichuan		5		18	44			110
贵　州	Guizhou		3			557	187	86	66
云　南	Yunnan	2	6		2	867	304	41	28
西　藏	Tibet				1	35		15	4
陕　西	Shaanxi	2		2		556	2	132	
甘　肃	Gansu					242	39	93	
青　海	Qinghai				1	85	33	61	
宁　夏	Ningxia	8			6	155	22	96	
新　疆	Xinjiang	1	88	26	34	10	10	67	
新疆生产建设兵团	Xinjiang Production and Construction Corps								
长江委	Yangtze River Water Resources Commission	208	7	165	74	24		24	24
黄　委	Yellow River Water Resources Commission	12	31	12		651	158	440	113
珠　委	Pearl River Water Resources Commission	1	1	5			1	1	
海　委	Haihe River Water Resources Commission		1		6		4	2	89
松辽委	Songliao River Water Resources Commission								
淮　委	Huaihe River Water Resources Commission				30				72
太湖局	Taihu Basin Authority			5	62			2	47

主要统计指标解释

水文测站 为经常收集水文数据而在河、渠、湖、库上或流域内设立的各种水文观测场所的总称。

基本站 为公用目的，经统一规划设立，能获取基本水文要素值多年变化资料的水文测站。它应进行较长期的连续观测，资料长期存贮。

水文实验站 在天然和人为特定实验条件下，由一个或一组水文观测试验项目站点组成的专门场所。

水文站 设在河、渠、湖、库上以测定水位和流量为主的水文测站，根据需要还可兼测降水、水面蒸发、泥沙、水质等有关项目。

巡测站 对部分或全部水文要素视其变化定时或不定时到现场进行测验的水文测站。

水位站 以观测水位为主，可兼测降水量等项目的水文测站。

雨量站（降水量站） 观测降水量的水文测站。

水面蒸发站 观测水面蒸发量的水文测站。

水质站（水质监测站） 为掌握水质动态，收集和积累水质基本资料而设置的水文测站。

地下水监测站 为探求地下水运动规律，进行地下水动态观测的水文测站。

Explanatory Notes on Main Statistical Indicators

Hydrological station Hydrological station is the general term of hydrological observation places located in rivers, canals, lakes, reservoirs or inside river basins for gathering hydrological data.

Basic station Basic station is built for public purposes and designed according to unified plans to gather multi-years long series hydrological data. This kind of station carries out long-term continuous observation and gathered data is stored for a long time.

Hydrologic experimental station Hydrologic experimental station is specially formed by one or a series of experimental stations for hydrological observation in the natural or artificial experimental situations.

Hydrological station Hydrometric stations are placed in rivers, canals, lakes or reservoirs to mainly observe water level and water flow. When necessary, they are also used to observe precipitation, evaporation, sediment, water quality and other related elements.

Tour hydrological station On-the-spot hydrometric stations observe all or part hydrological elements on the regular or irregular basis according to their changing situations.

Stage gauging station Hydrometric stations mainly observe water level, and can observe precipitation and other related data at the same time.

Rainfall station (Precipitation station) Rainfall station is used to observe the amount of precipitation.

Evaporation station Stations used to observe evaporation of water surface.

Water quality station (Water quality monitoring station) Water quality station is used to gather and accumulate basic data of water quality and dynamic condition of water quality.

Groundwater monitoring station Groundwater monitoring station is used to observe principle of groundwater movement and carry out dynamic observation of aquifer.

9 从业人员情况

Employees

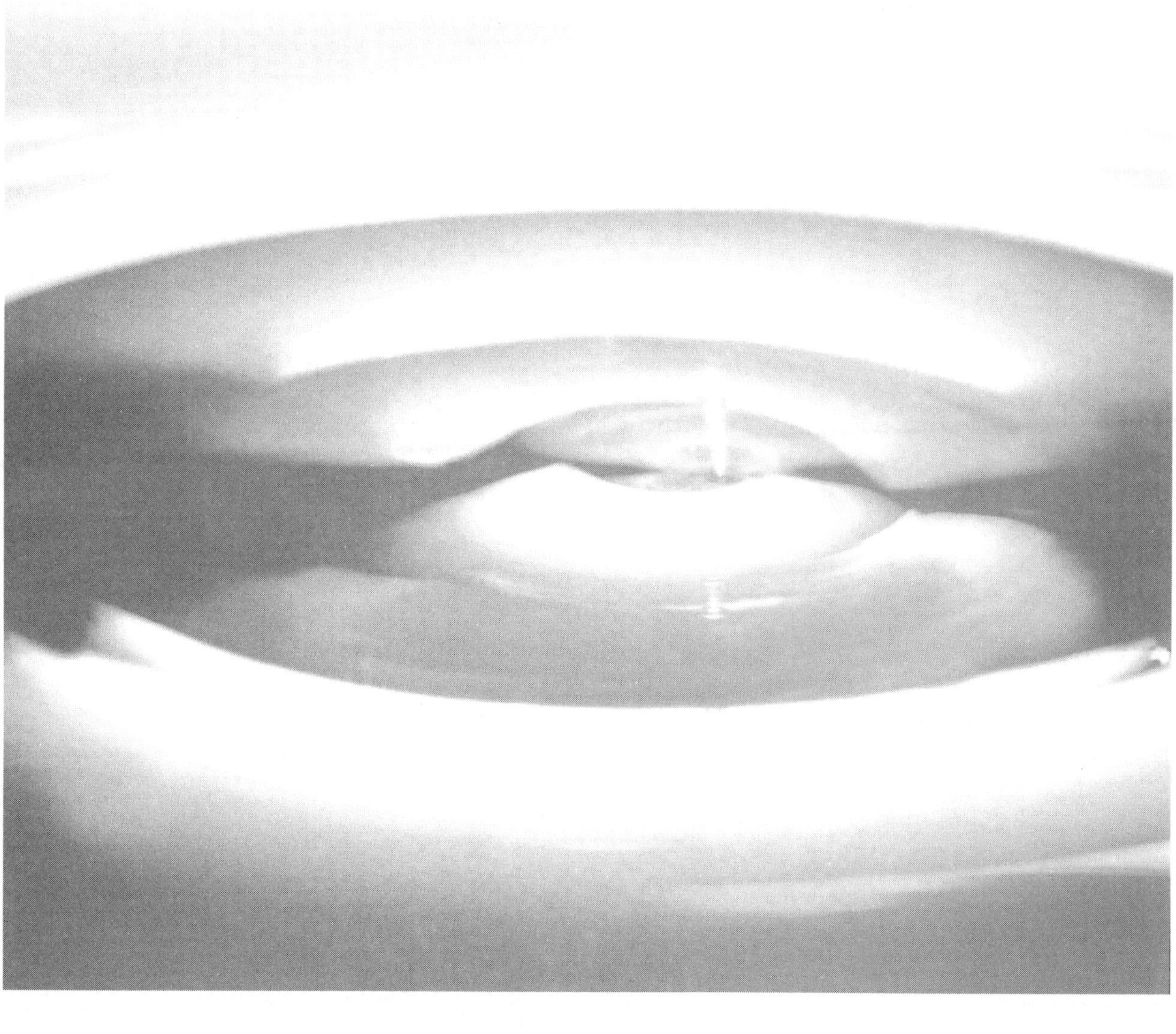

简要说明

从业人员情况统计资料主要包括水利部机关、直属单位、各省（自治区、直辖市）和计划单列市水利（水务）厅局的从业人员和技术工人情况等。

本部分资料分水利部机关和流域委员会、水利部在京直属单位、其他京外直属单位和地方水利部门。

Brief Introduction

Statistical data of this chapter presents the situation of employees of water sector, including staff and workers employed by the Ministry of Water Resources and organizations under the ministry, provinces (autonomous region and municipality).

The data is divided into groups based on departments and water resources commission under the Ministry, organizations under the Ministry in Beijing, other organizations under the Ministry out of Beijing and local water departments.

9-1 2008 年水利部直属单位从业人员

Employees of Organizations under the Ministry of Water Resources of 2008

单 位	Institution	单位个数（个）Number of Institutions (unit)	年末人数 Number at the End of the Year					
			单位从业人员（人）Employees (person)	在岗职工 Fully Employed Staff	其他从业人员 Other Employees	女性（人）Female（person）	非全日制（人）Part-Time Workers（person）	离开本单位仍保留劳动关系的职工人数（人）Number of Staff Who are Temporarily Absent Because of Study, Disease, Vacation of Other Reasons (person)
水利部直属单位	**Organizations Directly under the Ministry of Water Resources**	**571**	**73259**	**72222**	**1037**	**20769**	**655**	**4323**
水利部机关和流域委员会	Departments and Water Resources Commission under the Ministry	488	55551	55073	478	16139	579	3502
水利部在京直属单位	Organizations under the Ministry in Beijing	78	14524	14106	418	4356	76	736
其他京外直属单位	Other Organizations under the Ministry out of Beijing	5	3184	3043	141	274		85

9-1 续表 continued

单 位	Institution	平均人数 Average Number			
		单位从业人员（人）Employees（person）	在岗职工 Fully Employed Staff	其他从业人员 Other Employees	离开本单位仍保留劳动关系的职工（人）Staff Who are Temporarily Absent Because of Study, Disease, Vocation or Other Reasons (person)
水利部直属单位	**Organizations Directly under the Ministry of Water Resources**	**73130**	**71746**	**1384**	**4346**
水利部机关和流域委员会	Departments and Water Resources Commission under the Ministry	55415	54918	497	3499
水利部在京直属单位	Organizations under the Ministry in Beijing	14530	13906	624	763
其他京外直属单位	Other Organizations under the Ministry out of Beijing	3185	2922	263	84

9-1 续表 continued

单位	Institution	单位劳务派遣用工情况 Labor Dispatching Employment		
		本单位使用的劳务派遣工年末人数（人）Number of Labor Dispatching Employment (person)	#已统计在本单位从业人员中的人数 Numbers Included in the Employees	本单位试用的劳务派遣工全年平均人数（人）Average Number of Labor Dispatching Employment with Probationary Period Contract (person)
水利部直属单位	**Organizations Directly under the Ministry of Water Resources**	**1304**	**635**	**1154**
水利部机关和流域委员会	Departments and Water Resources Commission under the Ministry	1039	377	897
水利部在京直属单位	Organizations under the Ministry in Beijing	265	258	257
其他京外直属单位	Other Organizations under the Ministry out of Beijing			

9-2 2008年地方水利部门从业人员

Employees of Local Water Departments of 2008

单位	Institution	单位个数（个）Number of Institutions (unit)	单位从业人员年末人数（人）Employees at the End of the Year (person)	#女性 Female	在岗职工 Fully Employed Staff	其他从业人员 Other Employees	离开本单位仍保留劳动关系的职工（人）Staff Who are Temporarily Absent because of Study, Disease, Vocation or Other Reasons (person)
地方水利部门	**Local water departments**	**40321**	**1012808**	**292521**	**983503**	**29305**	**62985**
北京市水务局	Beijing Water Authority	271	11436	3456	11146	290	189
天津市水利局	Tianjin Water Resource Bureau	221	10391	2868	10384	7	7
河北省水利厅	Hebei Provincial Water Resources Department	1657	49902	15187	49534	368	1820
山西省水利厅	Shanxi Provincial Water Resources Department	1943	39554	11569	39006	548	818
内蒙古自治区水利厅	Water Resources Department of Inner Mongolia Autonomous Region	936	30600	9857	30509	91	820
辽宁省水利厅	Liaoning Provincial Water Resources Department	1350	33232	9288	30285	2947	2422
吉林省水利厅	Jilin Provincial Water Resources Department	1443	32954	9774	32926	28	4300
黑龙江省水利厅	Heilongjiang Provincial Water Resources Department	1376	39692	11546	38390	1302	2312
上海市水务局	Shanghai Water Authority	127	4556	1024	4403	153	39
江苏省水利厅	Jiangsu Provincial Water Resources Department	2336	39597	9378	39312	285	972
浙江省水利厅	Zhejiang Provincial Water Resources Department	1410	20967	5006	20808	159	397
安徽省水利厅	Anhui Provincial Water Resources Department	1525	37765	9758	37617	148	1445
福建省水利厅	Fujian Provincial Water Resources Department	951	19417	5219	19417		331
江西省水利厅	Jiangxi Provincial Water Resources Department	1530	26538	6319	26045	493	1767
山东省水利厅	Shandong Provincial Water Resources Department	2621	54610	15689	53592	1018	2869
河南省水利厅	Henan Provincial Water Resources Department	1978	65988	21230	63783	2205	6896
湖北省水利厅	Hubei Provincial Water Resources Department	1734	48894	15000	47160	1734	7123
湖南省水利厅	Hunan Provincial Water Resources Department	2336	66186	19108	62289	3897	14514
广东省水利厅	Guangdong Provincial Water Resources Department	2075	56628	15559	55988	640	3615
广西壮族自治区水利厅	Water Resources Department of Guangxi Zhuang Autonomous Region	1621	57752	16463	49548	8204	4469
海南省水务局	Hainan Water Authority	207	10745	3337	10169	576	731
重庆市水利局	Chongqing Water Resources Bureau	684	17057	4169	17057		
四川省水利厅	Sichuan Provincial Water Resources Department	1940	51440	15636	50049	1391	2067
贵州省水利厅	Guizhou Provincial Water Resources Department	1481	16312	4744	16000	312	461
云南省水利厅	Yunnan Provincial Water Resources Department	2105	24295	6573	24010	285	148
西藏自治区水利厅	Water Resources Department of Tibet Autonomous Region	139	2152	522	1986	166	14
陕西省水利厅	Shaanxi Provincial Water Resources Department	1519	48211	16123	48211		511
甘肃省水利厅	Gansu Provincial Water Resources Department	985	31794	9445	31451	343	439
青海省水利厅	Qinghai Provincial Water Resources Department	360	8282	2426	7593	689	246
宁夏回族自治区水利厅	Water Resources Department of Ningxia Hui Autonomous Region	265	9985	2784	9846	139	195
新疆维吾尔自治区水利厅	Water Resources Department of Xinjiang Uygur Autonomous Region	643	30392	9338	29708	684	50
大连市水务局	Dalian Water Authority	108	6362	1812	6347	15	723
宁波市水利局	Ningbo Water Resources Bureau	144	2166	435	1992	174	147
厦门市水利局	Xiamen Water Resources Bureau	35	453	87	453		
青岛市水利局	Qingdao Water Resources Bureau	189	4406	1244	4392	14	128
深圳市水务局	Shenzhen Water Authority	76	2097	548	2097		

9-2　续表 continued

单　位	Institution	单位从业人员平均人数（人）Average of Employees of Each Institution (person)	#在岗职工 Fully Employed Staff	离开本单位仍保留劳动关系的职工平均人数（人）Average Number of Staff Who are Temporarily Absent because of Study, Disease, Vocation or Other Reasons (person)
地方水利部门	**Local water departments**	**1020430**	**986670**	**63362**
北京市水务局	Beijing Water Authority	11635	11459	191
天津市水利局	Tianjin Water Resource Bureau	10315	10291	7
河北省水利厅	Hebei Provincial Water Resources Department	50070	49778	2078
山西省水利厅	Shanxi Provincial Water Resources Department	39368	38833	836
内蒙古自治区水利厅	Water Resources Department of Inner Mongolia Autonomous Region	30509	30509	820
辽宁省水利厅	Liaoning Provincial Water Resources Department	33128	30282	2423
吉林省水利厅	Jilin Provincial Water Resources Department	32954	32923	4284
黑龙江省水利厅	Heilongjiang Provincial Water Resources Department	39479	38330	2235
上海市水务局	Shanghai Water Authority	4555	4405	39
江苏省水利厅	Jiangsu Provincial Water Resources Department	40556	40220	945
浙江省水利厅	Zhejiang Provincial Water Resources Department	20473	20317	388
安徽省水利厅	Anhui Provincial Water Resources Department	38088	37676	1408
福建省水利厅	Fujian Provincial Water Resources Department	19401	19134	335
江西省水利厅	Jiangxi Provincial Water Resources Department	26370	25943	1491
山东省水利厅	Shandong Provincial Water Resources Department	54631	53749	2750
河南省水利厅	Henan Provincial Water Resources Department	67220	64542	7281
湖北省水利厅	Hubei Provincial Water Resources Department	49917	48022	7550
湖南省水利厅	Hunan Provincial Water Resources Department	68833	63733	13894
广东省水利厅	Guangdong Provincial Water Resources Department	56872	54798	3659
广西壮族自治区水利厅	Water Resources Department of Guangxi Zhuang Autonomous Region	57501	49140	4501
海南省水务局	Hainan Water Authority	10764	10026	710
重庆市水利局	Chongqing Water Resources Bureau	17303	17303	
四川省水利厅	Sichuan Provincial Water Resources Department	52499	51489	2135
贵州省水利厅	Guizhou Provincial Water Resources Department	16259	15961	488
云南省水利厅	Yunnan Provincial Water Resources Department	24154	23823	151
西藏自治区水利厅	Water Resources Department of Tibet Autonomous Region	2155	1983	14
陕西省水利厅	Shaanxi Provincial Water Resources Department	48202	47994	509
甘肃省水利厅	Gansu Provincial Water Resources Department	31757	31294	458
青海省水利厅	Qinghai Provincial Water Resources Department	8332	7714	258
宁夏回族自治区水利厅	Water Resources Department of Ningxia Hui Autonomous Region	10105	9302	200
新疆维吾尔自治区水利厅	Water Resources Department of Xinjiang Uygur Autonomous Region	31556	30813	288
大连市水务局	Dalian Water Authority	6269	5964	754
宁波市水利局	Ningbo Water Resources Bureau	2172	2002	155
厦门市水利局	Xiamen Water Resources Bureau	462	457	
青岛市水利局	Qingdao Water Resources Bureau	4441	4366	127
深圳市水务局	Shenzhen Water Authority	2127	2097	

9-3 2008年水利部直属单位技术工人结构

Statistics of Employed Workers of Organizations under the Ministry of Water Resourees of 2008

单位	Institution	合计（人）Total (person)	无等级（人）Non-Graded Workers (person)	初级工（人）Elementary Workers (person)	#获证人数 with Certificate	#当年获证 Getting Certificate of the Year
水利部直属单位	**Organizations Directly under the Ministry of Water Resources**	**36100**	**5236**	**3747**	**3105**	**278**
水利部机关和流域委员会	Departments and Water Resources Commission under the Ministry	27794	2187	2413	2318	180
水利部在京直属单位	Organizations under the Ministry in Beijing	6859	2340	1232	750	96
其他京外直属单位	Other Organizations under the Ministry out of Beijing	1447	709	102	37	2

9-3 续表 continued

单 位	Institution	中级工（人）Intermediate Workers (person)	#获证人数（人）with Certificate（person）	#当年获证 Getting Certificate of the Year	高级工（人）Senior Workers (person)	#获证人数 with Certificate	#当年获证 Getting Certificate of the Year
水利部直属单位	**Organizations Directly under the Ministry of Water Resources**	**6078**	**5546**	**525**	**16625**	**16116**	**573**
水利部机关和流域委员会	Departments and Water Resources Commission under the Ministry	4228	4212	443	15278	15101	417
水利部在京直属单位	Organizations under the Ministry in Beijing	1618	1185	60	1041	808	139
其他京外直属单位	Other Organizations under the Ministry out of Beijing	232	149	22	306	207	17

9-3 续表 continued

单 位	Institution	技师（人）Technician (person)	#获证人数 with Certificate	#当年获证 Getting Certificate of the Year	高级技师（人）Senior Technician (person)	#获证人数 with Certificate	#当年获证 Getting Certificate of the Year
水利部直属单位	**Organizations Directly under the Ministry of Water Resources**	**4062**	**3985**	**983**	**352**	**347**	**24**
水利部机关和流域委员会	Departments and Water Resources Commission under the Ministry	3417	3396	850	271	269	22
水利部在京直属单位	Organizations under the Ministry in Beijing	557	504	124	71	68	2
其他京外直属单位	Other Organizations under the Ministry out of Beijing	88	85	9	10	10	

9-4 2008年地方水利部门技术工人结构

Statistics of Employed Workers of Local Water Departments of 2008

单位	Institution	合计（人）Total (person)	无等级（人）Non-Graded Workers (person)	初级工（人）Elementary Workers (person)	#获证人数 with Certificate	#当年获证 Getting Certificate of the Year
地方水利部门	**Local water departments**	**584321**	**133079**	**112891**	**98479**	**4900**
北京市水务局	Beijing Water Authority	3892	519	610	534	24
天津市水利局	Tianjin Water Resource Bureau	4870	872	552	539	28
河北省水利厅	Hebei Provincial Water Resources Department	30561	4322	5979	5352	
山西省水利厅	Shanxi Provincial Water Resources Department	22075	3011	7903	4251	280
内蒙古自治区水利厅	Water Resources Department of Inner Mongolia Autonomous Region	21515	9707	1635	1473	108
辽宁省水利厅	Liaoning Provincial Water Resources Department	17594	3436	3529	3494	68
吉林省水利厅	Jilin Provincial Water Resources Department	19075	7861	5614	2713	565
黑龙江省水利厅	Heilongjiang Provincial Water Resources Department	19004	10055	1948	1722	68
上海市水务局	Shanghai Water Authority	1859	330	532	479	28
江苏省水利厅	Jiangsu Provincial Water Resources Department	20488	2376	4177	3568	186
浙江省水利厅	Zhejiang Provincial Water Resources Department	11196	6871	365	365	12
安徽省水利厅	Anhui Provincial Water Resources Department	25004	4976	5013	3852	9
福建省水利厅	Fujian Provincial Water Resources Department	11418	3169	2354	2262	31
江西省水利厅	Jiangxi Provincial Water Resources Department	17459	3386	3840	3456	66
山东省水利厅	Shandong Provincial Water Resources Department	22630	7464	3262	3075	282
河南省水利厅	Henan Provincial Water Resources Department	44538	2325	8747	8602	414
湖北省水利厅	Hubei Provincial Water Resources Department	30589	3897	6714	6604	196
湖南省水利厅	Hunan Provincial Water Resources Department	47628	7387	10277	9977	387
广东省水利厅	Guangdong Provincial Water Resources Department	38054	15439	6869	6535	145
广西壮族自治区水利厅	Water Resources Department of Guangxi Zhuang Autonomous Region	35930	7557	5843	5367	373
海南省水务局	Hainan Water Authority	8964	5555	1925	1791	60
重庆市水利局	Chongqing Water Resources Bureau	4740	758	1099	967	102
四川省水利厅	Sichuan Provincial Water Resources Department	28096	5576	4439	3915	210
贵州省水利厅	Guizhou Provincial Water Resources Department	5854	2113	1036	967	28
云南省水利厅	Yunnan Provincial Water Resources Department	11253	1021	1606	1401	67
西藏自治区水利厅	Water Resources Department of Tibet Autonomous Region	510	162	62	55	2
陕西省水利厅	Shaanxi Provincial Water Resources Department	28764	2529	6207	5913	531
甘肃省水利厅	Gansu Provincial Water Resources Department	18165	1968	4552	3563	263
青海省水利厅	Qinghai Provincial Water Resources Department	3163	243	797	771	112
宁夏回族自治区水利厅	Water Resources Department of Ningxia Hui Autonomous Region	4731	383	787	778	5
新疆维吾尔自治区水利厅	Water Resources Department of Xinjiang Uygur Autonomous Region	14981	2405	3714	3366	197
大连市水务局	Dalian Water Authority	5337	3651	128	125	1
宁波市水利局	Ningbo Water Resources Bureau	784	279	80	64	1
厦门市水利局	Xiamen Water Resources Bureau	237		18	17	
青岛市水利局	Qingdao Water Resources Bureau	2488	1006	480	429	23
深圳市水务局	Shenzhen Water Authority	875	470	198	137	28

9-4 续表 continued

单　位	Institution	中级工（人）Intermediate Workers (person)	#获证人数（人）with Certificate (person)	#当年获证 Getting Certificate of the Year	高级工（人）Senior Workers (person)	#获证人数 with Certificate	#当年获证 Getting Certificate of the Year
地方水利部门	**Local water departments**	**154239**	**145654**	**8546**	**162566**	**155260**	**10805**
北京市水务局	Beijing Water Authority	1620	1612	45	1143	1141	24
天津市水利局	Tianjin Water Resource Bureau	945	937	48	2485	2442	69
河北省水利厅	Hebei Provincial Water Resources Department	7224	6971		11127	10962	
山西省水利厅	Shanxi Provincial Water Resources Department	5900	4567	352	3992	3374	322
内蒙古自治区水利厅	Water Resources Department of Inner Mongolia Autonomous Region	1541	1427	113	4814	4609	460
辽宁省水利厅	Liaoning Provincial Water Resources Department	5051	5023	158	5303	5178	294
吉林省水利厅	Jilin Provincial Water Resources Department	3467	2867	259	1795	1741	132
黑龙江省水利厅	Heilongjiang Provincial Water Resources Department	2435	1922	105	2969	2784	181
上海市水务局	Shanghai Water Authority	804	745	24	177	158	9
江苏省水利厅	Jiangsu Provincial Water Resources Department	6464	6175	334	7022	6771	505
浙江省水利厅	Zhejiang Provincial Water Resources Department	873	873	24	2118	2118	99
安徽省水利厅	Anhui Provincial Water Resources Department	6543	6218	5	8300	7950	4
福建省水利厅	Fujian Provincial Water Resources Department	2965	2793	87	2725	2611	261
江西省水利厅	Jiangxi Provincial Water Resources Department	4678	4590	294	4790	4627	211
山东省水利厅	Shandong Provincial Water Resources Department	5342	5209	373	6329	6236	439
河南省水利厅	Henan Provincial Water Resources Department	14445	14262	1054	18437	17904	1949
湖北省水利厅	Hubei Provincial Water Resources Department	7132	7110	461	9874	9862	751
湖南省水利厅	Hunan Provincial Water Resources Department	16253	15868	908	13100	12826	652
广东省水利厅	Guangdong Provincial Water Resources Department	8706	8350	181	6901	6393	131
广西壮族自治区水利厅	Water Resources Department of Guangxi Zhuang Autonomous Region	10534	9263	535	10422	8835	828
海南省水务局	Hainan Water Authority	1079	1007	55	383	344	86
重庆市水利局	Chongqing Water Resources Bureau	1757	1541	160	948	798	177
四川省水利厅	Sichuan Provincial Water Resources Department	8073	7488	654	8347	7712	958
贵州省水利厅	Guizhou Provincial Water Resources Department	1496	1437	40	1186	1002	33
云南省水利厅	Yunnan Provincial Water Resources Department	3750	3424	233	4639	4392	446
西藏自治区水利厅	Water Resources Department of Tibet Autonomous Region	109	109	25	171	171	10
陕西省水利厅	Shaanxi Provincial Water Resources Department	10202	10067	1026	9010	8884	983
甘肃省水利厅	Gansu Provincial Water Resources Department	6528	5693	369	5061	4620	362
青海省水利厅	Qinghai Provincial Water Resources Department	944	916	195	1095	1004	63
宁夏回族自治区水利厅	Water Resources Department of Ningxia Hui Autonomous Region	2156	2156	3	1342	1342	4
新疆维吾尔自治区水利厅	Water Resources Department of Xinjiang Uygur Autonomous Region	3640	3587	349	4931	4887	305
大连市水务局	Dalian Water Authority	593	583	10	889	877	29
宁波市水利局	Ningbo Water Resources Bureau	89	81	1	241	229	8
厦门市水利局	Xiamen Water Resources Bureau	52	49	1	159	156	1
青岛市水利局	Qingdao Water Resources Bureau	691	654	51	300	296	15
深圳市水务局	Shenzhen Water Authority	158	80	14	41	24	4

9-4 续表 continued

单 位	Institution	技师（人）Technician (person)	#获证人数 with Certificate	#当年获证 Getting Certificate of the Year	高级技师（人）Senior Technician (person)	#获证人数 with Certificate	#当年获证 Getting Certificate of the Year
地方水利部门	**Local water departments**	**20847**	**20083**	**2440**	**699**	**673**	**76**
北京市水务局	Beijing Water Authority						
天津市水利局	Tianjin Water Resource Bureau	16	16				
河北省水利厅	Hebei Provincial Water Resources Department	1904	1859		5	5	
山西省水利厅	Shanxi Provincial Water Resources Department	1268	1110	203	1	1	
内蒙古自治区水利厅	Water Resources Department of Inner Mongolia Autonomous Region	3467	3464	613	351	347	41
辽宁省水利厅	Liaoning Provincial Water Resources Department	263	255	32	12	12	
吉林省水利厅	Jilin Provincial Water Resources Department	332	332	52	6	6	2
黑龙江省水利厅	Heilongjiang Provincial Water Resources Department	1585	1567	106	12	11	1
上海市水务局	Shanghai Water Authority	15	13	1	1	1	
江苏省水利厅	Jiangsu Provincial Water Resources Department	423	415	36	26	23	1
浙江省水利厅	Zhejiang Provincial Water Resources Department	932	932	46	37	37	5
安徽省水利厅	Anhui Provincial Water Resources Department	172	131	43			
福建省水利厅	Fujian Provincial Water Resources Department	205	188	25			
江西省水利厅	Jiangxi Provincial Water Resources Department	755	739	30	10	10	
山东省水利厅	Shandong Provincial Water Resources Department	218	218		15	15	2
河南省水利厅	Henan Provincial Water Resources Department	584	550	33			
湖北省水利厅	Hubei Provincial Water Resources Department	2883	2812	422	89	89	1
湖南省水利厅	Hunan Provincial Water Resources Department	597	597	17	14	14	
广东省水利厅	Guangdong Provincial Water Resources Department	133	79	10	6	5	
广西壮族自治区水利厅	Water Resources Department of Guangxi Zhuang Autonomous Region	1523	1296	256	51	39	4
海南省水务局	Hainan Water Authority	22	21	2			
重庆市水利局	Chongqing Water Resources Bureau	171	169	31	7	5	2
四川省水利厅	Sichuan Provincial Water Resources Department	1629	1603	306	32	32	10
贵州省水利厅	Guizhou Provincial Water Resources Department	23	22				
云南省水利厅	Yunnan Provincial Water Resources Department	237	227	23			
西藏自治区水利厅	Water Resources Department of Tibet Autonomous Region	6	6				
陕西省水利厅	Shaanxi Provincial Water Resources Department	816	804	30			
甘肃省水利厅	Gansu Provincial Water Resources Department	56	55	2			
青海省水利厅	Qinghai Provincial Water Resources Department	84	84	20			
宁夏回族自治区水利厅	Water Resources Department of Ningxia Hui Autonomous Region	61	61	1	2	2	
新疆维吾尔自治区水利厅	Water Resources Department of Xinjiang Uygur Autonomous Region	278	277	85	13	12	6
大连市水务局	Dalian Water Authority	72	70	6	4	3	1
宁波市水利局	Ningbo Water Resources Bureau	93	87	6	2	2	
厦门市水利局	Xiamen Water Resources Bureau	7	7	2	1	1	
青岛市水利局	Qingdao Water Resources Bureau	11	11				
深圳市水务局	Shenzhen Water Authority	6	6	1	2	1	

主要统计指标解释

从业人员 指在各级国家机关、政党、社会团体及企业、事业单位中工作，取得工资或其他形式的劳动报酬的全部人员，包括：在岗职工、再就业的离退休人员、民办教师以及在各单位中工作的外方人员和港澳台方人员、兼职人员、借用的外单位人员和第二职业者。不包括离开本单位仍保留劳动关系的职工。

Explanatory Notes on Main Statistical Indicators

Employees Total number of staff work in governmental agencies, party and administration organizations, social groups, enterprises and non-governmental organizations at all levels, and obtain paid salaries, including on-post employment, re-employed retirees, rural school teachers, hired staff and workers from other countries, Hong Kong, Macao and Taiwan, employed laid-off staff and workers, part-time staff and workers and second-job staff and workers, not including staff and workers who are temporarily absent because of study, disease, vacation or other reasons.

石家庄市城区图

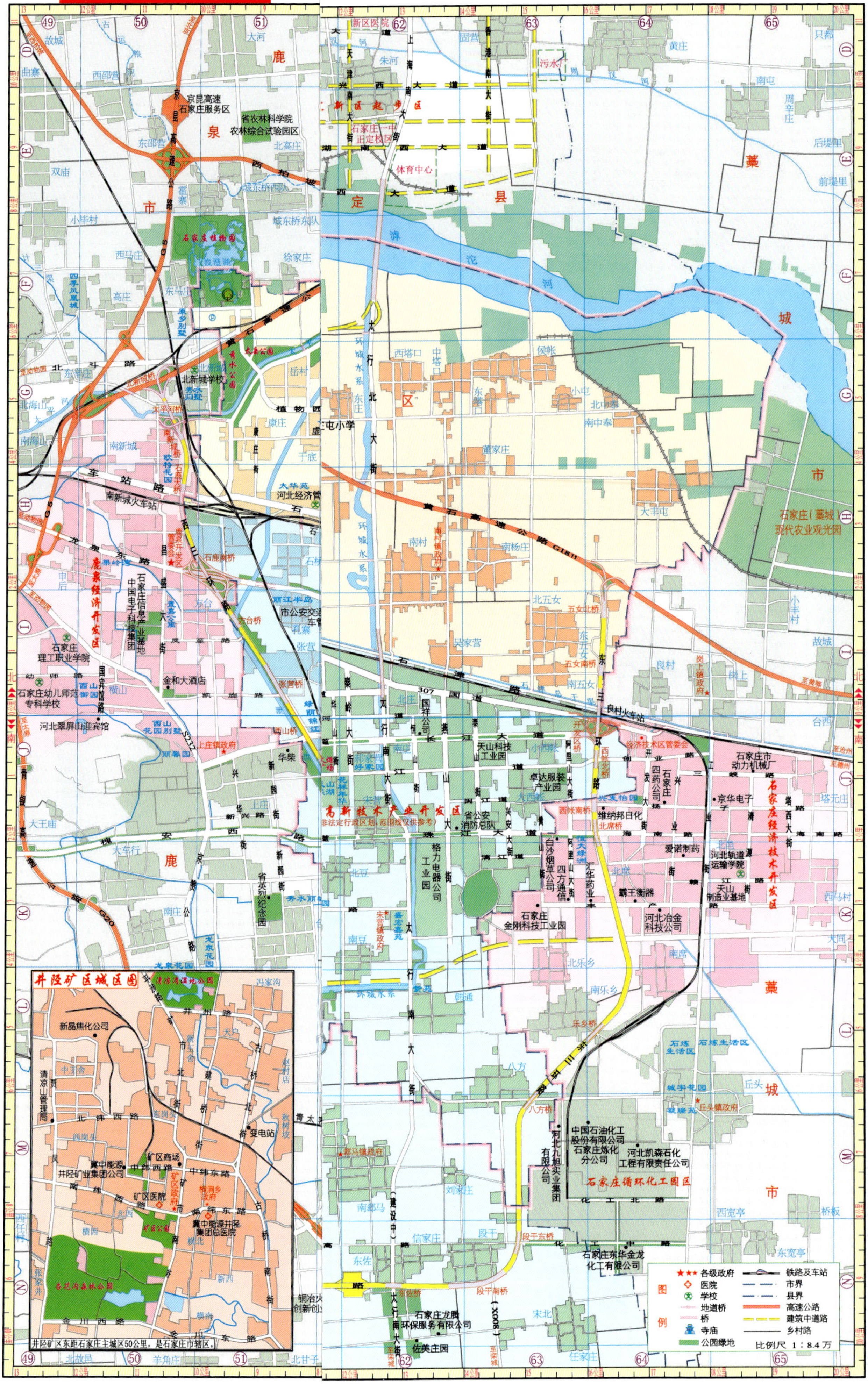

井陉矿区城区图
井陉矿区东距石家庄主城区50公里，是石家庄市辖区。
图例
各级政府
医院
学校
地道桥
桥
寺庙
公园绿地
铁路及车站
市界
县界
高速公路
建筑中道路
乡村路
比例尺 1：8.4万
高新技术产业开发区
非法定行政区划，范围线仅供参考
石家庄经济技术开发区
鹿泉经济开发区
石家庄循环化工园区
新区起步区
石家庄植物园
京昆高速石家庄服务区
省农林科学院农林综合试验园区
体育中心
石家庄一中正定校区
石家庄（藁城）现代农业观光园
良村火车站
南新城火车站
河北经济管理学校
石家庄理工职业学院
石家庄幼儿师范专科学校
河北翠屏山迎宾馆
金和大酒店
石家庄市动力机械厂
京华电子
河北轨道运输学院
天山制造业基地
河北冶金科技公司
石家庄金刚科技工业园
格力电器工业园
天山科技工业园
卓达服装产业园
中国石油化工股份有限公司石家庄炼化分公司
河北凯森石化工程有限责任公司
河北九旭实业集团有限公司
石家庄东华金龙化工有限公司
石家庄龙鹏环保服务有限公司
佐美庄园
新晶焦化公司
清凉山管理局
冀中能源井矿集团总医院
井陉矿业集团公司
矿区医院
矿区商场
贾庄电站
古苑沟森林公园

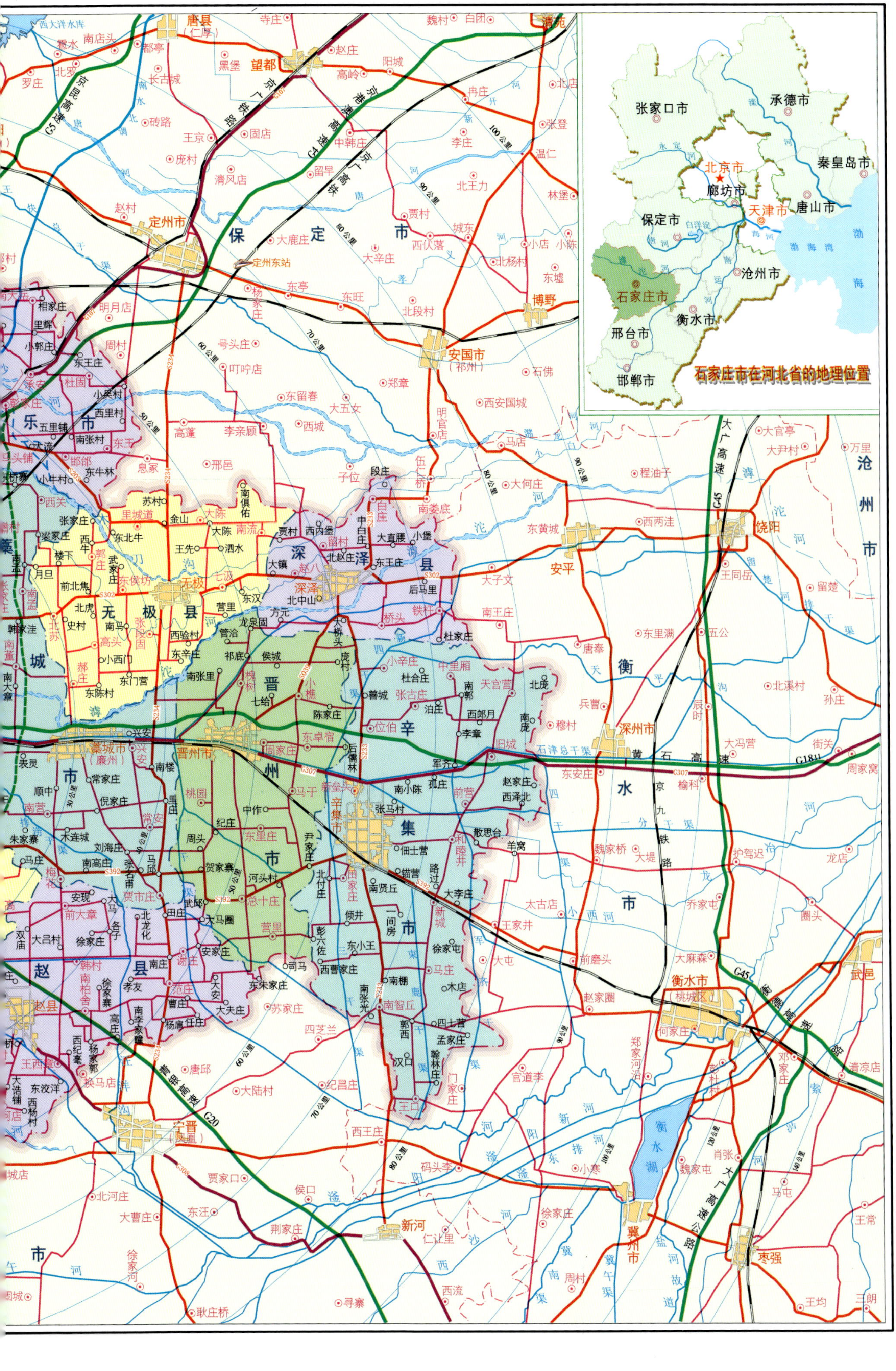
唐县
望都
定州市
保定市
安国市
（祁州）
博野
清苑
乐城
无极县
深泽县
晋州市
辛集市
藁城市
（廉州）
赵县
宁晋
（凤凰）
新河
冀州市
枣强
衡水市
（桃城区）
衡水湖
深州市
安平
饶阳
武邑
沧州市
定州东站
京港澳高速
京昆高速
京广高铁
京广铁路
大广高速
黄石高速
青银高速
石黄高速
G45
G20
G1811
G307
S302
S392
S233
S234
石家庄市在河北省的地理位置
张家口市
承德市
北京市
廊坊市
秦皇岛市
天津市
唐山市
保定市
石家庄市
沧州市
衡水市
邢台市
邯郸市
渤海湾
渤海